許されて生きる

西田天香と一燈園の同人が下坐に生きた軌跡

神渡良平

廣済堂出版

序文に代えて

許されて生きる

一燈園当番　西田多戈止《たかし》

この度、神渡良平さんが、本書を上梓されました。神渡さんは大学生時代に西田天香《てんこう》の『懺悔《ざんげ》の生活』（春秋社）を読まれて、このような生活があるのかと感動され、以来長らく評伝の構想を温めてこられたそうです。

一燈園の生活とは、私の祖父・西田天香が明治三十七年（一九〇四）の日露戦争開戦後に始めた、懺悔、下坐《げざ》、無所有、奉仕の生活です。一燈園では西田天香を天香さんと呼んでおりますが、天香さんは、すべて自分が悪い、と言われました。

キリスト教は、自分を愛するように隣人を愛しなさい、と説きます。『論語』には、自分の欲せざることを人に施すなかれ、とあります。対して一燈園では、自分が悪かったと言い、誰もが感じたことのある気持ちを常に自分の気持ちとして持ち続けることが、争いのない生活に向けた一歩になると考えています。天香さんはこれを〝許されて生きる〟と表現しました。

天香さんはまた、自分の至らないところを徹底的にお詫びし、すべてを捨て切る無所有の生活と共に、許されて自分に与えられたものを仮にお預かりし、世の中にそのご恩をお返ししていく活動、つまり、報恩の奉仕として世の中の経済活動に関わっていくことを、宣光社《せんこうしゃ》活動と呼びました。世の中の争いは詰まるところ、生きるため、食うため、から生じます。許されて生きるとは、食の求め方を吟味した上で、身を整え、生活を整え、経済を整えることであります。真の平和はそこから実現していくのではないでしょうか。

一燈園は、天香さんのもとに集まった人々の修行や生活の場として生まれ、今日まで引き継がれてきました。天香さんの教えを受け、それまでの生活を捨てて一燈園の生活に入った人々を同《どう》人《にん》と言いますが、同人は一燈園に入る際、天香さんから、死ねますか、と尋ねられました。本書は、そのような天香さんと同人たちの物語です。

現在、科学技術の発展はめざましく、便利さは増すばかりですが、その一方で私たちは地球環境の変化や自然災害に直面し、国際紛争も収まりません。どれだけ世の中が便利になっても、私たちは食べること、そして死からは逃れられません。本書を通じ、天香さんと一燈園の祈りが多くの方々に通じることを心より祈念しております。合掌

序文に代えて

掃除に学ぶ

イエローハット創業者　鍵山秀三郎

下坐に生きる——誰よりも下坐に下りて、誠心誠意奉仕する。

これは私ども人間にとって永遠の課題です。ちょっと調子がよくなれば、ついついいい気になってしまうのが人間です。そういう性《さが》がある私どもにとって、下坐におりて人々に奉仕することほど、人間らしくしてくれるものはありません。

私は先の戦争のとき、岐阜県に疎開していました。父母は慣れない農作業に精を出して、山の畑を一生懸命耕して、生計を立てていました。私は学校が引けても、今ごろは両親が山の畑で汗水流して働いているだろうなと思うと、校庭で遊ぶことなどできませんでした。一刻も早く帰って手伝いたいと思い、走って帰り、鍬を持って駆けつけて手伝いをしました。汗と草いきれは私の青春の思い出です。

家での掃除はすみずみまで行き届いていました。母は障子の桟まで一本一本きれいに拭いていました。そんな母を手伝って、私も廊下や板の間などを丹念に拭き掃除しました。小さな借家でしたがホコリ一つなく、きちんと整頓された美しさに、私は子ども心に、ここには神さまが住んでいらっしゃると思ったものです。

長じて東京に出て、自動車用品の販売を手掛けるようになりました。自然と掃除を徹底するようになり、商品を並べている棚にもしホコリがあれば、商品に申し訳ないような気がして丁寧に拭きました。すると商品が輝いて、生き生きとしてきました。

一個一個の商品に対して持っていたそういう姿勢は、当然卸先のお客様にも向けられました。個々の販売店に御用聞きに伺った折、店頭での用事がすむと裏手に回り、倉庫の整理をさせてもらいました。そうしたことが個々の販売店と私との絆をいっそう強くしてくれました。

今回神渡先生が掃除の神さま天香さんのことを採り上げ、多くの事跡を明るみに出されました。本書を拝読し、下坐に生きることほど、み仏の光を表すものはないと確信しました。

最後に祈りの詩人・坂村真民さんの「鈍刀《どんとう》が光る」という詩を紹介して、私の序文を終わります。誠心誠意を尽くすとはどういうことかというメッセージを詩にしてくださっているように思います。

鈍刀をいくら磨いても
無駄なことだというが
何もそんなことばに
耳を貸す必要はない
せっせと磨くのだ
刀は光らないかも知れないが
磨く本人が変わってくる
つまり刀がすまぬすまぬと言いながら
磨く本人を光るものにしてくれるのだ
そこが甚深微妙《じんじんみみょう》の世界だ
だからせっせと磨くのだ

「正直の頭《こうべ》に神宿る」——今も昔も真理は変わらないように思います。

プロローグ

青春の模索

「一回しかないこの人生を、私はどう生きたらいいんだ……」

大学は医学部に通学していたものの、人生に立ち向かう姿勢がまだできていませんでした。昭和四十年代（一九六五―七四）、キャンパスは政治の嵐が吹き荒れて、反安保闘争に明け暮れ、静かな思索にふける雰囲気はありませんでした。赤や黒のヘルメットを被り、手拭いで顔を隠した学生運動の闘士たちが、ハンドマイクのボリュームを最大にして、政府を非難し、がなり立てていました。

緑の並木が美しいはずのキャンパスには、がさつな金釘文字で乱暴に書きなぐった立て看板が中核や革マル、反帝学評など、各セクトごとに林立し、学問の都の雰囲気をいっそう殺伐《さつばつ》なものにしていました。大衆団交があると、それら学生運動の闘士たちが学長や学部長を罵倒し、つるし上げ、総括を迫って阿鼻叫喚《あびきょうかん》の巷《ちまた》と化していました。

学内は革命の先進国（？）である中国をまねて、文化大化革命時の「造反有理《ぞうはんゆうり》」（謀反《むほん》には道理がある）という理屈が声高に叫ばれ、怒号が渦巻き、狂気が支配していました。
そんなとき、私は岡田武彦九州大学教授（中国哲学）の薦めで、大正十年（一九二一）に刊行され、一大ベストセラーになった、西田天香さんの『懺悔の生活』（春秋社）を読みました。そこには「自分が悪かった」と懺悔し、相手の魂を拝み、譲り合う謙虚な世界が広がっていました。それを読んだとき、これこそが人間本来の睦まじい生き方だと共感しました。もうかれこれ五十二年前のことです。
それ以来、私は天香さんの一連の書『一燈無尽《むじん》』『幸福なる者』『箒《ほうき》の跡』『光明祈願』（いずれも春秋社）などを愛読し、人生の指針とするようになりました。だからますます、政治闘争に明け暮れ、阿鼻叫喚の巷と化した大学と波長が合わなくなり、大学を中退しました。学歴も国家資格も何もない人間が生きていくのは大変でしたが、それは自分で選んだ道でしたから、甘んじて受けました。

気がついたら、周りはみんな〝地涌《ぢゆう》の菩薩〟だった！

その後に訪れた試練は、三十八歳のとき脳梗塞で倒れ、救急車で病院に運ばれたことです。一命は取り留めたものの右半身が麻痺し、寝たきりになりました。加えて職を失い、無収入になり、経済的にも崖っ縁に立たされました。踏んだり蹴ったりで、これでもか、これでもかと責め立てられました。私は意気消沈し、悲観的になりました。

そんなとき、孔子が弟子の冉求《ぜんきゅう》を諭《さと》された話を『論語』で知りました。

冉求はあるとき政府から仕官の申し出を受けましたが断りました。理由は自信がないというのです。それを伝え聞いた孔子は冉求を諭しました。

「私は人間というものは宇宙の森羅万象を形成している〝天〟が地上に結晶化した存在だと思う。その人間にいろいろな経験を積ませて有能な人材に育てあげ、しかるべき仕事をさせようと導いておられるんだと思う」

ところが冉求は話をさえぎりました。

「私など滅相もありません。取るに足りない存在です。買いかぶらないでください」

でもそれは孔子には空しい謙遜としか聞こえませんでした。

「お前は自分で自分を見限って卑下しているが、お前の可能性はそんなものじゃない。お前が授かっている賜物《たまもの》は今後ますます磨かれ、大きな仕事を果たせるようになっているのだ。

天はお前の良さも欠けたところも全部お見通しの上で導いておられるというのが、まだわからないのか。汝、限れり！」

「……」

それは重大な指摘でした。お前は自分で自分を見下して卑下しているというのです。それは一見、謙遜しているように見えるけれども、その実、自分に与えていただいているものを信じていないということでもあります。孔子が冉求を諭された内容は、私の心にも響きました。というのは私も自分を見限っていたのです。

「もうおれの社会的人生は終わった。あとは車イスで家の中を動き回っているだけだ」

体が麻痺している状態も私を磨こうとされる天の意図なのに、当の私は悲観してもうだめだと投げ出しかけており、逆境は天が私を磨いてくださる導きなのだとは気がつかずにいたのです。ようやく転機が訪れました。

「私の出発点はここなのだ。この導きを無駄にせず、一つひとつ踏み上がってゆこう」

気持ちが切り替わったとき、リハビリも効果を上げるようになり、とうとう社会復帰に漕ぎつけました。社会復帰できたことはありがたかったけれども、それ以上にありがたかったのは、私の周りはみんな地涌の菩薩ばかりだということに気がついたことです。

『法華経』に、菩薩さまは天から光り輝く雲に乗ってしずしずと下りてこられるのではなく、泥の中から涌き出すように現れるのだと説かれているそうです。まさに泥の中から涌き出したような方々がいらっしゃることに気づきました。

それに「平成」の年号を推薦された安岡正篤《まさひろ》先生が常々おっしゃっています。

「有名ではあるけれども、その実あまり内容がない人もあるのも世の中です。ところが社会的には無名ではあるものの、頭が下がる生き方をされている人がおられる。世の中の健全さはそういう人によって支えられています。お互いそういう人間になっていきたいものです」

まさしくそうでした。私は自分が倒れて苦渋を味わわなければ、それに気づかずにいたのです。そしてそのことに天香さんは三十七歳のときに気づき、人々を拝む生活をされていました。

お陰さまで私は社会復帰することができ、その経験を元にデビュー作『安岡正篤の世界』（同文舘出版）を書きました。幸いにもそれが好評を得て作家としての道が開け、執筆に明け暮れることになりました。

内観によって取り戻した親子の絆！

もう一つ大きな出来事がありました。私は医学部を中退し、父母の願いに叶わなかったこともあって、親子の絆がおかしくなっていました。命の絆ともいうべき親子の関係がこじれたままでは、私の人生は、社会的には成功したとしても、空虚なものに過ぎないと感じていました。そんなときある人から、

「命の中核部分を修復するには、内観するといいよ」

と勧められ、私は栃木県さくら市喜連川《きつれがわ》町の「瞑想の森内観研修所」に柳田鶴声《かくせい》先生を訪ねました。内観とは、狭い一坪ほどの屏風の囲いの中で、生まれてからこれまでの父母や兄弟、妻子

とのことをこと細かに振り返ります。特に次の三つの点、

一、やっていただいたこと

二、してお返ししたこと

三、迷惑をお掛けしたこと

を詳しく調べます。それを二時間ごとに訪ねて来られる先生に打ち明けます。何だそんな単純なことと思われますが、これが意外に深い気づきに至る方法なのです。

人間は意外に自分の観点でしかものを見ていません。思い込みが激しく、自分勝手です。ところが内観によって身調べをし、相手の事情を探るようになると、見落としていた意外な事実が見えるようになります。そしてコペルニクス的転換が起きるのです。

最初は意外なほど何も思い出せません。足がしびれた、腰が痛い、外の空気が吸いたいなどと気が散って、とても内観になりません。ところが二日経ち、三日経ってくると心のさざ波が消え、さまざまな出来事が浮かんでくるのです。こんなことがありました。

私が小学校二年生のときでした。父が酒に酔って帰ってきて母と喧嘩になりました。売り言葉に買い言葉、挙句の果ては父が母を殴る蹴るなどしました。母は泣きながら抗弁しました。

「そこまでおっしゃるなら、私はもうついていけません。実家に帰ります」

そう言ってタンスを開けて、自分の荷物をまとめはじめました。私は子ども心に、

「これはいかん。母ちゃんは本気だ。家を出て行く！」

と感じ、母の袖にしがみついて泣きじゃくりました。もう一方の袖には妹が抱きつき、母ちゃん、母ちゃんと泣きじゃくっています。一番下の弟はまだ赤ん坊でした。二人の子どもに抱きつかれ、泣かれたら、母はどうすることもできません。泣きじゃくる私たちを抱きしめてこう言ったのです。

「母ちゃんはかわいいお前たちを捨てては家を出ていけない。母ちゃんはここに残る。お前たちといっしょだ。お前たちは母ちゃんの生命だ。生きる力だ。もう泣かんでいい」

そう言いながら母が泣いています。その涙が私の顔に掛かります。涙でぐちゃぐちゃになってみんな泣きました。そんなシーンがよみがえってきて、母は私を自分の生命であり、生きる力だと思っていてくれたんだと思いました。それが私の背後にあった母の祈りを再発見させてくれたのです。それなのに私はそんなことはすっかり忘れて、

「私は頑張ってここまでやり遂げた。自分一人で道を拓いてきた！」

と錯覚していたのです。何と傍若無人で、破廉恥な男でしょうか。育てていただいたご恩を忘却の彼方に押しやっていたのです。

そのことに気づき、私は畳にひれ伏して泣いて詫びました。

「申し訳ありません。育てていただいたご恩を忘れて、自分一人で大きくなったように思ってい

ました」

それからの内観は塞がれていた溝が通ったように一気に進み、父母だけではなく、親戚や近所の人や小学校の先生にも愛され、励まされていた私だったことに気づきました。気がつけば私は人々の恩愛に包まれて、花園の中で大きくなっていたのです。

一週間の内観が終わって外に出た私の目に、空の青さ、木々の緑、足元の花壇の色とりどりの草花の輝きが飛び込んできて、

「私はこんなに美しい総天然色の世界に住んでいたのか！　モノクロの無感動な世界に住んでいるとばかり思っていた」

自分に向けられていた父母の愛を再発見したことは、それほど大きなできごとだったのです。この内観によって、私の足はようやく大地に着きました。

〝許されて生きる〟という天香さんの生き方

天香さんが長浜の八幡神社境内にある愛染明王堂で、ある朝赤ん坊の泣き声とともに得た「お光の無限の愛」についてのインスピレーション（啓示）に比べて、私が内観で得た父母の愛についての覚醒は、比すべくもないほどに小さなものですが、極めて似かよったものだったように思います。天香さんは、この宇宙は愛に満たされているのだと、宇宙の根本原理に目覚め、それに

すべて委ねて生きようと、

「許されて生きる」

というコペルニクス的転換を果たされました。深いところで満たされていたから、自ら先にお詫びすることができたのです。

天香さんが赤ん坊の泣き声が契機となって気づかれたものは絶大なものがあったと思いました。その後、私は天香さんのまねごとをして生きてきましたが、私の中にずっとあったのは、私の目から鱗を落としてくれた天香さんのことを、人生の最後に書いてから死にたいという願いでした。紆余曲折《うよきょくせつ》が多い人生でしたが、私は七十歳を迎えてようやく宇宙の真理や物事の道理が見えてきて、天香さんがその歩みを通して投げかけておられるものが何だったのか、いよいよもって明確になってきました。

そこで宿願だった天香さんの評伝を書こうと思い立ち、手掛けたのが本書です。私の人生はこの書を書くためにあったように思います。本書を心からの感謝をもって世に送り出します。

許されて生きる

西田天香と一燈園の同人が下坐に生きた軌跡

目次

第三章　『光』誌を創刊

第四章　青春の彷徨

第五章　関東大震災と懺悔の祈り

第八章　敗戦、そしてソ連の強制収容所

本文における地名や職業表現、呼称などは、当時の時代背景を忠実にお伝えするため、あえてそのままにして編集しております。

第一章

みなしごの卯一

ある病院での講演托鉢

一人ぽっちの浮浪児

「ローソクは自分の身を短くして、周りを明るく照らしています。だからみんなにありがたがられています。ローソクは人々のお役に立てているから、ありがたがられているんです。私たち人間も同じです。人さまからありがとう、とても助かったよと感謝されて、手応えを感じ、生きていてよかったと思うんじゃないでしょうか」

京都市内のとある病院の談話室で、百名足らずの患者やつき添いの家族、それに看護婦さんたちが、粗末な木綿の黒い上っ張りを着た五十がらみの坊主頭の男性の話に聴き入っています。ジャガイモのような頭をした男性の顔はいかついですが、表情はおだやかで、何よりも澄んだ目をしています。

ベッドを離れられない患者さんは病室でスピーカーを通して聴き入っています。男性のその話に身につまされるものがあった院長先生は、院長室に戻ると、講話者の一燈園の三上和志《みかみかずし》さんに話しかけました。一燈園というのは、大正、昭和時代、西田天香さんが始めた懺悔奉仕する人たちの集まりです。院長先生は、

「今日の話をもう一人聴かせたい少年がいるんですが……」

と言って、肺結核で隔離病棟に隔離されている卯一《ういち》少年の身の上話をしました。

卯一君はあるうどん屋の仲居さんが生んだ子でした。足繁く通っていた大工の若い衆と仲居さんがねんごろの仲になり、身籠《みごも》ったのです。仲居さんが、

「今日はいい知らせがあるわ。赤ちゃんを授かったようよ」

と伝えると、若い衆は手のひらを返したように姿を見せなくなりました。仲居さんは途方に暮れました。でも自分一人でもいい、せっかく授かったいのちだから産もうと思い、臨月を迎えました。しかし大変な難産になってしまい、苦しい息にあえぎながら、産婆さんに頼みました。

「どうぞ、この子を無事に取り上げてください、私はどうなってもかまいません」

必死に力んだ末に、ようやく男の子が取り上げられました。でも仲居さんはそのまま力尽きて亡くなりました。その子は四月に生まれたので、卯一と名前がつけられました。

うどん屋の親父《おやじ》さんは卯一君が小学校に上がると店を手伝わせ、出前持ちとして使いました。卯一君が放課後、野球などをして遊んで帰ると、眼を三角にして怒りました。

「また遊んできたな！　お仕置きだ。晩ご飯は出さんぞ」

ひもじい卯一君はお客が食べ残していったうどんをすすって空き腹をいやしました。親父さんの扱いがあまりに酷かったので、十四歳のとき、とうとう家出してある神社の床下で寝起きして、盗みをして食べていました。まだほんの子どもなのに浮浪児生活が一年続き、十五歳のとき警察

に捕まってしまいました。少年院に回されたものの、肺結核にかかっているとわかり、病院に回されてきました。しかしもう手遅れで、あといくらももたないと思われました。

親に捨てられ、人を憎み、自暴自棄になっている卯一君を不憫《ふびん》に思い、人の心を取り戻させたいと思った院長先生は三上さんにもう一度話をしていただけませんかと頼みました。

「でも話をしたぐらいで、その子は素直になるでしょうか？」

三上さんはあまり乗り気ではありません。素行の悪さは表面的なことから来ているのではなく、心の深いところに満たされないものがあり、それがマグマのように噴出していると思うからです。そこに触れない限り、表面的な矯正指導でできることとは思えません。

「素直になるかどうかわかりませんが、やってみんことにはわかりません。やってみて駄目だったら、元々だと諦めがつきます」

「そうですか。何かのきっかけを作ることができるといいのですが。それじゃあ、行ってみましょう」

三上さんが立ち上がると、院長先生は大きなマスクと白いガウンを取り出し、これをつけてくださいと渡しました。でも三上さんは断りました。心を閉ざしている少年に、マスクをつけ、ガウンを着て、伝染病がうつるのではと用心しながら話をしたとしても、聴いてくれないだろうと思うからです。でも院長先生は固執しました。

「隔離病棟に隔離されている肺結核患者のところに行くんです。伝染するといけませんから、どうぞつけてください」

「でも、伝染すると決まっているわけではないでしょう。卯一君の気持ちを思うと、私はどうしてもつけることはできません」

と、強く固辞しました。

「それほどまでにおっしゃるなら、仕方がありません。そのままで行きましょう」

結局、院長先生が折れ、隔離病棟に向かいました。

結核病棟に隔離されて

三上さんが院長先生に案内されて行ったところは、病院の一番奥にある伝染病患者の隔離病棟でした。六畳ほどの広さの病室には白木のベッドが一つ置いてあり、コンクリート剥《む》き出しの床の上には新聞紙を敷いて、尿器、便器が置いてあり、入り口の廊下には消毒液を満たした洗面器スタンドが置いてありました。

げっそりやせて頬骨が尖《とが》った少年の顔は黄色くよどんでおり、黄疸《おうだん》を併発しているのか、目のまわりが黒ずんでいました。手を消毒して病室に入ると、院長先生は布団を被って窓に向かって寝ている卯一君に話しかけました。

「気分はどうかね」

でも卯一君は顔をそむけたまま返事をしません。しようがないので院長先生は話を続けました。

「こちらにいらっしゃるのは三上先生とおっしゃる方だ。他の入院患者は談話室でお話を伺って、とても感動されていた。その話をお前にも聞かせてやりたいと思い、無理にお願いして来てもらったよ」

ところが卯一君はうるさそうに寝返りをして返事をしません。

「おい、卯一君、話を聴いてみろ。とてもいい話だったぞ」

ところが、その声が終わるか終わらないかのうちに、拒絶する言葉が飛んできました。

「うるせえ！　話なんか聞きたくねえ。あっちに行け！」

三上さんは戦前、満州（中国東北部）の奉天《ほうてん》（現瀋陽《しんよう》）で托鉢《たくはつ》（家々の便所掃除をさせてもらう一燈園の奉仕活動のこと）をしていたことがあり、その折浮浪者仲間に入って、寝起きを共にしていたことがあります。だから浮浪者の気質をよく知っているので、仲間同士の言葉でしゃべったほうが通じると思い、太い胴間《どうま》声で怒鳴るように語りかけました。

「おい、せっかく見舞いに来たんじゃねえか。拒《こば》むこたあねえだろ」

「うるせえ！　このお節介焼きめ。要らぬ世話するな。話なんか聞きとうねえ。とっととうせろ！　このドアホめ」

痩せた体のどこから出てくるかと思われるような大きな拒絶の声でした。

「おい、おい、つっけんどんにそう言うなよ。いい話だったぞ」

院長先生がとりなしましたが、取りつく島がありません。

「三上先生、こりゃ駄目だ。話が通じそうもない。もう帰りましょう」

「そうですね。退散しますか」

そう言って病室を出ようとして、三上さんがもう一度振り向くと、卯一君は二人のほうをじっと見ています。その目の底には孤独の影があり、人が恋しいのにその人が来れば顔をそむけてしまう人間の悲しい性がうかがわれました。それを見た瞬間、三上さんは今晩ここに泊まって、一晩看病しようと心に決めました。廊下で待っていた院長先生にそう告げると、強く反対しました。

「それはいけません。開放性の危険な結核です……」

「開放性であろうとなかろうと、我が子ならほっておけないでしょう。うつるかどうかはわかりません。天のみぞ知る、です。とにかく看病させてもらいます」

それほど強く言われると、院長先生も反対できず、黙って廊下を去るしかありません。院長先生を見送ると、三上さんは病室に戻りました。

結核患者の食べ残し

三上さんは卯一君のベッドに近寄って話しかけました。

「今夜は一晩看病させてもらうぞ。いいな」

卯一君はチェッ、もの好きな奴ちゃなと口をゆがめましたが、明らかに声は弾んでいました。嬉しかったのです。しかし咳が止まりません。咳き込んであえぎながら話し、また咳き込んで、今度は痰《たん》を吐きました。そんな卯一君の背中をさすりながら訊きました。

「ところで、お前の両親はどうしたんだ?」

「そんなもん、知るけ」

「知るけったって、親父やお袋がいなくて赤ん坊が生まれるか」

「おれはなあ、うどん屋のおなごが生んだ父《てて》無し子だ。親父はお袋のところに遊びに来ていた大工の若い衆だそうだ。お袋が妊娠したって聞いた途端《とたん》、来なくなっちまったってよ。笑わせやがらあ。ただの遊びだったんだよ。そんなことにも気づかなかったお袋は、まったくのお人好しだ。お袋はおれを産み落とすと、そのまま死んじまったとよ」

「……そうだったのか」

「うどん屋の親父は小学校には行かせてくれたが、学校ではいじめられてばかりいて、ろくなことはなかった。親父からはいつも殴られていたよ。ろくなもんも食わされず、いつもひもじくて辛かった。だからとうとう飛びだしたんだ」

ろくな小学校時代を過ごさなかったようです。

「ところでお前、何をして暮らしていたんだ」

「神社の賽銭《さいせん》泥棒さ。だがなぁ、近頃はしけてて、あんまりお賽銭は上がっていない。そいで新興宗教の賽銭箱を狙ったんだ。でも、じきにばれてしまい、警察に捕まって少年院送りだ。そしたら肺結核にかかっていることがわかり、ここに回されてきたっちゅうわけさ」

「そうか、随分悲しい目に遭ってきたんだな」

木々はすっかり秋の色に変わり、田んぼも黄金色に変わりました。それでも夏の名残りのような暑い日差しが照りつけていました。卯一君の病室から、二人の話し声が聞こえてきます。

「せっかく来たんじゃ。脚でもさすろうか」

と、毛布の下に手を伸ばすと、いらんことするなと拒みました。三上さんはそれを聞き流して布団をめくると、酸っぱい臭いがプンと鼻を衝き、枯れ木のような細い脚がはみ出ていました。関節は蒼白くはれ上がっていて、骨に皮膚が被さっているだけで、くぼんだところは垢《あか》で黒ずんでいます。ゾッとしましたが、気を取り直してさすっていると、卯一君が「おっさん!」と話しかけてきました。

「何だ」

「おっさんの手は柔らけえな」

「馬鹿言え、男の手が柔らかいもんか。野球のグローブみたいにごつごつしてるぞ」

「うんにゃ、柔らかいぞ。お袋の手のようだ。とてもいい気持ちだ」

三上さんは卯一君の脚をさすりながら、こいつは今まで誰にもさすられたことがなかったんだろうなと哀れに思いました。生まれて初めて人に触れられて、その温かさにぞくぞくしているに違いありません。そう思っていると、卯一君が突然言い出しました。

「おっさん、相談があるんだ」

「何だ？」

「あのなあ……、でも、こんなこと言ったら、笑うだろうなあ」

「笑うもんか。言ってみな。おれも聴いてみたいよ。お前のたっての相談というのをな」

「やっぱりやめとくよ。おっさんが笑うと、おれ、恥ずかしいもんな」

「気色悪い奴ちゃな。それじゃあ言うな。ところでお前の夕食はどうなっているんだ？」

「そろそろ賄《まかな》いのおばさんが持ってきてくれるころだ」

「じゃあ、おれが取りに行ってくるよ。炊事場に行けばいいんだな」

そう言って炊事場に行くと、小さなお盆が渡されました。鍋に入ったおかゆとしなびた梅干し二個、小さく刻んだたくあんが少々と、余りにも少ない量に驚きました。そんな簡単な食事をお盆に乗せて運びました。

「おっさん、おれは一人じゃ食べることができんのだ。匙《さじ》ですくって口に入れてくれ」

三上さんは言われた通り、口におかゆを運んでやりました。すると卯一君は二、三口食べるとむせてしまい、ゴホンゴホンと咳をしました。

「おっさん、お茶をくれ！　お茶。おれは飲み下せないんだ」

あわてて三上さんがお茶をやると、飲み干してひと息つくと、もういいと断りました。

「何だ、これっぽっちか。もっと食べんと体に悪いぞ」

「もうええ。どっちみちおれは死ぬんだ。どうでもええわ。ところでおっさん、夕食はどうすんだ」

「おれか？　おれは飛び入りだから、賄いのおばさんは何も聞いていないんだろ。今夜は無しですませるよ」

「でも、腹が減るだろ」

「まあ一食ぐらい抜いたって、どうってこたあない」

すると卯一君が自分のお盆を指差しました。

「おれの残り物があるぞ。それを食えよ。ほとんど手をつけておらん」

これには三上さんがあわてました。

「馬鹿言え！　お前の残り物を食ったら、それこそ伝染病がうつっちまわあ」

と、喉まで出かかりましたが、それは言いませんでした。かろうじて、箸《はし》もないのに食えるかと言い逃れると、たたみ込むように、おれの匙《さじ》があるぞと言い返しました。三上さんがどうするか、卯一君はじっと見ています。

（食べれば伝染するかもしれない。食べなければ、やっと心を開き始めたのに、また心を閉ざしてしまう。どうするか……）

一瞬迷いましたが、しかし腹を決めました。よし、じゃあ、遠慮なくもらうぞと言い、合掌《がっしょう》して食べました。匙についている卯一君の唾に結核菌がついていると思うと流石《さすが》にいい気はしません。あわてて飲み込んだので味はまるでわかりません。最後は茶碗にお茶を注いでぐーっと飲み干し、ほっとしました。すると卯一君がうなりました。

「おお、よう食ったなあ、肺結核患者のおれの食い残しをよう食ったなあ」

こうして二人の絆はがっちり結ばれました。


「お父っつぁんと呼んでいいか？」

どこからか夜鳴きそばの悲しげなチャルメラの音が聞えます。秋の夜空は冴えわたって、月の光がこうこうと射しています。卯一君は先ほど言いかけていたことを話し出しました。

「おっさん、おれは両親《ふたおや》を知らねえんだ。おふくろはおれを産んですぐ死んだし、親父はとうの昔に逃げよったから、一人ぼっちなんだ。おれは今までずいぶん多くの大人に会ったけれど、だれ一人お父っつぁんと呼びたいと思った奴はいなかった。でもなあおっさん、あんたは違うような気がする。おっさんをお父っつぁんと呼んでいいかい」

しみじみとした卯一君の話は身につまされました。三上さんは涙がこぼれないように天井を見上げて、照れを隠して答えました。

「おれみたいな男でいいんだったら、お前のお父っつぁんになろうじゃないか。お父っつぁんと呼んでいいぞ」

卯一君が呼ぼうとすると、立て続けに咳が出て、身をよじって苦しみました。三上さんは背中をさすって介抱し、

「咳がひどいから止めておけ。興奮しちゃあ、体によくないぞ」

と諭《さと》しました。でも卯一君はもう一度叫ぼうとしましたが、続けざまに咳をして、死ぬほど苦しがりました。

（お前って奴はそれほどまでしてお父っつぁんと言いたかったのか。まったくもって悲しい星の下に生まれた奴だな）

三上さんは目頭が熱くなり、涙声で言いました。

「なあ卯一、今夜は言ぅのはやめとけ。体に悪いぞ」

それでも止めません。苦しい息の下からとぎれとぎれに叫びました。

卯一君の睫毛《まつげ》に涙の粒が光っています。どれほどこの言葉を言いたかったか。卯一君はもう一度叫びました。

「お父っつぁん！」

「お父っつぁ〜ん」

「おいおい、泣くなよ。男の子だろ、みっともないぞ。卯一、ごめんな。お前に随分寂しい思いをさせちまって。でも、もう大丈夫だ。お父っつぁんはどこにも行きゃあしない。ここにいてお前を看病しているぞ」

三上さんは思わず卯一君を抱きしめました。卯一君はそれまで一度も誰かに抱きしめられたことはなかったのです。堰《せき》を切ったように泣きだしました。わぁわぁ泣きじゃくる卯一君を抱きしめて、三上さんは何度も何度も詫びました。

「ごめんな。卯一。寂しがらせちまって」

卯一君は親に抱きしめてほしかったのです。三上さんに抱きしめられて、温かい体温でそれを実感しました。至福の時間が流れていきました。

手のひらで涙をぬぐい、卯一君が語り始めました。

「お父っつぁん、おれはな、神社の床下で凍えながら、生まれてこなけりゃよかったと悔やんだ。温かい家庭がある奴らがうらやましかった！」

泣きながら、寂しさを打ち明けました。

「寒かったけど、それ以上におれの心も冷え切っていた。お父っつぁん、この手首を見てくれ。おれは何度も手首を切って死のうとした。生きる意味が見いだせなかったんだ。さっきお父っつぁんに抱きしめられて、途方もなくうれしくて泣きじゃくったのは、おれを大事にしてくれる親がいる、おれはもう天涯孤独じゃないと思って泣けてならなかった」

そう聴いて三上さんは再び卯一君をかき抱いてお詫びしました。

「ごめんな。お父っつぁんを許してくれ。お前をおっぽり出してほっつき歩いていて悪かった。お前の心がそんなに凍えていたなんて気がつかなかった」

涙ながらに詫びる三上さんに、卯一君はまた泣きました。

「お父っつぁん、ありがとう！　おれはやっと大地に自分の二本の脚で立ったような気がする。お父っつぁん、ありがとう」

そう言うと、卯一君は心から安心してとろとろと眠りました。三上さんは安らかな卯一君の寝顔に満足し、脚をさすり続けました。窓の外はいつの間にか明るくなり、小鳥のさえずりが聞こえてきました。

わが身を短くして周囲を照らすローソク

よく見る夢

三上さんは背伸びをしてカーテンを開けながら、卯一君におはようと声をかけました。卯一君は目をしばたたきながら挨拶を返し、三上さんに訊きました。

「お父っつぁん、昨日は他の患者さんたちにいい話をしたんだってな。どういう話をしたんだ。おれにも聴かせてくれ」

「聴きたいのか」

「うん。聴きたい。聴いてみたい」

卯一君の心が動き出したようです。そこで三上さんはまるで父親が息子に語りかけるように、しみじみとした口調で話を始めました。

「卯一、お前は何のために生まれてきたか知っとるか」

「何じゃ、そんなことか。男と女がいちゃいちゃしたら、子どもができらあ」

「そんなことじゃねえ、生まれてきた意味だよ、意味！」

「意味だの、目的だの、そんなしち面倒臭いこと、わかるけ。腹がへったら飯を食うだけさ」

「飯を食うためだけじゃ、寂しかないか。人生はそれだけじゃないぞ」

「……そんなこと、考えとうねえ」

「でもな、誰かの役に立って、ありがとうと言われたら、うれしいと思うだろ。あれだよ、あれ。お前、今まで誰かの役に立ったことあるか？　友達や近所の人の役に立てたときはうれしいよな。人の役に立てて、ありがとうと感謝される——これがおれたちの生きる力になってんじゃねえか」

何か考え事をしていた卯一君は、ふて腐れて返事しました。

「それはそうだ。確かにそれは言える……。でもね、おれは全然できてねえな」

卯一君が悲観的になりそうだったので、三上さんはあわてて話を切り替えました。

「ところでな、卯一、お前、最近よく夢を見ると言ってたなあ」

「ああ、おれの背丈ほどのローソクに火が点いていて、それが燃えてどんどん短くなっていき、ついに燃え尽きてしまうんだ。おれはその瞬間に目が覚めて、ああ生きていてよかったと安堵《あんど》するんだ」

「そうだ、それだよ。ローソクだって、自分の身を削って周りを明るくしている。だから重宝がられるんだ。そこに生き方のコツがあるんじゃねえか」

「……そうだよな。おれは人に重宝がられるよりも、相手に嫌味ばかり言って、憂さばらしばっかりしていた。それじゃ相手に嫌われるのも当然だよな。

ああ、おれは間違っていた。おれは駄目だ、どうしようねえ。もうアウトだ」

卯一君が吐いた溜め息は、人生に疲れ果てた老人が吐くような絶望的な溜め息でした。

「おれはもうじき死ぬんだ。時間がねえんだよ。人の役に立てと言ったって、今さら何ができるっちゅうんだ」

泣き出しそうな顔して、べそをかいています。

「できる！　お前にもまだできることがあるぞ」

卯一君は昨夜あまり寝なかったので、すっかり体力を消耗し、もう起き上がれなくなっていました。

「もう起き上がることもできないおれに、今さら何ができるっちゅうんだ……」

お礼を言って死んでいけ！

「違うぞ、卯一。まだまだできるぞ。お前はここのお医者さんや看護婦さんに随分お世話になっているのに、気に入らないことがあると、医者の馬鹿野郎！　殺せ、殺せとののしって、みんなを困らせているそうだな。

見ず知らずのお前を助けようとして、みんな一生懸命治療してくださっているのに、どういうことだ。ありがとうございました、お世話になりましたってお礼を言って、誰にも迷惑が掛からないようにして、そっと死んでゆくんだ」

意外なアドバイスだったので、卯一君は自分の耳を疑いました。

「それだったら、おれにもできるぞ。やってみるよ。

ところでお父っつぁんは小学校や中学校でも話をするのか？」

「頼まれて話をしに行くことがあるよ」

「そしたらそのときみんなに言ってくれ。おれみたいな奴が言ったって、しようがないけどな」

「何て言うんだ」

「親から小言を言われるじゃろうが、うるさく思うなって」

「どうしてだ？」

「小言を言ってくれる親がいるってのはありがたいことだぞ。おれには誰も小言を言ってくれなかったんだ！　それに文句を言うのは贅沢《ぜいたく》だい」

卯一君が味わってきた寂しさを、それ以上に表している言葉はありません。

「お前もいろいろ辛い経験をしてきたんだな。わかった、必ずお前からの伝言を伝えるよ。じゃあ、卯一、おれはこれで行くぞ。これから高校に行って、生徒たちに話をすることになってんだ」

そう言って三上さんが病室を出ようとすると、卯一君は心細そうに、お父っつぁん！　と呼びました。何だ？　と振り返ると、何でもねえと答えて、そっぽを向きます。そいじゃ行くからな、もう呼ぶなよと念を押して出て行こうとすると、またお父っつぁん！　と呼びます。

「何でも無かったら呼ぶな。行けねえじゃないか」

そう言ってドアを開けて廊下に出て、わざと音を立てて廊下を歩きました。その音で、もう行かなきゃならないんだと自分に言い聞かせました。でも、後から卯一君の声が追いかけてきます。

「お父っつぁ～ん、行かんでくれ……。おれを独りにせんでくれ……」

心を鬼にして逃げるように院長室に行くと、院長先生は家に帰らずソファに横になっていたらしく、ぼさぼさ髪のまま起き上がりました。

「院長先生！　お帰りくだされば、よかったのに」

「でもね、あなたがあの部屋で看病されていると思うと、気になって帰れませんでした。夜中に二度ほど病棟に様子を見に行きましたが、いつも卯一君の脚をさすっておられました。私どもの看護がおざなりだったと反省しました」

合掌して死んでいった卯一

院長先生といっしょに朝ご飯を食べていると、誰かがドアを激しくノックして、院長室に飛び込んできました。白いガウンを着て、聴診器をつけているから医師だとわかります。

「院長先生、卯一君がたった今息を引き取りました」

「何ですって！　卯一が亡くなったって？」

三上さんが絶句すると、当直の医師は経過を話しました。

「私が朝の診察に入っていくと、卯一君がいつになくニコッとほほえむのです。私は思わず、今朝はなかなかご機嫌だなと言い、いざ診察をしようとしてベッドの脇に立つと、息をしていないのです。

『おい、卯一君！　どうしたんだ卯一君！』

と揺すり、急いで脈診をしましたが、脈はもうありませんでした。卯一君の顔は私が入ってきたときのようにほほえんでいました。乱れている毛布を整えようと思って引き揚げると、あの人間嫌いの卯一君が……、嫌味ばっかり言っていた卯一君が、何と合掌していたんです。

あいつは合掌なんてする奴じゃなかった。神も仏も親も世の中も一切恨んでいた。あいつの心境に大きな変化があったとしか考えられません」

若い医師は涙声になっていました。そう聞いて三上さんは駆け出し、卯一君の病室に駆け込みました。そして卯一君の体をゆすって語りかけました。

「おい、卯一、合掌していたんだって！　皆さんに、お世話になりましたとお礼を言ったんだな。

見事だ、実に見事だ。約束どおりにしたんだな」

卯一君は揺さぶられるばかりで、何の反応もしません。

「卯一よお、どうか大人たちの不親切を許してくれ。お前に寂しい思いをさせてしまい、すまんかった。ほれ、このとおり、心からお詫びするよ」

三上さんはベッドの脇に土下坐し、天上に還った卯一君に語りかけました。

「でもなあ、たった一人、お前のおっ母さんは違った。お産を手伝っていた産婆さんに、どうか赤ちゃんを無事に取り上げてくださいと泣いて頼んだそうじゃないか。お前はそういうおっ母さんの祈りに包まれて、産まれてきたんだぞ。

お前が神社の拝殿の床下で寒さに凍えていたときに、おっ母さんはお前を冷たい北風から守り、少しでも温かくしてやろうと思って、お前を抱きしめてくださっていたんだ。いや仏さまだってそうだった。そうやってみんながお前を守ってくださっていた。それだけは忘れんでくれよな」

そう言って、三上さんも嗚咽《おえつ》しました。

三上さんの活動は決して華やかではありません。しかしながら人々の心に確実に残り、社会を根底から支えていました。病院を出て、次の講話先の高校に向かう三上さんの肩に秋の陽が踊っていました。

第二章

産ぶ声を上げた新生涯

赤ん坊の泣き声

長浜の老舗玉屋

西田天香さん、本名市太郎さんは、明治五年（一八七二）三月十八日、滋賀県の長浜に、保三（二代目八重郎）の子として、呱々《ここ》の声をあげました。家業の料理商「玉屋」は寛文八年（一六六八）に創業された長浜屈指の老舗《しにせ》です。本家の西田家は大阪でもかなりな大店《おおだな》で、養子縁組をして相互に助け合っていました。

父保三は長らく子どもが授からなかったので、養女にらくをもらい、らくに小川伝七を婿養子として迎えて後継者としました。ところがその後、保三は別な婦人によって子を授かったので、市太郎と名づけて、保三の妻とみが育てました。

市太郎君は滋賀県で初めての小学校である開知《かいち》学校（現市立長浜小学校）に上がりました。成績は抜群でしたが、高等科を卒業したあとは、父の意向で進学せずに家業を手伝いました。しかし学問への思いは断ちがたく、堀貞一長浜キリスト教会牧師から英語や西洋史を学び、さらにバートレット宣教師から英会話を習うとともに、杉本善郎の漢学塾「杉蔭舎《さんいんしゃ》」で、古典や珠算を学びました。天香さんが博覧強記なのは、少年期に勉学にいそしんだからでしょう。

明治二十四年（一八九一）十一月、市太郎十九歳のとき、義兄小川伝七（三代目八重郎）の娘のぶと結婚しました。三代目として玉屋を継いでいた伝七の娘をめとることで、玉屋の四代目となることが暗黙の内に期待されていました。一方、市太郎さんは玉八という紙屋を創業しました。

市太郎さんは覇気のある青年となり、長浜青年会では幹事長に推され、青年たちのまとめ役として動いていました。明治二十五年（一八九二）、滋賀県の最大の問題だった坂田郡の分合問題で、長浜青年会の幹事長として大越亨《おおこしとおる》知事に談判しました。この談判で大越知事は有望な青年指導者として市太郎さんを認めるようになりました。

そこへ舞い込んできたのが、北海道開拓の話でした。折から政府は殖産興業の一環として北海道開拓の方針を打ち出し、それに呼応して長浜の豪商河路重平《かわじじゅうへい》らが合資会社「必成社《ひっせいしゃ》」を設立、大越知事は市太郎さんを現地での責任者「開拓主監」として推薦しました。

北海道の開拓に従事すれば徴兵は免除されるという恩典もあったので、市太郎さんは玉屋の跡取りでありながら、開拓主監を受けました。長浜でくすぶっているより、北海道に雄飛したいという思いがありました。この頃の市太郎さんは、

「おれはいずれ日本銀行の総裁になるんだ」

と豪語しており、広い世界に飛び出し、自分の可能性をとことん試したいという思いが強かったようです。大越知事は北海道開拓に雄飛の夢を託す市太郎さんに、

「龍蛇《りゅうだ》の逸《はし》るところ、雲起こらざるなし。虎豹《こひょう》の嘯《うそぶ》くところ、風生ぜざるなし」

と揮毫《きごう》して前途を祝しました。雄飛を図る青年を発奮させる書です。市太郎さんは早速幌内《ほろない》原野東部に位置する空知《そらち》郡栗沢《くりさわ》村清真布《きよまっぷ》を視察し、開拓の青写真を描きました。

北海道の開拓と模索

明治二十六年（一八九三）五月、市太郎さんは滋賀県の第一回入植者八戸を伴って、五百ヘクタールの原生林の開拓に入りました。第二回目入植が八戸、第三回目が三戸と続き、原野を切り拓《ひら》いて耕作地にし、じゃがいもや亜麻を栽培しました。

しかし、開拓民の中には耕作地を放棄して失踪する者が出たり、岩見沢駅周辺に留まってなかなか耕作地に入らない者もあったので、さらに岐阜県から十四戸を受け入れたが定着せず、苦労しました。とはいえ開拓が軌道に乗ってくると、市太郎さんは駅の誘致に乗り出し、一方で幼稚園や小学校を開設し、商業網の整備に取り掛かりました。その運動が功を奏し、清真布停車場が完成しました。事業家としての市太郎さんの面目躍如です。

ところが、ようやく市街地が形成されてきた清真布が火事に襲われ、さらに洪水が起きるなど、予期せぬ出来事に翻弄されました。加えて農産物が好況不況の影響を受け、まもなく売れ行き不振に陥りました。出資した人たちは出資分に応じた配分を求め、やいのやいのと要求してきます。開拓は軌道に乗ったとはいえ、まだ利益を配分するほどの余裕はありません。両者の折衝《せっしょう》は紛糾し、開拓主監を務めていた市太郎さんは板挟みとなって、ほとほと困ってしまいました。調停に奔走したもののうまくいかず、心身ともに疲れ切って必成社を去りました。

その後、北見の幌別《ほろべつ》川流域で砂金が発見されたので、今度はその発掘に関わり、砂金鉱区を申請しました。東京地質研究所に依頼していた鉱物の定量分析の結果報告を受け、有望視されたので、鉱山技師を雇うために神戸や門司《もじ》を訪れました。

出張の折は京都に立ち寄り、臨済宗南禅寺の豊田毒湛《とよだどくたん》禅師に師事し、

「自己主張し、人と争わなければ、人間は生きていけないのでしょうか」

と、長らく懊悩している人生に対する疑問をぶつけました。それは争議で苦しんで以来ずっと持っていた疑問です。だから鉱山経営に奔走しながら、折を見て豊田禅師に参禅したのです。

しかし、この鉱山経営はうまくいきませんでした。市太郎さん自身は何も語っていませんが、諸資料から推測すると、友人に裏切られたことから、事業から撤退したようです。かくして鉱山経営という新たな事業も閉ざされてしまいました。

トルストイのメッセージ

失意のうちに故郷に帰って来た市太郎さんの頭の中には、

「人は自己主張し、自分の利益はぶんどらなければ生きていけないのか。声高に叫び、ごり押し

するほうが勝ちなのか？」

という疑問が渦巻いていました。そんなとき、同郷の友人がトルストイの『我宗教《わが》』（文明堂）を送ってくれました。トルストイの思索は市太郎さんが求めていたものと合致し、共感して一気呵成《かせい》に読みました。特に巻末の中程に書かれていた、

「生きようとするには死ね！」

というメッセージは心に響きました。

（――これは「死ぬと決心すれば、生き返る」というような功利的な主張ではない！　計算して「浮かぶ瀬もあることを予期して身を捨てる」などという甘い主張でもない）

市太郎さんには「死ぬと決心すれば、生き返る」というギリギリの態度が、極めて重大な意味を持って迫ってきました。

（人を凌《しの》いで生きることは、凌がれる全体が死ぬことだ。自分が死んで全体が生きるのなら、自分が死んでも本望ではないか。自分も他人も水面に偶然生じた泡沫《うたかた》のようなもので、その泡沫に執着するのは、全体たる水を知らないからだ。

死んだとしても、何物も消え去るのではない。生きようと思わば死ねという言葉は、そのように解釈して差し支えない！　運命を天に任せて、もし食えないとすれば、潔《いさぎよ》く死んで〝いのちの根源〟に還ればよいではないか。〝死ね〟とは〝迷妄から離れよ〟ということで、実は全体が自

分なのだ！）

そう思い至ると、久々に晴れ晴れとした気持ちになりました。市太郎さんは深い安堵感を覚え、よろしい、死んでしまおう！　と覚悟を決めました。力むような気持ちは何らありません。極めて安らかで広い世界に飛び出したような心地で、〝壊れない自分〟を得て〝永生の実世界〟に還ったように感じました。捨て身の求道《ぐどう》によってようやく手ごたえを感じ、何かが動き始めました。

赤ん坊の泣き声

市太郎さんは八幡神社の境内にある愛染《あいぜん》明王堂の縁側へ薄い座布団を一枚持っていき、そこで坐禅をして、その夜を明かしました。翌日も翌々日も行き詰まったまま坐っていました。腹がすき、目も眩《くら》みました。こうしていれば飢え死にするほかはないという思いがひたひたと迫ってきます。

煩悶《はんもん》している問題の火種は消えないまま、依然としてそこにあります。退却しようにも退却できず、その夜も疲れたまま濡れ縁に坐り続けました。とことんまで極めずにはおれない性格です。

山の端《は》が赤紫に染まり始め、小鳥が鳴きだし、三日目の夜がしらじらと明けてきました。

するとふと、赤ん坊の泣き声が耳に入りました。お腹がすいた、おっぱいがほしいと泣いているのでしょうか。その子のお母さんは台所に立って朝ご飯の準備に追われていたのでしょう。赤ん坊が泣くので、急いで駆けつけておっぱいを含ませたようです。満ち足りた静寂な時間が流れていきました。聞き耳を立てていた市太郎さんは、ふっと思いました。

(もしも赤ん坊が泣かずに飢えて死んだなら、母はどんなに嘆くだろう。赤ん坊が泣いてくれればこそ、お腹がすいているのではと気づくのだ。赤ん坊が乳を求めるのは、決して生存競争からではない。これは闘いではなく、他をしのぐのでもない。乳を飲むことによって、母も子もともに喜びにあふれるのだ。

赤ん坊が生まれる前に乳は出ない。その子が生まれた後、初めて母親に乳が出る。それが大自然の仕組みだ。赤ん坊は乳を求めて努力するわけではない。母も同様だ。自然に任せて二人とも助かっている――)

そこには与えて喜び、与えられて喜ぶという人間関係があることに気づき、救われる思いがしました。

(人間の食物もかくあるべきではないか。人間は不自然なことをしたために、受けるべき恵みを失ったのだ。この赤ん坊のように、私のためにもどこかでご飯を準備し、私を待っていてくれるかもしれない。もちろん無理に生きようとするのではない。許されるならばだ……)

町が動き出したようで、生活の音が聞こえ始めました。どこからか豆腐売りのラッパの音が、聞こえてきます。しっとりとした朝の冷気に包まれ、境内はよみがえったような新鮮さで満ちていました。

（こんな私でも生かしていただいている！　何とありがたいことだろう。感謝なことだ）

そう思い、両手を合わせて合掌した途端、全身に天啓が走りました。

（不二《ふに》の光明によって新生し、許されて生きよう！

そのお礼に何かさせていただこう。

私のこれからの人生は、生かされているご恩に報いるご恩返しだ！）

感謝でしかありません。生かされている喜びだけでした。新たに生まれ出た体にもりもり力が湧いてきました。すると新しい生き方に目覚めた市太郎さんの目の前に、ヒマワリが咲いているのが見えました。まだヒマワリが咲き乱れる夏ではないので、幻だったのでしょう。ヒマワリは太陽が動くにつれて、首を傾けて後を追うといいます。

（よし、私も食物のあるところまで、この体を運ぼう。食べ物がほしいと言うだけなら、生存競争ではなかろう）

そう思うと、立ち上がって町へ歩き出しました。

すると、道路に米粒が一条の筋となってこぼれていました。誰かが米俵を運んだとき、こぼれたのでしょうか。それに気づいたとき、み仏がこれをお粥《かゆ》にして、力をいただきなさいと、配慮してくださったように思いました。そこでかつて知った家から土鍋を借り、七輪でお粥を作りました。水のように薄いお粥でしたが、空いたお腹を満たしてくれ、体が温まりました。

我、世に勝てり！

さらに町なかに出ると、鍋徳《なべとく》という金物屋さんがありました。馴染みの金物屋で、ちょうど店を開けようとしていたので手伝い、土間の掃除をしていました。するとお店に出てきたおかみさんが気づいて、「あら、市太郎さん、おはようございます」と声をかけてきました。

「これからみんなで朝ご飯をいただきますが、まだおすみでなかったら、ごいっしょにどうですか？」

市太郎さんにはかつては帳簿を見てもらったり、経営上の相談に乗ってもらったりしており、気安い仲でした。市太郎さんは今でこそ成り下がってうらぶれた恰好をしていますが、元々若い経営者仲間のリーダー的存在だった人で、おかみさんも尊敬していました。

「それはありがとうございます。でも、私は考えるところがあって、今までの市太郎とは違う生き方をしようと決めました。許されるなら生きようと思うんです。朝ご飯を私に食べられて損したなんて思われるなら、食べることはできません。ご飯をどうぞお光に差し上げてください。それを私はお光からいただいて感謝していただきます。いかがでしょうか」

「何やら難しいことを言われますなあ。もちろん市太郎さんに食べていただいて、損したなんて思うはずがないじゃありませんか。どうぞ、食べていってくださいな」

おかみさんも快諾したので、朝ご飯をいただくことにしました。でもやわらかいご飯はお釜に返し、釜の底に焦げついているお焦げをすくって食べました。おしんこは葉っぱのところを除《よ》け、根っ子の部分を食べました。朝食が終わると店に出て、商品にはたきを掛けてホコリを払い、品物をキチンと並べ直しました。それが終わると、倉庫に行って片づけ、次は庭の草むしりをしました。

市太郎さんは紙店玉八の若旦那で、鍋徳にも時折姿を見せていましたが、丁稚《でっち》と交わることはありませんでした。ところが今は丁稚の中に入って、体を動かしていそいそと仕事をし、裏表なく一心に仕事をしています。

そんな生活が始まってしばらくすると、他の丁稚や番頭さんが市太郎さんにお詫びに来ました。

「私は配達などで外に出かけるとついついサボってしまい、店にはなるべく遅く帰っていました。でも市太郎さんが裏表なく立ち働いている姿を見て反省しました。恥ずかしいかぎりです」

そんなふうにして従業員の間にお詫びの気持ちが広がっていきました。すると今度はおかみさんが相談に来られて、打ち明けられました。

「鍋徳はいつ倒産するかと噂されていましたけど、もう大丈夫です、立ち直ります。私はこれまではきれいな着物を着て、おかみさん然として帳場に座っておりました。でもこれからは木綿の着物に着替えて店に出て、丁稚といっしょになって働きます。安心してください」

おかみさんはご主人が亡くなった跡を引き継いだけれどもうまく経営できず、丁稚たちもなまけてタガが緩んだようになり、鍋徳は危ないと噂されていたのです。

おかみさんの誓いを聞いていて、市太郎さんは、

「我、世に勝てり」

と、確信を得ました。この生き方、つまり下坐に下りて人々にお詫びをするという生活が私のこれからの生き方なんだと確信を持ち、新生涯が始まりました。

新生涯の誕生

懊悩する時代の状況

明治の後半から大正に至る時代を俯瞰《ふかん》すると、近代国家として船出した日本は日露戦争に勝利し、ますます士気高揚しました。しかし一方では、知識青年の意識は産業立国や立身出世というよりも、

「自己とは何ぞや？」

という根本命題に煩悶していました。それを色濃く反映しているのが大正教養主義です。それ

が、市太郎さんが登場する時代背景でした。

ところで市太郎さんの初期の活動で、知識人とのつながりが深く広がっているのには驚きます。その元をたどっていくと、神秘主義の思想家で作家の綱島梁川《つなしまりょうせん》に行きつきます。このころには市太郎さんはすでに天香という号を使っていたので、以後、天香の号を使います。

綱島梁川は明治二十五年（一八九二）、東京専門学校（現在の早稲田大学）に入学し、在学中から『早稲田文学』の編集に携わりました。しかし、まもなく肺病に倒れ、療養生活をしながら『病間録《びょうかんろく》』を書き著《あらわ》しました。梁川は真摯なキリスト教徒で、自分自身の神秘体験に立脚した論説は、知識青年に大きな影響を与えました。天香さんもこの本を読んで共感するところがあったので、梁川に会いに行きました。梁川は天香さんより一歳若く、三十四歳です。

梁川は天香さんと歓談するうち、天香さんがちゃんとした職に就いているのではなく、もう何年もの間、その家の求めに応じて雑用や拭き掃除など下様《したざま》の仕事をし、そのお礼として食事を恵まれ、寝る場所を提供されて、文字どおり〝許されて生きてきた〟ということを知って驚きました。天香さんは現代において、十二、三世紀のアッシジのフランチェスコのような生活を送っていたのです。

梁川は面談後、病床から天香さんにこう書き送りました。

「私がもし健康な体だったら、どこまでも法兄（天香さんのこと）についていき、実世間の活動に身を投じたいと思っております。これは病者の空言《そらごと》として言っているのではなく、法兄にはまったくの同感を得たからです。（中略）

私は何ら宗教的実践をしていない学者が宗教問題を論ずるのをみて、いつもその大胆さに驚き、疑問を持つと同時に、自ら深く反省しています。かつて貧民のために一滴の涙も流したことのない政治屋が得々として社会問題を講ずるのと同じ嘆きを覚えます。お互いに自重して一世の光となり、自ら始めて範を垂れたいものです」

それほどにまで感じ入ったので、早速親友の中桐確太郎《なかぎりかくたろう》早稲田大学教授や、『自殺論』で一世を風靡《ふうび》した評論家魚住影雄《うおずみかげお》（折蘆《せつろ》）、あるいは社会主義者の小田頼造《おだらいぞう》や、たまたま家に遊びに来た当代一流の評論家徳冨蘆花《とくとみろか》にも引き合わせました。

また梁川を通して、「人生不可解」と書き残して華厳《けごん》の滝に投身した一高生の藤村操《ふじむらみさお》の同窓生で、後に一高の校長になる安倍能成《あべよししげ》、一世を風靡した『三太郎の日記』を著した阿部次郎、岩波書店を立ち上げた岩波茂雄にも伝わり、他にも訪ねてくる人ごとに天香さんのことを熱っぽく語りました。

「私は最近すごい人物に出会いました。彼は人々の下坐におりて懺悔奉仕し、決して報酬を受け取らないのです。〝許されて生きる〟という生き方を徹底し、それでもう三年も無報酬の生活をしているそうです。その事実がすごい！　頭でっかちの評論家ではありません。

彼の人品は寡黙で、決して卑しくありません。形《なり》はつつましい筒袖を着て、あたかも労働者風ですが、禅僧のように凛《りん》としています。現代まれにみる、見上げた人物です。彼の生き方を知って、私は拙著『病間録』をまだまだ甘く恥ずかしいと思い、焼き捨てたいほどです」

梁川の『余が見神の実験』は漢文調の文体で書かれているので、読みやすくするため現代語訳にして紹介します。

『(天香という人は)立派な衣服がない人を慰めようとして、自分も粗末な衣服を着るようになりました。お金がなくて貧しい人のために、自分もつつましい生活をするようになりました。魚や鳥、動物の生命に同情を寄せ、自分の口に肉を入れなくなりました。失恋した人に同情し、自分も甘い家庭から遠く離れようとしました。

そのようにして、所有するものはただ衣服三枚、茶碗一個だけの人となりました。在家の姿をして俗塵にまみれながら、しかし僧侶のような清貧の生涯を送っています。これは必ずしも信仰上至りついた生活態度というよりも、人に心から同情し、やむなくそうした結果だと思われます。

このような言をなし、このような行いをなす人は一体誰でしょうか。それは私の道友で、天華《てんか》香洞《こうどう》の主人です。天華香洞の主人とはどのような人でしょうか。世は自然にこの人を知る時がやってくるでしょう」

天華香洞の主人とは天香さんのことです。梁川は死ぬ直前『回光録』を出版し、そこでも天香

さんの生き方を称賛しました。梁川の絶筆となった『労働と人生』に出てくる言葉、

「爾《なんじ》の現在を充《み》たせ。現在は爾が全宇宙也《なり》。否《いな》、爾自身也」

は、梁川の格調高い人間観を表しています。

一燈園の誕生

東京で綱島梁川や中桐確太郎と親交を結び、交流が広がっていく一方、京都では木屋町《きやまち》や高瀬川辺りで懺悔奉仕の生活をしていました。家々の下様《したざま》の仕事を黙々とし、今晩は泊まっていきなさいと言われれば泊めてもらい、そうでなければどこかの軒下で野宿していました。

明治三十九年（一九〇六）十月六日、かねて天香さんを慕っていた女性たちが集まり、法話を聴く小さな集まりが生まれました。奥田勝《かつ》（後に天香さんの後妻になり、勝淳《しょうじゅん》と号し、さらに改名して照月《しょうげつ》と名乗る）、中村とよ子、服部きぬ子、高階《たかしな》たみ子、西村夏子、中村てい子さんの六人です。天香さんはその集まりに、綱島梁川の著書『一燈録《いっとうろく》』から採って「一燈園」と名づけました。


天香さんは思索ノートともいえる日記『天華香洞録《てんかこうどうろく》』の同日のページに、

「これは人の目に小さく見えるかもしれないが、神国建設の一柱となるべきものである」

と記しています。それを見ると、一燈園は偶然生まれた気さくな集まりなのではなく、価値観

を転換した新しい集団であることを自覚していたことがわかります。そのことは、この後、天香さんが上京して梁川を訪れ、一燈園の名称を使わせていただきたいと申し入れしていることにも現れているように、とても律儀な人でした。

天香さんの拝み合い、無一物《むいちぶつ》無所有の生き方に共感する人たちが弟子入りするようになりました。弟子入りといっても、住む建物があるわけではありません。弟子入りした人も同じように、家々の廊下を拭いたり、炊事場の手伝いをしたり、障子を張り替えたりというような下坐の仕事をしていました。

ここでは一応、弟子入りと書きましたが、天香さんはいっしょに懺悔奉仕をする人たちを「弟子」とは呼ばず、「同人《どうにん》」と呼びました。自分は師匠ではなく、みんなはいっしょに懺悔奉仕をする同人だとみなしたのです。一切を捨てて一燈園に飛び込んで同人となる人のほか、生き方に共鳴し、仕事や家庭を持ちながら懺悔奉仕の生活をする人たちを「光友」と呼びました。同人や光友を「喜んで法に随《したが》う人」という意味で、随喜《ずいき》者とも呼びました。

天香さんは執着を去るには、一定の所に住まず、無一物で無所有が一番いいと考えました。したがって、修行のために〝一所《いっしょ》不《ふ》住《じゅう》〟を貫いていました。でも住所がないと連絡の取りようがなく、極めて不便です。

思い、邪《よこしま》無し

そこで天香さんの随喜者の一人、藤田玉《ふじたたま》さんが天香さんを招いて、自宅で明治天皇百日祭を修したとき、「私に道場を建てさせてもらえませんか」と申し出ました。大正元年（一九一二）十一月初めのことでした。藤田さんは天香さんの幼なじみの豪商下郡伝平《しもごおりでんぺい》氏の愛妾《あいしょう》です。でも、天香さんは玉さんの申し出に渋りました。下郡氏は玉さんの気っ風にほれて、単に世話していただけで、愛妾としていたのではないという説もあります。

「そやなあ。家ができると、すぐそこに根が生えて、肝心の路頭の修行が死ぬかもしれんしなあ」

天香さんにとってはそれが一番気がかりでした。人間の甘えほど警戒しなければならないものはありません。だから気が進まなかったのです。

「そうは言うても、このままでは天香さんとは連絡の取りようがありません。それに長らく療養されていた従兄弟《いとこ》の卯三郎《うさぶろう》さんが失明し、いっそう手がかかるようになりました。そういう方のためにも身を寄せる場所が必要です。どうか道場を建てることを了解してくださいな」

そこでやむなく了承し、大文字山の麓、霊鑑寺《れいかんじ》の隣の高台に道場を建設することになりました。しかし天香さんは玉さんの態度にいささか不遜なものを感じるのです。精神的な道場を造るわけだから、それにふさわしく、建てさせていただくという謙虚な態度であってほしいと思うのですが、生身の人間はいろいろと複雑です。

「長年節約して貯めたお金で建設されるのですから、感謝しています。でもここは懺悔奉仕の道場になります。だから玉さんがお光に道場を捧げさせていただくという謙虚な気持ちになっていただかないと、私たちは気持ちよく使わせていただけません」

でも玉さんは天香さんが躊躇《ちゅうちょ》する気持ちがもう一つよくわかりません。せいぜい努力しますとは言うものの、気持ちが伝わってきません。そうこうするうちに普請が始まり、柱が建ち、床板が敷かれました。そんなところに、玉さんが「天香さんに喜んでもらえた」と語っていることが漏れ伝わってきました。天香さんは「これはいかん」と思いました。

「この道場は私にではなく、お光に喜んでもらう捧げものなんだ。このままではお光への捧げものにならない」

天香さんは急遽上棟式《じょうとうしき》を中止しました。これには棟梁《とうりょう》があわてました。屋根を上げないと建てた壁や床が雨に濡れて傷《いた》んでしまいます。

「延期するにしても、屋根を上げてからにしてくれませんか」

と、泣きつきましたが、天香さんは頑として聞き入れません。棟梁は気が気ではありません。玉さんは棟梁にせっつかれて深刻になりました。献堂する者が気持ちを浄化しなければと、天香さんは一歩も譲る気配はありません。

（このままでは道場建設そのものが中止になってしまう。私の何が至らなかったのか……）

玉さんは青くなり、心からお詫びしました。玉さんにとって献堂そのものが禊《みそぎ》だったのです。玉さんがお光へお供えする純粋な気持ちに変わったので、天香さんはようやく上棟式を許可しました。

普請が再開され、鹿ヶ谷《ししがたに》の一燈園が落成しました。大正二年（一九一三）十月十二日、献堂式が執り行われ、ついに精神革命の拠点ができ上がりました。天香さん四十一歳のときでした。

一燈園の同人たちは竣工を喜びましたが、天香さん自身は物を預かることの怖さ、複雑さを嫌というほど知らされました。ましてや献堂することが修行の妨げになるかもしれないとあっては、死んでも死に切れません。献堂した玉さんの気持ちに感謝する気持ちはあっても、喜びに浸ることはできませんでした。

鹿ヶ谷一燈園のたたずまい

一燈園の建物が建った場所は東山の峰続きで、大文字山の麓にある高台です。庭に立つと、鹿ヶ谷の谷間を越えて、青々とした赤松の森の上に真如堂の塔がそびえている吉田山がながめられ、左手には黒谷の丘越しに、はるかに東山通りの家々の甍《いらか》が望めます。

建物の正面は禅堂と呼ばれる十坪（三十三平方メートル）の一室で、中央の五坪が板敷で、その両側が六十センチメートルほど高くなった単《たん》（坐禅をする所）で、五畳ずつ畳が敷かれています。そこで朝晩勤行《ごんぎょう》をし、夜は男子の寝室として使われます。正面の壁には一燈園の修行の目標が一対の聯《れん》として掛けられています。

坐水月道場　水月の道場に坐し
修空華萬行　空華《くうげ》の万行《まんぎょう》を修《しゅう》す

これは現在、光泉林の礼堂に移されており、正面の丸窓の左右に掛けられて、朝課、晩課に集う人々の修行のあり方を示しています。

建物の南側に回ると、出入り口の太い桟の格子戸があります。式台を上がると、右手に「お光の間」と呼ばれる一画があり、奥に小高い二畳の礼拝所、その手前の三部屋の襖《ふすま》が取り払われると、十六畳半もある大きな部屋になります。

土曜日の夜には、各方面に托鉢奉仕に行っている男女の同人がこの部屋に集まり、天香さんを囲んで法話を聴く土曜会が開かれます。これが同人たちにとって、何よりも楽しみです。土曜会にはお茶が出ますが、托鉢先からいただいてきた饅頭が出ることもあり、数が足りなければ二つに割って分かち合います。そこでは天香さんも一同人ですから、饅頭も割いたひと切れが与えられるだけで、それがまたほほえましい光景を醸《かも》し出しました。

二階の二間は女性の部屋で、そこから真っ正面に見える吉田山には、京都帝国大学のキャンパスが広がっており、素晴らしい眺めを提供しています。階下の二部屋は、手前が図書室、奥が日当たりの良い療養室です。托鉢から早めに帰った同人は図書室に上がって、機関誌『光』や書物を読んでいます。

お光の間の西側の狭い庭には、一燈園のシンボルとなった大きな渋柿があり、春先になって葉が繁りだすと屋根を半ば覆い、緑陰の涼しさを提供してくれます。禅堂の下は半地下の食堂になっていて団欒《だんらん》にも使われます。

一燈園は「来たる者は拒《こば》まず、去る者は追わず」「一宿両餐《いっしゅくりょうさん》」の清規《しんぎ》（制度）です。見学者には希望すれば一晩泊まってもらい、晩と朝、食べてもらいました。それ以上の滞在を希望すると、当番の指示に従って、日中は托鉢奉仕に出る決まりです。

一燈園の横の道は大文字山に登る石ころの多い坂道で、目の前には紅梅が美しい霊鑑寺《れいかんじ》があります。その練塀の苔むした台石の下を、山から清水が流れ下っていて、同人たちはその清水で顔を洗い、歯を磨き、夕方は汗やほこりにまみれた体を拭き、足を洗いました。

一燈園から大文字山に少し登ると、治承《じしょう》の昔、俊寛僧都《しゅんかんそうず》らが平家討伐の密議を凝らしたといわれる談合の谷があり、そこに談合の滝が掛かっています。夏には同人たちがその滝に打たれに行きました。大文字山は毎年夏八月十六日、山腹に大文字の送り火を灯し、亡くなった方々を送ります。そんな風情のあるところに一燈園は建っています。現在、この建物は光泉林に移築されており、研修会などで使われています。

倉田百三と天香さん

天香さんを訪ねた倉田百三

「京都・鹿ヶ谷に、天香さんという賢人が住んでいるらしい」

そんな噂が日本中を駆け巡りました。それも人々から尊敬されている確かな人士から流れてくるので、多くの人が興味を覚えました。大正教養主義を代表する文学者倉田百三《くらたひゃくぞう》も興味を惹かれ、天香さんに会いに来ました。会ってみると、賢人というより、小鳥とも話をしたというアッシジのフランチェスコのような清純な人だなと感じました。百三はそのまま入園し、指導を仰ぎました。

しかし百三は肺病を患っていて、普通の人のように健康ではありません。ところが天香さんは百三が病気だからといって、特別扱いはしません。みんなと同じように、朝課のあとは路頭に出て、車引きの手伝いや荷車の後押しなどをしました。

ある日は当番に指示されて、三条のそば屋かわみち屋でひき臼《うす》を回して蕎麦《そば》粉をひき、それをこれて蕎麦を作りました。ひき臼を回して粉をひく作業は、見た目以上に力がいる仕事です。それが終わると蕎麦ぼうろを焼くのですが、鉄板が熱いので、冬でも汗だくだくになります。夜七時に仕事を終えるころは、くたくたに疲れ果てました。

食べるものはいつも麦飯に味噌汁と漬物だけのまったくの粗食です。肺病患者に処方されている絶対安静と滋味のある食事とはまるで違います。ある日、一燈園の裏の谷川で野菜を洗っていると、悪化していた痔瘻《じろう》が痛み、飛び上がってしまいました。

このころ、鹿ヶ谷に起居していた同人は二十九人でした。朝課が終わるとみんなそれぞれ托鉢に出ますが、百三はついつい休んで、天香さんの息子の理一郎君の遊び相手をしたり、時に英語を教えたりしました。同人だから生活費はかからないのですが、生活費を実家から送ってもらっていたので、買い食いができます。まるで高等遊民のような暮らしをしているので、傍目《はため》には優柔不断で、怠惰としか見えません。修行しているのか、療養しているのか、どっちつかずの百三に天香さんは注意しました。

「親に依存した生活をしていてはいけない。それだといつまでも依存心が取れない」

「そんなこと言っても、ぼくは病気で、働くだけの体力がないんです。仕方ないでしょう」

百三は病気のせいにして現実から逃げています。天香さんはそのことを指摘して、

「托鉢者は行き詰まるだけ行き詰まったほうがいい。日は暮れ、腹は減る。泊めてくれそうな人

もない。寂しくってやるせなくて仕方がない。やっていけるんだろうかと不安になる。そうしたときにこそ真剣になります。しみじみと考え込み、祈りたくなる。そして知らず知らず、我が一枚一枚剥《は》げてゆくんです。そうなってようやく修行が始まったといえます」

「……」

「お光はあなたのこともちゃんと見てくださっています。お光を信じてお任せしなさい」

百三は、でもと躊躇《ちゅうちょ》しますが、天香さんは畳み込むように言いました。

「お光はあなたの不退転の決意に呼応して、活路を開いてくださるんです」

「でも賭けてみて失敗し、死んでしまったらどうするんですか？」

「そのときは従容と死ぬまでです。何の未練を持つんですか。生き死ににこだわってはいけません」

「……」

「その決意なしには突破はできません。死ぬ覚悟ができていないから、まるで糠《ぬか》に釘を打っているようで、心もとないんです。死ぬ覚悟を決めなさい」

小川は飛び越してしまえば何も難しく思いませんが、飛ぶまでは恐れがあってなかなか飛べないのと似ています。百三はその決心がつかず、煮え切らないうちに病気が悪化したので、わずか数ヶ月で退園し、近くに下宿しました。でも、天香さんには惹かれるものがあるので、朝課や晩課には通い、禅堂で話を聴きました。

天香さんも百三の下宿の前を通るときは、通りから二階に声を掛けました。すると百三は顔を出し、声を交わしました。天香さんにとって利発な百三は愛すべき存在だったのです。百三は天香さんに師事しているうち、親鸞《しんらん》上人はひょっとすると天香さんのような人だったのではないかと思うようになり、創作意欲が掻き立てられました。そこで親鸞と弟子の唯円《ゆいえん》、息子の善鸞《ぜんらん》を主人公として戯曲『出家とその弟子』を書き上げました。大正六年（一九一七）のことです。

百三は天香さんから一幕目を読んだ感想をもらい、「私の作の欠点を衝いておられる」と驚嘆し、その批評の深さに驚き、さすがだなと思いました。

また、天香さんとの深い師弟愛を、岩波書店の創業者、岩波茂雄氏に次のように書き送りました。

「天香さんは私を大変愛してくださいます。ちょうど私の作の中の親鸞と唯円とのような、濃《こま》やかな子弟のような愛が生じました。あの忙しい天香さんが、続けて四日も手紙の長いのをくださったりします」

『出家とその弟子』が与えたインパクト

青年は誰しも生きることに対して、何のために生きるのか？　と、一度は根源的な問いかけをするものです。『出家とその弟子』では、それらの煩悶を唯円が親鸞に吐露します。

信仰とは何か？

善とは何か？

恋愛とは何か？

こうした唯円の親鸞への真剣な問いかけが読者の心をすっかり捉えました。青年たちは同じような疑問を持っているので、親鸞や唯円、善鸞の会話にリアリティを感じ、とても共感したのです。それだけに人々の興味は、百三にそういう親鸞像を描かしめた西田天香とはどういう人物なのかと、関心が天香さんに向かっていきました。

『出家とその弟子』が岩波書店から出版されると、またたく間にベストセラーになり、英訳されると、ロマン・ローランが絶賛して百三に手紙を寄こしました。

「西欧の精神と東亜の精神が結合して、すばらしい戯曲が誕生しました。キリストの花である百合と、ブッダの花である蓮が合わさって、現代のアジアの宗教的作品の中で、私はこれ以上純粋なものを知りません」

ロマン・ローランが高く評価したこともあってますます『出家とその弟子』は評判になり、空前のヒット作になりました。

大正八年（一九一九）十一月、天香さんは機関誌『光』を創刊し、人々の問題意識に応えようとしました。そして創刊の記念に、戯曲『出家とその弟子』を上演することにしました。親鸞は青山杉作《あおやますぎさく》、唯円は村田実《むらたみのる》、善鸞を野淵昶《のぶちあきら》が扮し、演出はエラン・ヴィタール小劇場が担当しました。エラン・ヴィタールとはフランスの哲学者ベルクソンの用語で「生の飛躍」という意味です。いかにも哲学の都京都で活躍している演劇集団らしい名前です。

百三はそのころ福岡で療養していましたが、自分の戯曲が上演されるとあって、ぜひ観たいと京都までのぼってきました。天香さんも気をきかせて一番前の席で寝たまま観劇できるように何席も空け、ベッドをしつらえましたが、百三は当日発熱して体調が悪化し、とうとう観劇できませんでした。観客は二千人を超え、立ち見が出るほどでしたが、ベッドに置かれた花束は作者を迎えることができませんでした。

招待席には天香さんの師匠でもある豊田毒湛《とよだどくたん》南禅寺管長や作家の有島武郎《ありしまたけお》の姿もありました。

それに先立つ大正七年（一九一八）、武者小路実篤《むしゃのこうじさねあつ》はトルストイの思想に感化を受け、宮崎県児湯《こゆ》郡木城村《きじょうむら》で、争いのない実験村「新しき村」を開村し、大方の共感を得ました。

大正九年（一九二〇）、キリスト教社会運動家の賀川豊彦《かがわとよひこ》が『死線を越えて』を出版し、またたく間に百五十版に達しました。「新しき村」運動といい、『出家とその弟子』や『死線を越えて』の大ヒットといい、大正教養主義の時代風潮を伝えて有り余るものがあります。

第三章

『光』誌を創刊

『光』誌の誕生

時代を震撼させた「一事実」

自由闊達《かったつ》な時代的雰囲気の中で、大正九年（一九二〇）十一月、天香さんは一燈園の機関誌『光』を創刊しました。巻頭には一燈園の根本信条である「光明祈願《こうみょうきがん》」が掲げられました。この文章は、天香さんの日記であり、思索ノートでもある『天華香洞録《てんかこうどうろく》』を中桐確太郎《なかぎりかくたろう》早稲田大学教授が整理してまとめたものです。「光明祈願」は天香さんの覚醒の中核を示すもので、一燈園の集まりではことあるごとに唱和しています。

光明祈願（暫定《ざんてい》）

一、不二《ふに》の光明によりて新生し、許されて生きん。
二、諸宗の真髄を礼拝《らいはい》し、帰一《きいつ》の大願に参ぜん。
三、懺悔《さんげ》の為に奉仕し、報恩の為に行乞《ぎょうこつ》せん。
四、法爾《ほうに》の清規《しんぎ》に随《したが》ひ、世諦《せたい》を成《じょう》ぜん。
五、即ち天華香洞に帰り、無相の楽園に逍遥《しょうよう》せん。

天香さんは無所有の生き方を一燈園とし、そういう価値観の人々が実業に携わって運営する企業を宣光社、私利や我執を捨て去り、むさぼらない自由闊達な世界を天華香洞と称しました。表面的には一燈園と宣光社は二つの生活様式を取りますが、二つは不二、分けることができないものだと見なします。

もっと別な表現をすれば、無一物になっても生きていける人々が事業活動を行うことを宣光社といい、これによって無所有の価値観に生きる一燈園は実業の世界（世諦《せたい》、俗諦《ぞくたい》＝世間で通用する真理）を捨て去るのではなく、むしろそこに理想を成就していくのだと宣言しました。

続いて天香さんは創刊号に、

「茲《ここ》に一つの事実あり。一人《いちにん》あり、十字街頭に立つ。人なれども光明をうけて活ける者の如し」の書き出しで始まる「一事実」を掲載しました。これは天香さんが開眼《かいげん》して以来、何をやってきたかという事実を紹介したものです。人々に知られるようになった天香さんは、「一事実」によっていっそうの衝撃を与えました。現在この文章は九十九年後の現在もなお、一燈園の礼堂で行われる朝課で毎朝唱和されています。

さて、二万部刷った『光』誌は多方面から注目を集めたので、編集長を務めた中桐確太郎《なかぎりかくたろう》早大教授はさっそく月刊化を図り、松下吉衛《まつしたきちえ》栃木一燈園当番がその手足となって、三月号から月刊化されました。

執筆陣を見ると、中桐確太郎を始め、倉田百三（文学者）、和辻哲郎《わつじてつろう》（東大教授）、宮崎《みやざき》安右衛門《やすえもん》（詩人）、高橋正雄《たかはしまさお》（金光教《こんこうきょう》の大教師）、谷口雅春《たにぐちまさはる》（生長の家総裁）、西田幾多郎《にしだきたろう》（京大教授）など、実にそうそうたる人士です。

社会に与えた『懺悔の生活』の衝撃

そのころ、宗教書、哲学、思想関係の出版を意図して春秋社を起こした神田豊穂《とよほ》社長は、新たに入社した木村毅《きむらき》編集部員と企画を練っていました。木村編集部員は宮崎安右衛門が、その著書『聖貧礼讃《せいひんらいさん》』（磯部甲陽堂）で天香さんを高く評価していたので、天香さんに会いたいと思っていました。それに綱島梁川も『回光録』で天香さんを高く評価していたので、いっそう天香さんに会いたいと思っていました。

春秋社は日本で初めて『トルストイ全集』や『ドストエフスキー全集』を出した新進気鋭の出版社です。神田社長と木村編集部員は天香さんに会えるよう、宮崎氏に仲介を頼みました。そして大正十年（一九二一）三月十五日、神田社長と一緒に天香さんを訪ねました。

会って話をしてみて、二人ともとても感じるものがあり、ぜひ著書を出版したいと申し入れました。天香さんは二人の熱心な勧めに応じました。出版企画で大いに知恵を絞ったのは、中桐教授と栃木一燈園の同人、松下吉衛《まつしたきちえ》さんです。松下さんは以前出版に関する事業をやっていたので、助っ人で加わったのです。いくつかの講演会で話した講演録や、新たに口述筆記したものを合わせて一週間で原稿を完成しました。

「さあ、肝心かなめの書名はどうしましょうか」

書名がまだ決まっておりません。中桐教授は今回の企画の中心なので、すでに腹中に案があるだろうと思い、松下さんが訊きました。それに答えて中桐教授は温めていた案を出しました。

「『懺悔の生活』でどうですか？　本の各章のメッセージはそういうことだし、天香さんの日ごろの考え方をまとめるとそうなります。それに天香さんの『天華香洞録』のメッセージもそれに集約できるのではないですか」

中桐教授は天香さんの知恵袋で、上京すると、中桐教授の家に居候していました。天香さんも異論はありません。そこでこの書名が採用され、七月五日に発売されました。

巻頭は一燈園の代名詞ともなった「光明祈願」が飾りました。

天香さんは『出家とその弟子』の倉田百三が師事している人として名が知られつつあったので、飛ぶように売れ、増刷しても増刷しても追いつきません。半年で百版に達し、翌年の四月には一ヶ月間で二十二刷も増し刷りしました。春秋社の廊下に山積みされた本がまたたく間に消えていきます。空前のヒットです。

残念ながら東京大空襲で記録が焼けてしまい、当時の記録が残っていないので推測するしかありませんが、一年間で十数万部ははけたと思われます。現在のベストセラーの感覚でいえば、数百万部の超ヒット作といえます。

『懺悔の生活』が一大ベストセラーになったことから、天香さんの生活は俄然忙しくなりました。講演や執筆依頼が激増し、若い人が鹿ヶ谷を訪ねてきて入園を申し込みます。入園希望者に一人ひとり会い、面接しなければならないのですが、その時間すら取れないのです。そんなこともあって、鹿ヶ谷の一燈園は入園者であふれ、立錐の余地もないほどです。これによって天香さんの活動は新たなステージに上がりました。

生活の諸問題が解けていく講演

天香さんの講演は聴衆の受けを狙って、壇上で大立ち回りを演ずるような華々しいものではありません。あらかじめ講演の草稿を用意するわけではなく、聴きに来られた方々の顔を眺めながら話します。だから演壇に立つまでは、どこから話を手繰り出すか、決まっていないこともあります。

でも、聴衆に子育て最中の主婦が多いと思われると、子育てや親子の問題に触れ、経営者が多いと思われると、その方々が抱えている経営や人事に触れる話題を語るというふうで、むしろ聴いてくださる人々が話の内容を引き出してくださる場合が多いようです。だから話し手が主体というよりも、聞き手が主体といったほうがいいかもしれません。

天香さんには教えるという意識はありません。説法という意識もありません。大学教授でも、商店の丁稚《でっち》小僧でも、ご飯を食べない人はありません。みんな生活しており、そこにはさまざまな問題があるはずです。いろいろな方々が抱えて苦慮しておられる問題が、天香さんがそれまでやってきた新生涯のやり方で、どういうふうに整理できるか、淡々と語ります。するる聴衆は自分が抱えている問題に照らし合わせて聴き入り、

「そうだ、そのとおりだ」

と相槌を打ち、いつしか語る者も聴く者も一つになって、時間が経つのを忘れてしまうのです。頭の知識を増やすための講演会ではなく、生き方を学ぶ場と言ったほうが当たっているかもしれません。だから終わって帰っていく聴衆は、話を聴いて、身につまされたという思いで帰っていくのです。天香さんの観点は明白です。

「お光はどういう視点で見ておられるか」

というものです。争っている相手に対してどうしたらいいかと考えると、当然、こちらが譲ったほうがいいとなります。でも、現実問題となるとなかなかそうはいきません。当事者間の感情の問題があって、「なぜ私が譲らなきゃならないんだ」と反発してしまうことが多い。

そんなとき、天香さんは自分から先に折れ、懺悔して、相手の方に身を粉にして奉仕します。

そうしたとき、二人の間のわだかまりが解け、二人ともども潑剌《はつらつ》となります。譲れば、自分が損したように思います。世の中は弱肉強食で、強い者のごり押しが横行しているように見えます。でも、天香さんは自分から折れて譲歩しても、長い目で見れば百歩も譲っておらず、決して損はしていないことを実例で示しました。

『懺悔の生活』が空前のヒットとなったのは、こじれた問題が整理され、解けていった事例がたくさん書かれていたからです。自らへりくだる「懺悔の生活」こそ、あらゆる事態を復活させる方法だったのです。

次男理一郎さんの帰光

次男理一郎さんの胸奥

講演会が多くなって多忙になった天香さんでしたが、その一方で悲しい出来事が進行していました。古来「好事、魔多し」と言いますが、天香さんにとってもっとも悲痛な出来事です。

天香さんと先妻ののぶさんとの間に生まれた次男の理一郎《りいちろう》さんが京都市内の済生病院に入院し、余命いくばくもない状態でしたが、いよいよ予断を許さない状態に陥っていたのです。

自分の血を分けた子に先立だれることほど辛いことはありません。最後の時間、万難を排してもいっしょにいてやりたいと思うのは、親の情の常です。

理一郎君は明治三十五年（一九〇二）二月二十八日、天香さんが北海道開拓から手を引き、長浜に帰ってから生まれた子です。しかし、天香さんはまもなく新生涯に入り、家を留守にしたので、理一郎君は父親がいない寂しさを味わいました。

大正四年（一九一五）十二月、倉田百三が入園しますが、彼の著書に幼い理一郎君と遊ぶ情景が描かれています。その中に理一郎君が百三に、正直な気持ちをぶつけるシーンが出てきます。

「ぼくはお父ちゃんが嫌いだ。世間の人は先生、先生と言って尊敬するかもしれないが、ぼくは遊んでもらったことがないんだ。全然かまってもらえなかった。だからお父ちゃんは嫌いだ」

立派な生き方をしている父を尊敬する気持ちと、全然かまってもらえない寂しさが錯綜していて、読む者の涙を誘います。倉田百三に父親代わりにまとわりつく理一郎君は、父にかまってほしい！　と叫んでいたのです。

理一郎さんの帰光（臨終）のシーンは、公務と私事の間で苦しむ天香さんを浮き彫りにしています。天香さんと同人たちの絆が普通の親子以上に濃いのは、天香さんが自分の息子以上に彼らを愛したからにほかなりません。

息子が先か、同人が先か

天香さんが地方の講演先から帰ってくるのは六月三十日です。二十歳になっていた理一郎さんは最後に一目だけでも会いたいと、息絶え絶えの中、時計を握りしめて待っていました。人一倍敏感な天香さんはそれを誰よりも感じていたはずですが、一方では頭の中に「棄《き》恩《おん》入《にゅう》無《む》為《い》」といわれる「出家得度の偈《げ》」が浮かんでいました。

「三界流転中、恩愛は断つ能《あた》わず。恩を棄《す》て、無為《むい》に入る。真実の報恩はこれなり」

（三界を流転している間は肉親の恩愛を断つことはできない。敢えて恩を棄ててこそ、我執を離れ、融通無碍《ゆうずうむげ》の境地に入ることができる。これが真実の報恩である）

三界とは仏教の宇宙論で、人間が住んでいる迷いの世界を、欲界、色界、無色界の三界に分けています。欲界とは淫欲と食欲で苦しんでいる人々が住んでいる世界です。色界とは物質的な世界の意味で、淫欲と食欲の二つの欲を克服した人々が住んでいる世界です。無色界とは物質的なものから完全に解き放たれた人々が住んでいる世界で、もはや何の執着もない世界です。

古来、修行をする者は執着を去るため、親を捨て、夫や妻を捨て、子どもすらも捨て去らなければならないと説いています。理一郎さんの死に直面して、天香さんはその実行を迫られていました。

汽車が京都駅にすべり込むと、天香さんは病院に直行したい気持ちを振り切って、鹿ヶ谷に向かいました。理一郎さんの枕元に駆けつけることよりも、預かっている二十名余りの青年男女を優先したのです。しかし、待てども待てども駆けつけてくれない父親に、理一郎さんは失望しました。

(息子の自分よりも、同人たちのほうが大事なのか！)

父が自分以上に大切にしている弟子たちに激しい嫉妬を覚えました。理一郎さんの涙で濡れた顔はいつしか乾いていました。一方の天香さんは我執を超えようとして、身を切り刻んでいたのです。

天香さんは死に直面している理一郎さんを見舞わなければいけないという切羽詰まった事情があることはおくびにも出さず、鹿ヶ谷で同人一人ひとりに応対しました。一夜明けると、今度は留守中山積していた用事に対応し、とうとう一日費やしました。そのこと自体が我執になりがちな肉親への愛を超える修行で、焼きごてを当てられているような厳しい修行でした。すべてを慈《いつく》しむ慈母のような大らかな愛に至るためには避けられない修行でした。でもそういうギリギリの修行を強いられていることは、普通の人は誰もわかりません。

見るに見かねた照月さんが、朝起きがけに布団の中で泣きつきました。

「今日こそはどうぞ理一郎のお見舞いに行ってください。あの子がどれほど待ち焦がれているか、わからないのですか！　一刻も猶予がない状態なんです」

照月さんは母親代わりに理一郎さんを世話していたので、気が気でなかったのです。天香さんは、そうしよう、そうしなければならないと思いながら、すべての人の本当の親になるための修行の真っ最中でした。

（――この体だけ不用意に駆けつけたところで無意味だろう。熱が高い患者には氷嚢《ひょうのう》を持っていけばいいだろうが、理一郎には何を持っていけばいいのだ。彼にとって何が一番大切なことなのか……）

と考えていると、一首の短歌が浮かんできました。それは息子にこうあってほしいという自分の願いを詠《うた》っている歌でもありました。

　血を吐かば吐くにまかせよお光を
　　たたえてすすめ父がゆく道

天香さんはお光から授かっている使命をなおざりにすることはできません。そこでこの短歌を手土産に見舞いに行き、理一郎さんと、天と地を結ぼうとする者の役割について語り合いました。そうしている間にも、一燈園からひっきりなしに電話がかかってきます。

「お客様が何人もお待ちですが、いつごろ帰園されますか」

病床の息子へ天香さんの伏しての頼み

とうとう天香さんは理一郎さんに座を立つことを許してくれと頼みました。

「私はお前の最期まで看病しようと思うていた。しかし、電話でああしてしきりに私を呼んでおる。ところがお前にはまだお迎えが来そうにもない。とすれば、私を必要としている人のところに行って相談に乗ったほうが良さそうだ。私を活かすために、私を十字街頭に送ってくれないか」

十字街頭に送るとは、巷《ちまた》に出て人々の相談事に応じるという意味です。理一郎さんは、いつまでも父を独り占めしていてはいけないと思ったので、健気にも、

「どうぞ心配しないで、出掛けて」

と答えたものの、張り裂けるような気持ちです。本音は少しでも長くいてほしかったのですが、人々が父の助けを求めている姿を見たら、これ以上独占することはできません。父を独占しないことが自分の使命なのだとぐっとこらえました。

天香さんは目頭が熱くなるのを押しとどめて、真情を語りました。

「理一郎、私は何をやっていたとしても、お前が病気で寝ていることを一刻も忘れてはいない。これから十字街頭に出て人々の相談に乗ることは、お前とここでこうして過ごす以上に有意義な

ことだと思う。托鉢に精出す私にとって、病床にあるお前を案ずる気持ちはそのまま祈りなのだ。お前が私といっしょにいたかったら、どうぞこの病床から私の托鉢が充実するよう祈ってくれ。そうしたらお前と私はいつもいっしょにいることができる。それが一つの使命を与えられている私たちが歩まなければならない道なんだ。わかるか」

「お父さん、わかった。祈りの念波を送って、お父さんを手伝うよ。だからさあ、もう行って！」

そう言う理一郎さんを押し留め、天香さんはさらに死生観の核心部分について語りました。

「私はいつもその人の魂を見る癖がある。その魂が遠く天上にあることを直覚するとき、ご苦労であったと言う。理一郎の魂は天上にあることを直覚したから、お別れにそう言おう。

人間は永遠の生命を我とする恵みを受けていればこそ、私は肉身の終焉《しゅうえん》をそれほどは悲しまない。人の目には酷なように見えるかもしれないが、お光の観点から見たらそういうことになる。

お光に触れない瓦礫《がれき》のような百年の人生は、まじめな托鉢の一日にも及ばない。瓦礫のような百年の人生は、本当は短命なのであり、托鉢に捧げた一日は永遠なのだ。その実感が私の新生涯を生み出しているといえる」

父が理一郎さんに語る最後の言葉は、理一郎さんの魂深くにしみ込みました。

「すまんな、理一郎！　行かせてもらうぞ。達者でな。この生涯、ご苦労さまであった」

そう言って病室を退出した天香さんの目は天香さんを待っている人々に向けられていました。

そしてつき添っている婦人たちに言いました。

「これから先、理一郎にどれだけ時間が許されているかわからないが、もし理一郎がお光と人々のために祈ることができたら、それは煩悩に苦しみながら娑婆で暮らす五十年、六十年よりもよほど長い人生を生きることになる。そのことによってのみ、私は理一郎をより長く生かすことができると信じている」

息子の永遠の生命を心配する天香さんの深慮！　それを聞いた同人は、死生の厳粛さに身を正す思いでした。天香さんはそのとき五十歳。何よりも天の理法を見つめていたのです。

鹿ヶ谷の奇妙な一群

黒い筒袖と引っ張り

『懺悔の生活』が空前のヒットになったので、春陽堂が後追い企画として天香さんの講演集『托鉢行願』を出版し、これもまたわずか一週間で十五版に達しました。それで鹿ヶ谷の一燈園を訪ねてくる人が多くなり、その一人に谷野信暁《たにのしんぎょう》さんという人がありました。

谷野さんは石川県羽咋《はくい》郡志賀町の明蓮寺の次男です。大正二年（一九一三）冬、京都の宗門の中学で学んでいるとき、京都日の出新聞（後の京都新聞）に何とも不思議な記事が載りました。

「鹿ヶ谷の名刹尼寺霊鑑寺《れいかんじ》の南隣に近頃妙な家が一軒建ち、数人の男女が住んでいる。その中の主人格の男は黒い引っ張り（作務衣のような上着）を着て、附近の農家の手伝いやら、お便所の掃除を無報酬でしており、変わった男である」

この記事で天香さんのことを知った谷野さんは、倉田百三が書いた『出家とその弟子』を読んで共感しました。その後、宗教専門紙の中外日報で「一燈園物語」が連載されると、天香さんにますます心惹かれるようになり、刊行され始めたばかりの『光』誌も購読しました。

谷野さんは毎月雑誌が届くのが楽しみになり、天香さんへの傾倒はますます強くなっていきました。折から明蓮寺を継ぐ立場の兄が死去したので、葬式をすませると、寺の跡継ぎを放棄して出家し、大正十年（一九二一）六月に入園しました。現在の仏教が葬式仏教になり下がっているのが嫌いだったのです。入園後は捨三《すてぞう》と号しました。谷野さんは天香さんにご縁をいただいたことをこう語っています。

「私という精神的放浪児を、天香さんというよき師に巡り会わすために、お光がいつから計画され、糸を引いておられたのか、恐らく父母未生《みしょう》以前からだったのではと思います」

谷野さんは温厚実直な人柄だったので、一燈園の中心的存在になりました。その後、天香さんに嘱望《しょくぼう》されて満州・大連に派遣され、苦労して大連一燈園を設立しました。戦後昭和二十二年

（一九四七）に帰国すると、天香さんの最側近としてお側に仕えました。

同じころ入園した人が八田勝三《はったかつぞう》さんです。八田さんの父は投資信託銀行を経営していましたが、大正九年（一九二〇）の経済恐慌のあおりを受けて倒産しました。八田さんは父が債権者に多額の損害を与えたことで悩み、大阪商船会社を退社しました。

その後、宮崎安右衛門の『聖貧礼讃』を読んで天香さんを知り、とても惹かれました。宮崎さんは放浪生活をしながら道を求め、随想を書いて多くの読者に共感されていた人です。

八田さんが天香さんを訪ねていくと、東京へ行っていて留守でした。一刻も早く会いたいので東京へ訪ねていくと、早稲田印刷で『懺悔の生活』を校正している真っ最中でした。天香さんは八田さんの熱心さに感じ入って即刻入園を許し、八田さんの同人としての歩みが始まりました。

八田さんはとても知的な人だったので、中桐教授や和辻哲郎教授、山中峰太郎《みねたろう》、安倍能成《あべよししげ》、阿部次郎など、知識人の家で托鉢することが多かったようです。

八田さんから少し遅れて入園したのが鈴木五郎さんです。鈴木さんは日本精製糖や台湾製糖の創業者鈴木藤三郎の息子です。鈴木さんは慶應義塾大学を卒業したあと、北海水産会社を設立しましたが、父の事業が日露戦争後に倒産したあと、彼も北海水産会社を退社し、一燈園に入園しました。そして初期の一燈園の中心的な存在になりました。

女学生が先生を慕うように

同じころ、一燈園に飛び込んできた女性に中田一女《かずめ》さんがいます。八田勝三さんが呼びかけて、初期の同人たちが思い出を語っている『私達の足跡』（私家版）に中田さんも手記を寄せていま す。この本は初期のころの人々の入園の動機を伝えて、余りあるものがあります。中田さんは後に天香さんが仲人になり、一燈園当番（代表者）を務めている相武次郎《あいたけじろう》さんと結婚し、水月と名乗るようになりました。

中田さんの発言を同誌で拾いましょう。

「『京都東山山麓に黒衣縄帯の一団あり、名づけて一燈園と言う』。新刊書『懺悔の生活』の紹介文にそう書いてありました。私はさっそく『懺悔の生活』を入手して読み、一燈園に行ってみなければおさまらないほど憧れを感じるようになりました。枕元に『懺悔の生活』を置いて読みながら、毎晩休みました。どこにはどんなことが書いてあったかということまで覚えているほどくり返しくり返し読みました。

明けて大正十一年（一九二二）、どうしても京都に行きたいと思い詰めたので、まるで憑《つ》かれた者のようでした。そこで親戚が集まって親族会議を開き、私を京都へ行かせるかどうか相談するところまできてしまいました。

私は叔父の家を継ぐことになっていたので、それが受け入れられるようになるためにも一燈園に修行にやらせてもらいたいと申し出て、やっと許しが出ました。そこで叔母が京都まで送ってくれることになりました。父の涙を見たのはその時が初めてでした」

中田さんが訪ねた鹿ヶ谷には天香さんは住んでおられず、衣ノ棚《ころものたな》の杉本さんの家の物置に移っておられました。というのは鹿ヶ谷の一燈園にはいつも二、三十人が寝起きしていて、手狭になり、天香さんに相談に来る人々に応対する部屋がありません。それに急坂が多い東山の一角にある鹿ヶ谷はわかりづらく、よそから訪ねてこられる人には不便でした。

そこで天香さんは奥さんの勝淳《しょうじゅん》さんの托鉢先である衣ノ棚の杉本徳次郎さんの屋敷の物置をお貸りし、住めるように改造したわずか三畳の小屋に移っておられました。杉本さんは京都でも大《おお》店《だな》の練り屋（生糸精練業）を営んでおり、勝淳さんはここで女中頭をしていました。衣ノ棚だったら、京都御所に近い街中ですから、訪ねて来やすいのです。

天香さんはそこから一日おきに勝淳さんとともに鹿ヶ谷に来て、朝課や晩課の導師《どうし》を務め、講話をしました。天香さんが訪ねて来ると、同人は誰もがいっぺんに生き生きとなりました。

昭和四十三年（一九六八）四月、『光』誌は「一燈園天香さん本葬特集号」を組んでいますが、そこに石川洋《よう》さんが司会して、「天香さんを偲ぶ会」という座談会が開かれたことが載っています。そこで相水月と名乗っていた中田さんが、鹿ヶ谷のころの様子をこう語っています。

「このころ天香さんは一日置きに鹿ヶ谷に帰ってこられ、お話を聞かせていただきました。土曜日の夜は天香さんを囲んで土曜会が開かれ、遠方に托鉢に出ている者も園に帰ってお話を聞かせていただくことが何よりの楽しみでした。

天香さんが鹿ヶ谷にお帰りになるときは、寒いときだと畳んだ毛布を小脇に抱えて、熊野神社のところから鹿ヶ谷のほうにとことこ歩いてゆかれます。私どもは托鉢の帰りに天香さんにお会いすると、学生時代に先生にお会いしたときのような、何ともいえない気持ちがして、天香さんの後ろにくっついていろいろとお話をうかがいながらいっしょに帰ったものです。

あるとき、『どうしたら無我になれるんでしょうか』とお尋ねしました。すると『真宗では念仏三昧《ざんまい》、禅宗では打坐《だざ》三昧、一燈園では托鉢三昧になることやな』と答えられました。私の十九歳のときで、無邪気な気持ちで天香さんに触れていたころでした」

鹿ヶ谷の共同体生活の様子が伝わってくるようです。鹿ヶ谷はまさに現代に出現したユートピアでした。

無一物中、無尽蔵

中田さんが何よりも天香さんの座談を聴くのが楽しみだったというように、天香さんは座談の名手でした。天香さんが南禅寺の毒湛《どくたん》和尚について坐禅していたころの話もよく話題にのぼりました。一燈園が使っている名称に、托鉢とか典座《てんぞ》とかの禅宗の名称が多いのもその名残です。

鹿ヶ谷には読書室があり、托鉢から早く帰った人がこの部屋で、古い『光』誌を引っ張り出して読んでいたり、学生たちが哲学書をひもといていたりしました。そういう思索的で求道的雰囲気があったのも、一燈園が若い青年学生を惹きつける魅力になっていました。

あるとき、座談会で天香さんにこんな質問が飛び出しました。

「天香さんはよく『無一物中無尽蔵』と揮毫《きごう》されますが、その意味について話していただけませんか」

これは天香さんがつかんだものの核心です。天香さんは語りたいことはたくさんありますが、禅宗で不立文字《ふりゅうもんじ》といい、悟りの内容は文字や言葉で伝えられるものではないと言っているように、あまり言葉で表現したくはありません。言葉を選んでとつとつと語りました。

「北宋時代の政治家で詩人の蘇東坡《そとうば》がこんな詩を書いています。

素紈画《そがんえが》かず、意高き哉《かな》
若《も》し丹青《たんせい》を著《つ》くれば、二に堕《だ》し来《きた》る
無一物中無尽蔵
花有り月有り楼台《ろうだい》有り

この詩は今から千年ほど昔、北宋の政治家であり、詩人でもある蘇東坡が名月の夜に友人たちと酒を酌み交わし、詩を吟じ、笛を吹いて舟遊びをした折に詠んだものです。解釈するとこうなります。

織《お》ったままの白い絹生地をさす素紈は清廉高貴な純粋な色合いで、色彩の第一義ともいえます。素紈に赤や青など色彩をつけると、第二義に堕してしまいます。何の色もつけない無色透明の色合いは、全宇宙の存在のすべてを包含しているようです。

無一物の所には一見何もないようですが、そこには汲めども尽きない世界が広がっています。花が咲き乱れ、月もこうこうと照っていて、見晴らしのいい檣楼《しょうろう》から眺めると、この世の絶景です」

みんな体を乗りだして聴き入っています。昼間の托鉢の疲れは吹き飛んでしまっています。

「エリート官僚としてスタートした蘇東坡の人生は決して安穏ではなく、左遷や投獄をくり返した波乱なもので、政治に翻弄された生涯でした。しかしそうした中にありながら、蘇東坡は仏教や老荘思想でつかんだ透徹した境涯から極めて質の高い楽観的な生き方をし、それを表した詩は多くの人の共感を呼ぶようになりました。

すべてを手放して何もないようですが、そこには花も咲き、月も冴えていて、高殿《たかどの》さえある。人生、到るところ青山ありです。托鉢は私たちにそういう境涯を約束しています」

なるほど。人生は苦行ですが、逆にそれが肥しにもなって、私たちを大きく、深く、豊かにしてくれます。何もない無ではなく、有でもあるという達観した世界観です。

子ども連れの托鉢

一燈園で修行したのは男性だけでなく、女性もいました。天香さんを訪ねてきたのは独身の女性だけではありませんでした。子連れで訪ねてきてそのまま入園し、修行を始めたご婦人もありました。一燈園に入園することは子ども連れで托鉢をすることを意味します。丸橋かめ代さんはこんな手記を寄せています。

「朝課がすむと、当番からその日の托鉢先を教えられて、男の人は黒の引っ張り姿で、女の人は絣《かすり》の引っ張りに手拭いを腰に下げて、霊鑑寺の坂をかいがいしく下っていく姿は今も私の脳裏に焼きついています。

私は当時六歳の長男の博行《ひろゆき》をつれて、朝早くあの木立の深い法然院の道を通って托鉢に通いました。幼な子の小さな手は氷のように冷たく、私はその手を握りしめ、人影もない未明の吉田山を、念仏を唱えながら越えていったものです。与えられた仕事をすまし、夕食の後片づけを終えて帰途につく頃には月も冴えて、疲れた体を幼い博行に後を押されて急坂を登って園に帰ったことを思い出すと、今でも目頭が熱くなります。

さりながら、お光の道をわが子とともに歩ませていただいたことは、この上ない幸せであり、最大の恵みでした。何といっても子ども連れの下坐行であることは、私にとってはたいへんな修行であり、誇りであり、また懺悔なしには歩めない日々でした」

かめ代さんの話の中に出てくる長男博行さんは、修行時代の厳しい生活があったからか、大成してビルメンテナンスの会社である第一建築サービス（現ダイケン）を立ち上げました。その後一燈園の経済部門である宣光社が運営する六つの事業の一つ株式会社燈影設計工務の代表取締役社長をし、現役を退いたあとは全国光友会の当番を務め、一燈園運動の柱として活躍しました。

隣人のまごころ

托鉢もいろいろあります。かつて知った家で台所仕事をすることもあれば、座敷や廊下の拭き掃除をし、庭で雑草とりをすることもあります。

鈴木ひでさんが当番に指示されて訪れたのは路地裏にある長屋の一軒でした。なかなかわかり辛く、やっと探し当てた家で、玄関先で大きな声で、「一燈園から来ました」と来意を告げると、

「すいませ〜ん。自分で玄関を開けて入ってくださ〜い」

と返事がありました。ガタついた玄関の引き戸を開けて入ると、

「また来てくださったんですか。本当に助かります」

と言われました。その声がした部屋の障子を開けてみてびっくりしました。腎臓病で青ぶくれした顔をして寝ているご主人と、産後の肥立ちが悪くて、赤ん坊を抱いて寝ている奥さんと、その枕元でおしっこをして、ぐずぐずになって泣いている小さな女の子がいました。

縁側には洗濯物の山、お勝手には洗い物の山。いったい何から手をつけてよいかと迷うほどでした。奥さんが一燈園に助けを求めてきたのがわかります。

鈴木さんは腕まくりして、まず洗濯をして庭に干しました。それからお勝手の洗い物を片づけ、いよいよ夕食の準備に入りました。ところが米びつにお米が入っていません。申し訳なさそうに、

「お米がないのですが……」と言うと、奥さんがそれに輪をかけて申し訳なさそうに、小さな声で弁解されました。

「すみません。明日になれば多少お金が入るので、今日は何とかこれでまかなっていただけませんか」

渡されたお金はお米が三合ほどしか買えないものでした。じゃあ、すいとんか、雑炊《ぞうすい》を作ろうかなと思って、表通りの米屋に買い物に行きました。

「おじさん、この分だけお米をくださいな」

と言うと、鼻メガネの奥からご主人は小銭と鈴木さんの顔をけげんそうに眺め、さらにおんぶしている子どもの顔を見て合点がいったように、

「あなたは栗田さんへ奉仕に来てくださっている一燈園の方ですね。長屋の人たちがとても喜んでおられますよ」

と相好を崩して鈴木さんに感謝しました。鈴木さんの前任者も手伝いに来ていたようです。米屋さんは栗田さんに同情的です。

「栗田さんはほんとによい人なんだが、このところ不幸続きでね、かわいそうなんです。でも悪いことのみは続かんでしょう。もうちょっとの辛抱だ」

と言いながら、一升枡でお米をすくって袋へ入れようとされました。

「おじさん、おじさん、お金はこれだけしかないんですよ」

「いいの、いいの。これはあなたに差し上げるんだから。さあ早く帰って、みんなに炊いてあげてください」

そう言って、鈴木さんの背中を押して外に出しました。何だか胸がきゅんとして、目頭が熱くなりました。鈴木さんは栗田さんの手伝いに来て、人の真実に触れた思いがしました。

コルベ神父の来訪

昭和五年（一九三〇）七月、天香さんは長崎市に講演に呼ばれた折、大浦天主堂の早坂司教と二時間あまり歓談しました。その折、早坂司教が、この四月、ポーランドに本部を置く「無原罪の聖母の騎士修道会」からフランチェスコ会の修道士、コルベ神父、ヒラリウス修道士、ゼノ修道士の三人が宣教にやって来て、三人とも日本語は全然話せないのに機関誌『聖母の騎士』を印刷して文書伝道に精出し、日本にカトリックを広めるのだと使命感に燃えていると話されました。カトリックの一会派ではあるものの、経済的にはどの会派にもお世話にならず、自力でやっていくのだというのです。

興味を持った天香さんは大浦天主堂からドロドロ坂を下った所にある、以前病院だった建物の二階に入っている「無原罪の聖母の騎士修道会」を訪問しました。あいにくコルベ神父は管区会議に出席するため、ポーランドに帰っていて不在でしたが、ヒラリウス、ゼノ修道士に会えました。

まだ何も経済的基盤がない聖母の騎士修道院は質素そのもので、床に炭俵と莚《むしろ》を敷いてベッドがわりにしてあり、古い毛布が畳んで置いてありました。他には炊事道具らしい七輪とホーローびきの鍋が一個あるだけです。家具は印刷機を入れてきた空き箱を利用して、ゼノ修道士が工夫して作ったテーブルとイスごときものが三脚ありました。

一燈園には京都市左京区蹴上《けあげ》に路頭者が緊急用に泊まる麓筵居《ろくえんきょ》といううつつましい小屋がありますが、その莚の寝間とまるで同じです。

彼らがまずやったことは日本語版の『無原罪の聖母の騎士』を出すことです。コルベ神父がポーランド語、ラテン語、イタリア語で書いた原稿を、大浦天主堂の主任司祭の梅木神父に翻訳してもらい、それを日本語の活字を拾って、菊全版（縦三九九ミリ×横六三六ミリ）十六ページ、総ふりがなつき一万部を刊行しました。まったく御旨《みむね》中心で、清貧に甘んじている彼らの顔は輝いていました。天香さんはまるで一燈園の同人に会った感じがし、

「二人ともなんて柔和《にゅうわ》な顔をしているのだろう。世の中にやさしい顔をした人はいくらもあるけれども、この二人ほど柔和な男の顔を見たことがない」

と、どんなことでもしてあげたいと思いました。そこでドイツ語に堪能な同人の田北耕也《たきたこうや》さんを手伝いに派遣することにし、さらに長崎の光友たちにもお願いし、印刷、製本、発送などを手伝ってもらいました。田北さんは後に南山大学の教授に迎えられており、隠れキリシタン研究の第一人者です。また薬の輸入販売業を営んで手広く事業している小曽根邦治郎《こそねくにじろう》さんに相談して経済的援助をお願いしました。

母国から帰ったコルベ神父は、天香さんが訪ねて来て、いろいろ援助してくださったと聞き、お礼を言うために、十月四日、京都・山科にある光泉林を訪ねました。一目で天香さんの人品にほれ込んだコルベ神父は熱心に洗礼を薦めましたが、天香さんは、

「私は心の中に、もうすでにあなたと同じ神をいただいています」

とやんわり断りました。それでも、コルベ神父が関西に来られるときはいつでも光泉林に泊

まっていただきたいと申し出、コルベ神父も天香さんが長崎に来られるときは、まだ何にも設備はないけれども、修道会に泊まってくださいと答えました。こうして二人の親交が始まりました。このとき天香さん五十八歳、コルベ神父は三十六歳でした。

昭和十一年（一九三六）、コルベ神父は六年間の日本宣教を終えて、ポーランドに帰ることになりました。日本で一番肝胆相照らす仲になった天香さんに、コルベ神父は毎日祈りを込めていた「無原罪の聖母マリア像」を置き土産として贈りました。天香さんはこれを居室の帖半寮に祀りました。このマリア像は現在香倉院に安置されています。

コルベ神父が発行した日本語版『無原罪の聖母の騎士』は第一号が一万部でしたが、昭和十一年（一九三六）、離日するときには六万五千部に達していました。

帖半寮の新天地

新たな拠点、燈影小塾

大正十三年（一九二四）十一月、京都市内に点々と展開していた宣光社、回光社が烏丸通小山《からすまどおりこやま》下総町《しもうさ》の大きな家に引っ越しました。二階からは正面に比叡山が眺められ、見晴らしのいい家で、何でも大学教授が建てた屋敷だそうです。

天香さんは玄関の右に燈影小塾《とうえいしょうじゅく》、左に宣光社と、出版部門の回光社の門札を掲げました。一階は小間がついている広い座敷に、離れがあります。二階は大小二間があって、襖を開け放つと六十畳敷きの大広間になり、大人数の集まりにも使えます。

一階の台所の外に納屋があり、その隣に、杉皮で屋根を葺《ふ》いてある三畳ほどの差し掛け小屋があり、天香さんはそこに住みました。屋根はもらってきた瓦で葺きましたが、数が足りないのでまだ半分ほどしか葺いてありません。前に住んでいた衣ノ棚の杉本さんの家でも、天香さんが起居しているところは三畳間ほどの物置で、「起きて半畳、寝て一畳、夫婦二人で三畳もあれば十分暮らせます」と言っていました。今度の家も文字どおり三畳なので、「帖半寮《じょうはんりょう》」と呼びました。

その翌年のことです。滋賀県草津市の女学校で栗田郡の人たちに講演したとき、昨年烏丸通小山下総町の燈影小塾に移り、自分はその中の帖半寮と名づけた差し掛け小屋に住んでいると話しました。すると講演後、一人の女性教師がとてもかしこまった顔をして控室に訪ねて来られ、今日はお詫びに参りましたと言うのです。

天香さんはけげんな顔をして、そりゃまたどういうことですと話を訊きました。するとその女性教師は、先日摂政の宮殿下が植物園にお越しになるというので、歓迎しようと烏丸下総町の友達の家に行ったと話し出しました。その家が燈影小塾の道路向いの家でした。

二階に上がって、比叡山を見晴るかす景観を楽しんでいると、向かいの家に五十過ぎの男の人

が二、三人の若い人と出入りしているのが見えました。すると女友達が、

「あの方が今どき有名な一燈園の天香さんよ」

と教えてくれました。

「まあ、あの方が天香さんなの。世間に対しては無所有、無一物と言いながら、ご自分は随分大きな立派なお家に住んでおられるのね」

と皮肉を言いました。それからあることもないこと、随分悪口を言ったというのです。

「でも今日お話をお伺いして、全然的外れの中傷だったと知りました。恥ずかしくなったので、お詫びにまいりました」

率直なお詫びに、逆に天香さんが恐縮しました。

「お話をお聞きしていて、そういう妄想をたくましくするのは、私も度々あります。でも私はあなたのように正直にお詫びをしないだけに、なお悪い。かえって私が恥ずかしくなりました。

私が合掌してつつましく出入りしていたら、誤解もされなかったんでしょうが、恐らく私が偉そうにして出入りしていたので、誤解されたんでしょう。申し訳なかった。私の襟を正してくださって、ありがとうございました」

その場は図らずも二人ともお詫びする場になりました。話が終わって帰っていかれる女性教師の後ろ姿に天香さんは合掌し、いつまでも拝んでおられました。

この帖半寮は現在光泉林に移築され、一燈園に訪ねてこられる方々が敷地の中ほどの谷あいに建っている簡素なたたずまいの帖半寮を訪ね、ああ、いつしか自分は贅沢していたなと反省されます。この春、私が帖半寮を伺ったとき、ウグイスが鳴いていて、のどかな光泉林に彩りを添えていました。

活況を呈したトルストイの夕べ

天香さんが無所有の新生涯を始めるきっかけの一つになったのは、レフ・トルストイの『我宗教』でした。「生きようと思えば死ね」と伝えている一節がギリギリのところにいた天香さんに一大覚醒をもたらしました。その一燈園生活二十五周年を祝おうとして昭和二十五年（一九三〇）、思いがけないことが起こりました。

トルストイがもっとも信頼していた末娘のアレクサンドラ・トルスタヤ女史が、父の遺志を受けついで、故郷ヤースナヤ・ポリヤーナで絶対無抵抗主義の農民学校を経営していたところ、ソビエト連邦（ソ連）の国策に反するとして国外追放処分を受けたのです。

そのためトルスタヤ女史は日本に亡命しましたが、何も持ち出すことができず、経済的に貧窮していました。そのことを盲目の教育家、岩橋武夫さんから聞いた天香さんは、二十五周年の記念事業として、トルスタヤ女史を中心とする講演会「トルストイの夕べ」を催し、その収益を全部トルスタヤ女史に寄付しようと決めました。その企画の大役を仰せつかったのが鈴木五郎さんです。

無料の講演会ならそれまでいくつも催していましたが、有料となるとそう簡単にはいきません。そこで一燈園の熱心な賛同者で、新国劇の創始者でもある倉橋仙太郎さんに相談することにしました。右京区の太秦《うずまさ》に住んでいた倉橋さんは早速日活の総監督村田実氏と俳優の大河内伝次郎氏を呼び、興行内容を検討しました。

天香さんと岩橋氏が前座を務め、トルスタヤ女史は「父の家出とその最期」と題して講演し、それに加えて、満鉄映画が制作したドキュメンタリー映画『ト翁の日常生活』と、二年前ソ連で映画化されたものの、日本ではまだ封切られていないトルストイ原作の文芸作品『生ける屍《しかばね》』を上映することになりました。

この企画は二千百五十七席全席を埋めて、京都公会堂始まって以来の大入り満員となり、さらに三百人も入場できませんでした。トルスタヤ女史は光泉林を訪ね、天香さんに感謝しました。

光泉林の誕生

そのころ、一燈園では新たな動きがありました。昭和三年（一九二八）五月、近江八幡出身の実業家、西川庄六《にしかわしょうろく》氏が京都府宇治郡山科町（後に京都市東山区に編入）の谷一つ、八千坪もある広大な土地を寄進しました。その谷は琵琶湖疏水が流れている風光明媚な土地です。

西川氏は天香さんと同じ、明治五年（一八七二）生まれですが、三十一歳で滋賀県八幡町長を務め、さらに実業の世界に転じ、事業の才覚を発揮して、日本を代表するような日本毛織や八幡銀行の重役を務めました。その西川氏は早くから天香さんを応援していました。

一燈園が成長するにつれて拠点を分散せざるを得なくなりました。本部である鹿ヶ谷の一燈園はすでに手狭になっており、天香さんの住まいは衣ノ棚に移り、ほかに機関誌を発行する編集部や出版活動の拠点である回光社《かいこうしゃ》が別な所にあり、とても不便でした。それを見かねて、西川氏は八千坪（現在は山林も含めて十万坪）の土地を寄進したのです。

光泉林と名づけられた土地の造成は同人が担当しました。林の木を切り倒し、もっこを担いで土を運び、石を転がして石垣を作り、谷川の淵を固めて渓流を整備し、谷川沿いに道路を作りました。まるで自分たちの理想郷を作るように、浮き浮きわくわくする土木作業でした。

作業が終わると、夕方は木屑を燃やして焚火《たきび》をし、その焚火で焼き芋を焼いて食べました。

建築もまた同人が行い、祈りの中心の場所としてや礼堂や総寮、客寮が建築され、庭園も整備しました。こうして一燈園のすべての建物が一ヶ所に集まり、より機能的になりました。

愛善無怨堂の献堂式

ところで天香さんの新生涯は長浜の八幡神社の境内にある愛染明王堂での参籠から始まったので、光泉林に新しく愛善無怨堂《あいぜんむおんどう》を建てて感謝を表したいと思っていました。

天香さんは講演に呼ばれた先々で、旅費の足しにしてくださいとか、お光に捧げさせてくださいと寄付されると、これらを帰路頭会の名義で貯金していました。それがある程度貯まったので、昭和五年（一九三〇）、愛善無怨堂の建設を始めました。八幡神社の愛染明王堂は不動明王を祀っていますが、天香さんは特定の宗教色を消して「愛善無怨堂」としました。

その落慶法要に何か演劇を上演しようということになり、いろいろな案が出ましたが、天香さんはもう一つ気乗りがしません。そこで鈴木五郎さんが提案しました。

「いっそのこと、一燈園独自のオリジナル作品を上演しませんか。一燈園には劇の題材となる話はたくさんあるので、脚本を天香さんに書いてもらったらどうでしょうか」

そう言われて、天香さんにインスピレーションが働きました。一燈園の同人なら誰でも知っている逸話で、愛善無怨堂の落慶法要にふさわしいものがあります。天香さんは二日後に九州に講演托鉢に出ることになっていたので一睡もせず、『不壊《ふえ》の愛』と題した脚本を書き上げました。

上演のことを託された鈴木さんは、これだけの内容の濃い演劇を何も知らない素人集団で演ずるのは無理だと思い、「トルストイの夕べ」でもお世話になっている演出家の倉橋仙太郎氏に頼

みました。倉橋氏は天香さんの生き方に共感し、演劇についてもかねがね、

「演劇も一燈園生活を基調にしなければ、早晩行き詰まります。一度同人だけで宗教劇をやってみてほしい。おそらく並の商業演劇では及びもつかない、真に迫ったものができるはずです」

と言っていたので、一も二もなく引き受けました。開演の日時が迫っていたので、すぐさま動き出しました。脚本の大意は次のとおりです。

脚本『不壊の愛』

『不壊の愛』の物語は、一燈園が誕生する前の実話です。長浜の八幡神社境内にある愛染明王堂で一大覚醒を得た天香さんはお光に導かれるまま、新生涯を始めました。活動の拠点を京都に移し、家々で求められるままに托鉢し、鴨川に臨む木屋町《きやまち》の高瀬川を溝さらいしたりしていました。宿を提供する人がなければ※犬走りなどで野宿していました。

そんな天香さんの生き方を垣間見て崇高に思い、慕ってきたのが西村夏子という若い芸子でした。夏子さんは※待合《まちあい》・西村家《や》の娘で、とても気品のある女性でした。

待合の娘は誰かお大尽《だいじん》の妾《めかけ》になるのが決まりです。女将は娘に金をかけて舞踊や芸事などを習わせ、お大尽の妾にして元を取ります。しかし夏子さんは自分が商品として扱われるのがいやで、それだけに、自分を一個の魂として扱ってくれる天香さんにいっそう惹かれました。母としてみ

ればカネをかけて磨いてきた娘を、無一文の乞食同然のような男に取られるわけにはいきません。両者の板挟みに合い、どうしたものかと苦しんだ天香さんは、自分の義弟の西田又蔵《またぞう》さんに嫁がせたらどうかと思いつきました。又蔵さんは長浜の裕福な銀行家の息子で、東京帝国大学農学部出身のインテリで、現在は秋田の田乃澤《たのざわ》鉱山の経営者です。彼だったら世間体を気にする待合の女将も不服はないはずです。

問題は又蔵さんの両親や親族が、父親が誰だかわからない待合の娘を正妻として迎えてくれるかどうかです。又蔵さんは天香さんの生き方に共鳴していたので、両親や親族の同意が得られるまでは何年でも待つと言ってくれました。

こうして又蔵さんと夏子さんは、又蔵さんの家の承諾を得るまでは、お光の名での婚約として許婚《いいなずけ》の約束を交わし、秋田と京都に別れたまま離れ離れの生活をしていました。しかし蒲柳《ほりゅう》の質の夏子さんの健康は長く続かず、病の床に就いてしまいました。天香さんは秋田に電報を打ち、又蔵さんは夏子さんが死ぬ間際に駆けつけました。普通だったら別れを惜しんで愁嘆場《しゅうたんば》になるところですが、天香さんはひと工夫しました。

「二人に見せるものがある」

と言って、観音菩薩の掛け軸を屏風に掛けました。夏子さんは観音菩薩を拝もうと起き上がろうとしましたが、天香さんは体に障るからと止め、又蔵さんに夏子さんを助け起こし、掛け軸に手判を押させてあげなさいと勧めました。

又蔵さんが夏子さんを抱き起こすと、夏子さんは手を震わせながら合掌をし、口の中で、

「光明遍照《へんじょう》十方世界、念仏衆生摂取《しょうじゅ》不捨《ふしゃ》。南無阿弥陀仏、南無阿弥陀仏、南無阿弥陀仏……」

と唱えました。又蔵さんは夏子さんの手を取って肉池《にくち》に押し、観音菩薩に夏子さんの手判を押しました。そのまま又蔵さんの手はいとおしそうに、夏子さんの手を包みました。すると夏子さんは左手をようやく持ち上げ、又蔵さんの手に重ねました。そして最後の力を振り絞って又蔵さんを見上げ、それを最後に頭ががくりと落ちました。

「ああっ、夏子……」

又蔵さんは異様な声を発してひしと抱きしめ、泣きくずれました。又蔵さんに抱きしめられた夏子さんの顔は、神々しいまでに輝いていました。この演劇に天香さんは『不壊の愛』と名づけました。

※犬走り＝町屋のひさし下の空間。通行人の通り抜けができる公有地として道幅に含まれた。
※待合＝待合茶屋の略。もとは貸席を業とした茶屋だったが、明治以降は芸妓をあげて遊興する場所となった。

同人による初めての演劇

倉橋氏は脚本を読んでみて、これほど内容の濃い芝居を真に迫って演じることができるのは、

懺悔奉仕の生活をしてきた同人以外にはないと断じました。だから既成の商業演劇に頼まず、全部一燈園の同人で演じることにしました。早速役者が選ばれ、天香さんの役に、最古参の同人相《あい》武次郎《たけじろう》（空華《くうか》）さんに白羽の矢が立ちました。思ってもみなかった配役に相さんはすっかり恐縮し、とても天香さんの役は務まりませんと固辞しました。でも最後は、

「天香さんが芝居は新しい形の托鉢なんだとおっしゃるのであれば、お引き受けせざるを得ません。お光からのメッセージを確かに届けられるよう、ベストを尽くします」

と折れました。又蔵役に扮したのは、いつも荒縄の帯を締めていた特異な立山不退《たてやまふたい》さんです。不壊の愛の持ち主・夏子役は田中ふきさんです。

役を与えられた他の同人たちも、それまで演劇を観たこともないずぶの素人です。舞台は光泉林内の野外に特設する劇場なので、声は張りが良くなければ観客席の後ろまで通りません。そこで出演者は毎日王雲台《おううんだい》に登って発声練習をしました。王雲台は光泉林の中で一番高いところで、同人や光友たちの納骨堂があるところです。

舞台は愛善無怨堂の手前、現在光堂が建っているあたりに、山の斜面を利用して、幼稚園を建設するために確保している用材で急遽作り、会場を天幕で被《おお》いました。舞台装置はその前年に一燈園の同人になった歌舞伎の花形役者の井上竹水《ちくすい》さんが手がけました。

天香さんは九州への講演托鉢から帰ると、舞台に立つことになった面々に問いただしました。

「落慶法楽《ほうらく》（法要）の舞台に立ち、脚光を浴びると、いい気になって浮かれてしまいはしませんか。人間は弱いから、ついつい魔が差してしまいます」

一同は天香さんから念を押されて姿勢を正しました。

かくして稽古に拍車がかかりました。といっても午後三時まではそれまでどおり作務《さむ》をこなし、それから稽古にかかります。稽古は勤行《ごんぎょう》で始まり、立ち稽古は印刷工場の二階、最後は十時に勤行をやって終わりました。

足の踏み出し方から間の取り方、顔のうつむけ方まで、何から何まで演技指導が必要です。倉橋さんの真剣な演技指導に、同人一同食らいついていきました。こうして一ヶ月間があっという間に過ぎ、上演当日を迎えました。三百席もある会場に市民が詰めかけ大入り満員になりました。二日目も口コミで広がって大入り満員となりました。倉橋さんはこの演劇のクライマックスで、スクリーンに次のメッセージを大写ししました。

「死か復活か？　そは見る人々の心にあり。又蔵と夏子は生涯を通して只一度の握手をしたるのみ、彼女の死後四年、又蔵もまた逝《ゆ》けり。二人の恋は少しも地上の穢《けが》れを受けず。その比翼塚《ひよくづか》は今や山科の光泉林に建てられたり」

観客は又蔵と夏子が不壊の愛で固く結ばれていくさまに涙しました。演劇を観終わった同人最旧参の一人末広木魚《すえひろもくぎょ》さんは、かつて知った又蔵さんと夏子さんの心の動きに涙し、驚きの声を上げて評しました。

「真美そのもの、神品とすら言えます！　まったく名状しがたく、貴いものに触れました。この浄《きよ》い愛こそは、永い間探し求めてきたものでした」

元歌舞伎俳優で、同人になっていた井上竹水さんも率直な感想を述べました。

「今度献堂式の法楽に、芝居をするという話が出たので、内心おやおや、嫌なことが始まる、なるべく立ち消えになればよいがと危惧《きぐ》していました。しかし上演されてみると、出来栄えは上出来で、予想とは雲泥の差でした。演じた彼ら同人こそ本当の芸術家であり、芸人の類ではありません。今後は私も大いにやらせていただきたいと思います。

この意気で光泉林内に、演芸部、陶磁器部、家具部、織物部とできてゆくでしょう。現在のいわゆる芸術家を驚かしたいと思います」

その後の展開を予感させるような言葉です。長らく「一燈園には芸術無し」と揶揄《やゆ》されてきましたが、表現する機会さえ与えられれば、人生の核心を衝くものが描き出されると証明されました。事実、それから七ヶ月後の昭和六年（一九三一）五月、すわらじ劇園が誕生しました。

歌舞伎役者の一燈園生活

ところでこの『不壊の愛』上演では、舞台装置係として一役買った井上竹水さんは、どうして家族ぐるみで一燈園に飛び込んできたのでしょうか。一燈園に飛び込んでから、豚に食べさせる残飯をもらいに、喜々としてリヤカーを引いて繁華街の食堂を回る井上竹水さんの写真が機関誌『光』に載ったことがあります。蝶よ花よともてはやされた歌舞伎の花形役者がなぜそこまで身を落としたのか。そしてそこで何を得たのか、興味のあるところです。

竹水さんはそれをうかがわせる貴重な一文を、大阪朝日新聞の昭和五年（一九三〇）八月十日付けに、「牡丹刷毛《ぼたんはけ》から法刷毛《のり》へ」という題で寄せています。牡丹刷毛とは役者が白粉《おしろい》や頬紅を塗るために使う刷毛で、毛が張ってふんわりと開いた化粧用の刷毛です。糊《のり》刷毛は袋張り用の糊を塗るための刷毛ですが、それを竹水さんはしゃれて、法刷毛と呼んでいます。

「チョンチョン……」と幕開きの柝《き》の音でびっくりして目を覚ますと、私は一燈園の人々が経営している山科町四ノ宮光泉林の客寮の布団の中にいる。幕開きの柝の音と思ったのは、午前五時の起床を知らせる木の音であった。

「そうだ、私は役者をやめて一燈園に入園したのだ。とうとう来るところへ来てしまった」

という考えが、次第に消える朝霧を透して、逢坂山《おうさかやま》のあたりから昇りかけた陽の光のように、はっきりと頭に浮かんできた。

今日は、一燈園の機関雑誌『光』が発行された後なので、製本の仕事が途切れた。それで進々堂から頼まれたパンの袋貼りをやっている。何だ養老院のようだなどと笑ってはいけない。禅宗第六祖の慧能《えのう》は、八ヶ月間米搗《こめつ》きをしていたというではないか。いや、そんな偉そうなことはここでは禁物、「懺悔は下坐から」というのがここの眼目である。

しかしこの袋貼りも托鉢の心でするときは自分にとっては懺悔の一行だ。それがそのまま大きくいえば世界に真の平和を現前するための祈りであると思えば、下手な芝居をして見物を悩ますのとは較べものにならぬ落ち着きがある。同人三人ほどと糊刷毛を揮《ふる》って袋を貼りだす。

「一体この袋は一枚貼っていくらの手数料になるのですか」

と旧参の同人に聞くと、

「一枚三毛に見積もってあります」

と言われる。一枚三毛とすると、一日に三人よって千四百枚ほどしか貼れないから、その値四十二銭、糊代二銭をひくとわずかにこれ四十銭、一人分十三銭三厘余りにしか当たらぬ。これでは当たり前の暮らし方では、とても妻子眷属《けんぞく》は養われない。本当に私たちは、お光の他力によって生かされているのだ。もったいないことだと思った。

役者をしていたときは身分以上のお金をもらっていた。しかし、いつも月末になると金がなくなって次の芝居の給金を先にもらえないかと電話をかけているのを、台辞《だいじ》（せりふ）を暗誦《くり》ながらよく耳にした。たくさんもらっていたときにはかえって借金をして、いま三毛の袋を貼りながら借金をせずにいられる経済の扱い方は、

「なんとこの一燈園生活だけは、さすがのマルクスもアダム・スミスもご存知あるめぇ」

と、ひとりつまらぬことを力んでいるうちに、七、八百枚も貼れた。

「チョンチョン」と、昼の食事が用意されたことを告げる木が三つ鳴った。

四面楚歌だった市川新升さんの入園

実は井上竹水さんは、人気俳優のすべてを捨てて入園する二十三年前、つまりまだ四代目市川新升《しんしょう》と名乗っていたころ、一度一燈園に入園しています。新升さんは名優市川右団次《うだんじ》の弟子で、当時二十四歳の人気俳優でした。将来を嘱望されていましたが、突然一燈園に入園したので、大騒ぎになりました。

新升さんの入園の理由は、潤沢な金で堕落していく歌舞伎界に愛想が尽きたことにありました。満員御礼となれば、三万、五万円の札束（当時）が舞い、役者も興行関係者も信じられないような贅沢三昧をし、精神的に緩み切っていました。演技で観客を感動させるものの、役者自身は酒と女の日々で堕落し切っていました。そういう歌舞伎界の中にあって、謹厳実直な新升さんは変わり者とされ、暗に〝禅優〟などと揶揄されていました。

それに歌舞伎界の常として、役者の母親はいろいろな念仏講や会合に入って人脈を作り、交際を広めて、息子が出演する芝居に観客を動員していました。新升さんはファン作りに奔走する母親にやるせなさを感じていました。新升さんとしてみたら、母に義理立てして観劇するのだったら、来てもらわないほうがいいという思いでした。そんな新升さんを関係者は、

「母親の尽力は子を思うがゆえです。これも母親の慈悲だとありがたく喜ぶのが孝行ではありませんか」

とたしなめました。そういう状態だったので、新升さんはとうとう一燈園に入園し、役者稼業を辞めてしまいました。すると、

「新升は天香というおかしなキツネ憑《つ》きにかどわかされている!」

と非難が囂々《ごうごう》と巻き起こり、両親は強引に連れ戻してしまいました。『懺悔の生活』が発刊されてベストセラーになり、世の中から高く評価されるようになる以前のことなので、天香さんを胡散《うさん》臭い〝キツネ憑き〟だと疑ったのも無理ないかもしれません。

一時はそういう騒動がありましたが、新升さんは再び歌舞伎界に戻って役者を続け、名優と呼ばれるようになりました。しかし両親が他界し、その一周忌を勤め終えると、新升さんはこの世の義理は終わったとばかり、歌舞伎を辞めて竹水という名のりに戻って、家族ともども一燈園に入園したのです。

縁というのは不思議なものですが、竹水さんは明治三十一年（一八九八）、まだ福之助と名乗っていた十四歳の子役のころ、偶然泊まり合わせた北海道小樽の宿で、天香さんに引き合わされています。長じて天香さんの生き方に共鳴するようになり、昭和四年（一九二九）、光泉林ができると、鎌倉に新築したばかりの豪邸・陽炎荘《ようえんそう》を光泉林内に移築しました。それが現在の必謹《ひっきん》寮と呼ばれている建物です。

ある風水師の驚き

天香さんが名古屋で講演されたとき、京都市内に分散していた一燈園や宣光社の諸施設を、新しく献納された山科の土地・光泉林に、全部結集したことを話されました。

その講演を聴いていた著名な風水師が興味を持ち、わざわざ名古屋から京都まで、光泉林の地相を鑑定しにやって来ました。

しかし、その土地は山合《やまあい》の谷筋に広がったどん詰まりの土地で、交通の便は悪く、付近には人家も建っていません。谷は杉林や藪でおおわれ、地味も肥えていないので、田んぼ、畑には不向きです。地相学的にはどう見ても大凶です。

そんなところに建物が建ち、印刷所もでき、民家や学校が建って、住民がどんどん増えていきます。風水学的に見て合点がいかないので、天香さんに尋ねました。

「これまで私が出した鑑定はよく当たると、皆さんに喜ばれました。でも、光泉林の地相は大凶であるにもかかわらず、どんどん発展しています。これは一体どういうことですか？　私は訳がわからなくなりました」

「それはあんたの風水学の間違いではありません。あんたの風水学はそれはそれでいい」

「それはどういうことですか？　意味がよくわかりません」

すると天香さんは、「ちゃんと一理あるんです。光泉林が栄えていく理由があるんです」と前置きして語りました。

「風水学的に見れば、ここは確かに悪い地相かもしれません。でも、あんたの鑑定がなぜ当たらないかというと、ここに来た人はみんな死にに来た人ばかりだからです。この人たちはみんな、身を捨てて、どんなことでもさせていただきますという生き方をする人ばかりです。死生観が世の中の人と逆転しています。だからこれまでの風水学が通じないんです。

昔から〝身を捨てて浮かぶ瀬もあり〟と言うでしょう。身を捨てたから、浮かび上がる力を得て、繁栄しているんです」

そう説明されて、風水師はそれで納得しました。

同人たちは、「身を捨てて、どんなことでもさせていただきます」という生き方は世俗の原理を超えた力があることを改めて知った次第でした。

第四章

青春の彷徨

三上和志さんの入園

この人生をどう生きたらいいのか

大正十年（一九二一）、広島高等工業学校機械科（現広島大学工学部）の一年生、三上和志《みかみかずし》さんは高等工業に通うかたわら、浄土真宗の寺を訪ねました。広島県民は安芸《あき》門徒と呼ばれるほど、真宗信仰の盛んな土地柄で、名僧、善知識《ぜんちしき》が多い地方です。善知識とは浄土真宗では念仏の智慧《ちえ》を語り、信徒を導く法主《ほっす》のことをいいます。三上さんはどの若者も一度は悩む問題に直面して苦しんでいました。

――私はいったい何者なのか。

この人生をどう生きたらいいのか。

と反芻《はんすう》し、眠れぬ夜が続きました。仏教学者として有名な暁烏敏《あけがらすはや》師、東洋円城《えんじょう》師、真田増丸《さなだますまる》師などの法話も聴きましたが、もう一つしっくりしません。迷いに迷っている三上さんの心に染み入る話は、誰からも聴けませんでした。

それに両親の不和にも悩んでいました。きつい性格の父がいつも母といさかいを起こし、殴る、蹴るということがあったので、両親がなんとか和解して仲睦《むつ》まじい生活を取り戻してもらいたいと思っていました。

そんなある日、仏教救世軍が講師に西田天香さんを呼ぶと聞きました。天香さんはその年の七月、春秋社から『懺悔の生活』を出し、発売後数ヶ月間で、数十版を重ねる大ベストセラーとなっていました。三上さんは話題となっている『懺悔の生活』をまだ読んでいなかったので、天香さんを知りませんでした。それでも関心を覚え、学校を休んで聴きに行きました。

午前中の講話はあるお寺の本堂で開かれ、八百人ぐらいの聴衆が詰めかけていました。黒い筒袖の引っ張りを着た百姓じみた恰好の男の人が出てきました。それが天香さんでした。天香さんの話は、「托鉢《たくはつ》」だとか「宴坐《えんざ》」だとか、聴きなれない禅宗の用語が多用され、よく理解できませんでした。ところが周囲を見渡すと、みんな身じろぎもしないで聴き入っています。

そこでわからないながら、終わりまで聴きました。講話は午後、とある学校で行われたので、それも聴きに行きました。夜は今度は公会堂で行われました。三上さんは会場の裏の廊下、講師の控室の横に立ちました。天香さんが出て来られたら質問したかったのです。

しばらくすると、講師室のドアが開いて、天香さんが便所に行かれました。今だ！　と思ったものの、先生！　と声を掛けそびれました。天香さんは便所から出てくると、洗面所の水道の栓をひねって手を洗い、それが終わると栓を閉め、濡れた手のまま合掌して、水道を拝まれました。

三上さんはハッとして、思わずいっしょに合掌しました。両の目から涙がこぼれ落ちるような敬虔《けいけん》な気持ちがしました。その瞬間、天香さんが講話で「かくあらねばならぬ」と語らず、「こうやってきました」と話しておられたことの真意がわかったような気がしました。

三上さんは澄んだ瞳をされた天香さんにほれ込んでしまいました。

「ああ、私もあんなに穏やかな人柄になりたい……」

丸刈り頭で質素な形《なり》の天香さんは、三上さんをすっかり魅了してしまいました。

庭詰めの一夜

矢も楯もたまらなくなって、三上さんは学生服のまま、何一つ荷物を持たず、広島を発って天香さんが住んでいる京都に向かいました。京都の市街地を抜け、左京区吉田本町にある京都帝国大学を目指し、その裏手の吉田神社を抜け、坂を下って法然院の森が望めるところまで来ました。そこから琵琶湖疏水に沿って作られている道を南に下って行きました。折から秋の紅葉の季節なので、紅葉を愛でる人々が散策を楽しんでいました。

この道は哲学者の西田幾多郎や田辺元が好んで散策していたことから、後に「哲学の道」と名づけられました。春は桜、夏は緑陰、秋は紅葉を愛でて散策する人が多く、京都を代表する場所です。そんな道が一燈園の近くにあるなんて、うれしい限りです。

三上さんはこの道を鹿ヶ谷寺ノ前町辺りで左に折れ、大文字山への坂道を登り始めました。しかし目印にしている霊鑑寺《れいかんじ》に行き当たりません。とうとう道に迷ってしまい、人に道を尋ねました。

「ああ、一燈園さんですね。だったら霊鑑寺の横だから、あの道を左に折れて登って行きなさい」

するとと間もなく谷の御所とも呼ばれる霊鑑寺に出て、その横にある一燈園の前に立ったとき、ここが私の求道の門なのだと思い、胸が高鳴りました。

「ごめんください」

と大きな声を張り上げると、典座室の障子が開き、襷《たすき》を掛けた丸坊主の若い男の人が顔を出しました。

「天香さんは只今集いに出ておいでです。向こうに回って、二つ目の玄関から声を掛けていただけませんか」

言われたとおりに右に曲がると、玄関とおぼしき入り口のたたきに下駄がたくさん脱いでありあります。ここだなと思って呼んでみましたが、誰も出てきません。もう一度、ごめんくださいと言うと、年配の人がのっそり出てきました。

「天香先生にお会いしたいのですが……」

同人らしいその人は「天香先生」という言い方を「天香さん」という言い方に変えて返事しました。

「天香さんはいま訪問客と会っておられます。しばらくお待ちください」

そう言うと引っ込んでしまいました。上がりなさいと言われなかったので、そこで立っていると、二人ほど用を足しに便所に出てきました。用を足すと、真剣な面持ちで、また部屋に戻って行きました。

三上さんは集まっている人々に真摯なものを感じ、とても身が引き締まりました。結局その日は入門の許可を得ないまま、庭詰めのような形で一晩玄関にうずくまって夜を過ごしました。

翌朝、男の人が暗いうちに起きてきて、便所の掃除を始めました。三上さんが見るともなく見ていると、その人は掃除を始める前に、便所の前で丁寧に合掌しました。三上さんは飛び上がるほど驚きました。汲み取り式の臭い便所を拝むなんて！　その姿が一燈園のあり方を物語っていました。三上さんはあわてて靴を脱いでそばに行き、

「私にも手伝わせてください」

と声を掛け、雑巾《ぞうきん》バケツに手を突っ込みました。そして雑巾を絞って便器を拭き、別な雑巾で扉や壁を丁寧に拭きました。こんなにすがすがしい便所掃除は初めてでした。おかげで身も心もきれいになりました。

その朝、天香さんが会ってくれました。庭詰めのような一夜と便所掃除が三上さんの肩から力みを抜いていました。三上さんは率直に打ち明けました。

「父は厳しい性格の人で、母はよくついてきたと思います。でももう限界です。私は両親が和解

し、平和に暮らす道を知りたいのです」

四十九歳になる天香さんは三上さんの長い話を黙って聞き、最後に短くひと言、つけ加えました。

「親のことをどうしようと思う気持ちはしばらく置いておきなさい。それよりもあなた自身が求《ぐ》道《どう》一途の人になれば、両親の問題はいつとはなしに解決します。しばらくここにいて修行しなさい」

こうして三上さんは一燈園での起居を許されました。

初期の先輩同人たち

一燈園の朝は早い。まだ外は薄暗い五時、拍子木の合図で起床し、三十分ほど園の内外を掃除します。その後、洗面をすませ、禅堂に集まって『維摩経《ゆいまきょう》』をあげます。看経《かんきん》が終わると天香さんが、天香さんが不在の場合は代わって当番が話をします。一燈園ではある分野を統括する責任者を当番と呼び、そのころは相武次郎《あいたけじろう》さんが務めていました。

背が高くてゆったりした風貌の相さんは、同人《どうにん》の人間的悩みに理解があり、いい意味でのロマンチストでした。孔子に顔回《がんかい》という弟子がいて、孔子とみんなの間にあって、しばしば取りなしをしたといいますが、相さんはそんな役回りをしていて、みんなから慕われていました。

もう一人の主だった同人の谷野捨三《すてぞう》さんは、漂々乎《ひょうひょうこ》として天にすべて任せており、決して深刻になりません。その温和な人柄は春風がそよそよと吹くさまに喩《たと》えられていました。

三上さんは二日目から外部に托鉢に出ました。托鉢とは禅宗では家々を訪ね、椀にお米を恵んでもらうことを言いますが、一燈園では家々の拭き掃除、便所掃除、庭掃除など、下様《したざま》の雑用一切を行うことを言います。恵まれたら昼食や夕食をいただきます。折から年末の大掃除の時期に当たったので、どの家からも喜ばれました。

あるとき銀閣寺に托鉢に行き、昼食に五種類のご飯が出たので、驚きました。七草粥《がゆ》の残飯、小豆《あずき》粥の残飯、麦飯のお冷や、白飯の残り、おじやの残りですが、どれも氷のように冷たくてガタガタ震えて食べました。どれでも恵まれるままに、今日は今日、明日は明日にまかせて、精いっぱい生きられることが爽快でした。天香さんが言われる無所有の生活の一端を垣間《かいま》見た思いでした。

三上さんは一燈園に住むようになって、不思議に思うことがありました。同人は皆〝天香様〟とか〝天香先生〟とか呼ばず、仲間を呼ぶように〝天香さん〟と呼んでいます。そこで庭仕事の合間に、先輩の同人に訊ねてみました。すると彼は剪定鋏《せんていばさみ》で小枝を刈りながら、答えました。

「これは天香さんのお言いつけなんです。私は同行の同人に過ぎないから師ではない。〝さん〟と呼んでくれとおっしゃるんです」

天香さんの信念からくる言いつけなのでした。

二つの聯《れん》が意味するもの

「ところで谷野さん、質問があるんですが……」

三条の蕎麦屋かわみち屋に奉仕に来ていた三上さんは、三時の休みに鴨川の土手に坐って、先輩の谷野捨三さんに話しかけました。

目の前には鴨川の清流が流れ、市街地の甍《いらか》を越えて愛宕山の峰々が望めます。鴨川の川原では子どもたちが小石を投げて水切りをして遊んでいます。

「禅堂に『坐水月道場』と『修空華萬行』という一対の聯が掛けてありますが、あれはどういう意味ですか。朝夕、あの聯を仰いでいますが、修行の目標を説いているんでしょうね」

若い三上さんは何から何まで興味津々です。

「フム、『水月《すいげつ》の道場に坐《ざ》し』『空華《くうげ》の萬行《まんぎょう》に修《しゅう》す』ってやつですね。私のような者が解説するなどおこがましいんですが、恥を省みず、あえて解説するとこういう意味ではないかと思います。いつか朝課で天香さんから聞いたものの、引き写しですが……」

谷野さんはいつも謙虚なので、後輩の同人たちから慕われています。

「あれは天香さんがお書きになったもので、諸宗教の真髄を表しているように思います。波が収まって水面が鏡のようになると、天上のお月さまがそのまま映ります。波が立つと消えてしまいますが、お月さまは水中に没したのではなく、天空にそのままいらっしゃいます。水面が静まると、また映ります。不生不滅、不増不減です。

つまり〝水月の道場に坐す〟とは捨てて捨てて捨て切る。捨てても捨てたと思わないほどの捨て方をしようということです。私利私欲を忘れて尽くす心境を指しています」

谷野さんはもともと僧侶になるための専門道場で仏道を修行していたので、不生不滅、不増不減というような仏教的表現が出てしまいます。

「やったことさえ忘れて尽くす心境が自由の境地なんですね。それでは〝空華の萬行に修す〟はどういう意味ですか？」

求道一心の青年の瞳は食い入るように真剣で、混ざり気がなく美しい。それに答える先輩も自ずから真剣です。

「『光明祈願』に『無相の楽園に逍遥《しょうよう》せん』とありますが、あれと同じ意味で、空に無数の華《はな》が咲いている極楽を散歩しているような気分で、どんなことでも修行としてやらせていただこうという意味のようです。自分は賢いとか、学問があるとかないとか全部忘れて、無心になってやらせてもらい、やったことさえ忘れてしまう。そういう修行三昧、托鉢三昧の境地を目指そうということです」

腕時計で時間になったことを確認して、谷野さんは腰を上げました。

「さあ、時間になったようだから、托鉢に戻ろう。托鉢三昧、それ以外は何も考えない。無心になって蕎麦ぼうろを焼こう」

そう言って、二人はかわみち屋に戻っていきました。土手ではススキが風に揺れています。川面を渡る晩秋の風は修行三昧の二人を祝福しているかのようです。

再び学校に戻る

年が改まって、一月になっても学校に戻らない三上さんに気づいた天香さんは、学校に帰り、学業を全うするように言われました。そこで三上さんは学業を路頭をして続けることにしました。

学生生活は学費と生活費で毎月三十五円かかります。そのうち二十円は父が送ってくれていました。しかし、卒業後は家に仕送りして家計を助けることを断念して、一燈園に入ることに決めていたので、もはや援助してもらうわけにはいかず、自分で稼ぐことにしました。

学業のかたわら、夜泣きうどん、新聞配達、引っ越し手伝い、新聞社での原稿書き、翻訳など何でもやりました。よく体が持つなと思われるほど働きました。ところが、卒業を控えた学期は、卒業論文のための実験や設計、それに卒業試験の準備で忙しく、とても働いている時間がなく、とても金に困りました。ところが思いもかけず、誰からか三十円送られてきました。それでようやく糊口をしのぐことができました。

無事卒業して福岡の実家に帰り、両親に一燈園に入ることを願い出ました。これには父は怒りました。

「お前は何を考えているんだ。お前が就職したら、その給金で弟や妹を学校にやるつもりだぞ。家の経済事情はわかっているはずだ」

父の剣幕に驚き、母は卒倒してしまいました。就職せずに一燈園に入るのは心苦しかったけれども、人と争う暮らしはもうしたくありません。それに両親が睦み合う姿を見るには、自分がまず一燈園の生き方をすることだという思いは揺るぎませんでした。

三上さんは心の中で両親に対して詫びました。

(申し訳ありません。独りよがりだと責められるかもしれませんが、私はこの道によって、家族を守る徳を積みたいのです。一人が出家すれば、親兄弟、祖父母など九族が救われるといいます。私のわがままを許してください)

旅費がないので、京都までは歩いて行くつもりでした。しかし母が出してくれたので、それで切符を買い、二十銭の釣銭をもらいました。それが三上さんの懐にあった金銭のすべてでした。

新生涯を目指して

一年半ぶりに鹿ヶ谷に帰ってきて、「ごめんください」と案内を乞いました。三上さんは天地間に生まれて初めて声を発したような思いでした。もう一度、「ごめんください」と声を掛けると、「ハイ、ただ今参ります」と、奥のほうで誰かが応じ、畳を歩いて来る静かな足音が聞こえてきました。玄関の板敷に下りて、一面に切り貼りされた障子が静かに開きました。出てきたのはなつかしい相《あい》武次郎さんでした。天香さんから空華《くうか》という法名を授かったので、空華さんと呼ばれていました。三上さんが合掌して挨拶をしようとしたら、それよりも先に太い声で、

「お帰りなさい」

と迎えられ、軽く合掌されました。天香さんの右腕とも目される旧参の同人が覚えていてくださったのだと思うと嬉しくて、三上さんも深々と頭を下げました。相さんにお上がりなさいと言われると、とうとう一燈園に帰ってきたという安堵感に満たされました。三上さんはお光の間で、当番の相さんに広島高工での一年半のことを報告しました。それを聞き終え、澄んだ声で、ご苦労様でしたと応じられました。

その夜、天香さんは衣ノ棚の住まいから戻ると、同人たちと会って話をされ、一番最後に三上さんを引見されました。三上さんは広島でのことに加え、福岡の両親のことをくわしく話しました。聞き終えた天香さんは、「お帰りなさい。ご苦労様でした」と言い、相さんを呼んで同人と

して迎えるように言われました。いよいよ新生涯が始まったのです。

ある朝課での法話

一燈園では朝五時、拍子木の音で起床すると、部屋の内外を手分けして掃除し、洗面をすませたあと、禅堂で朝課が行われます。朝課が終わると、朝ご飯も食べずに、それぞれの托鉢先に出掛けます。一日働いて、晩ご飯をいただき、銭湯の券をもらって、途中銭湯に入って汗を流し、一燈園に帰ります。天香さんがおられるときは、晩課は天香さんが導師を務め、不在のときは当番が務めます。ある晩課で天香さんはこんなことを話されました。

「一燈園生活の清規《しんぎ》の第一は、『私が悪かった』と先に謝ることです。これについては、先年、身を持ち崩された二十四歳の若者を園で預からせてもらったことがあります。彼の例が示唆に富んでいるので、話させてもらいます。その人は園に来てから少しもなまけたところがないので、話を聞いてみるとこう言われ、なるほどと思いました。

『私は何も好き好んで朝寝したいのではないんです。今日は早起きしようと起き出すと、妹や女中までが冷やかし半分でからかいます。で、いまいましくなって、また布団を被って寝てしまいます。夜出歩くと、飲み屋がツケで飲ませてくれるので、ついつい飲み歩くことになってしまいます。

家ではぐうたらな私を一燈園に入れたら、素行が改まるのではと言います。でも私はそんな感化院臭いところに三日もおれるかと、馬鹿にしていました。ところがここに来てみると、天香さんから「私も悪いんだから」と詫びられてびっくりし、ここはちょっと違うぞと思いました。ぶらぶらしているのも手持ち無沙汰なもんですから、園の人の後ろについて五日ほど托鉢についていきました。すると托鉢先でこんなことを言われたんです。

「あんたはん、お若いのにようきばりやすなあ。家《うち》のせがれたちに、どうぞ意見などしておくれやす」

これには冷や汗が出ました。つい一週間ほど前には、私は家では鼻つまみ者で、説教される側だったんですから』

これは私が園に帰る途中、供養された米俵を大八車でひいて帰る若者に偶然行き合い、車の後押しを手伝いながら、聞かせてもろうた話です。

家では彼は両親の心労の種で、あれがいると十年も寿命が縮むとこぼされていたそうです。世の中は『人を見たら泥棒と思え』と言いますが、泥棒扱いされたら泥棒したくなるのが人の性情です。ところが『私が悪かった』と自分から先にお詫びすると、人は人のせいにできなくなり、しゃきっとしてくるものです」

天香さんは起きた出来事を淡々と話されました。事実ほど説得力のあるものはありません。この話も人間の性《さが》について考えさせられました。

初めての路頭

お寺での一夜

三上さんは一年ばかり托鉢を続けました。多かったのは河原町の老舗の塗料店「渋新《しぶしん》」での托鉢でした。日中渋新で働き、束の間の睡眠を取って早朝三時ごろ起きて便所掃除をし、朝課を終えてそのまま渋新に行き、表の戸が開くまで店の外の掃除をして、開店を待ちました。

一日四時間ぐらいしか寝ていないので、動いているときはまだいいですが、じっとしていると睡魔が襲います。ところが不思議なことに土曜日の夜、同人たちがみんな集まってくる土曜会で天香さんの話を聴くときは全然眠くないのです。こうして充実した修行の日が続きました。

ところが人間は慣れてくると、精神的にだれてきます。托鉢先の方もありがたがるよりも、最も賃金が安い労働力だと思っており、こちらもどうせただ働きの手伝いに過ぎないというだれた気持ちになってしまいます。

そんなとき先輩が初めて路頭に出た新鮮な体験を語ってくれました。

「その日の寝る場所を恵まれるかどうかわからない路頭に出て、私はとても真剣でした。切羽詰まった状況で仕事にありつき、しかも夕食や宿を恵まれると、確かにお光に見守られ、導かれていると実感し、私の信仰は蘇生復活しました」

三上さんも路頭に出てみたいと思いました。眠る所、着るもの、食べるものが整えられると、人間は安堵して懈怠《けたい》が生じてしまいます。これを打破するためには、路頭に出て衣食住すべてが相手の恵みによるという状態に自分を置かなければいけない。路頭こそは懈怠を許さない道場であり、安心立命《あんじんりょうみょう》を得る方法だという思いが強くなっていきました。天香さんが歩まれた初期の歩みを追体験してこそ、現実に打ち勝つ「強さ」が恵まれるような気がします。

そこで当番の八田勝三（不勝《ふしょう》）さんに願い出ると、半年後には園に戻ってくることを条件に許可されました。三上さんにとって初めての路頭です。山科街道に出て、歩きながら考えました。山科は天香さんも路頭に立たれたところです。すでに地ならしがされていると思ったら淋しくはありません。それよりも光栄であり、喜びでもあります。

八田当番は三上さんたちを路頭に送り出すとき、一燈園の者ですがと名乗らないようにと言われました。あくまで自分の修行です。天香さんのお名前に寄りかからないようにとのことです。そこで私の修行のために何か仕事をさせていただけませんかと、一軒一軒托鉢して回りました。胡散《うさん》臭い目で見られたり、差し当たって何もないよと断られました。

訪ねても訪ねても返ってくる言葉は「要らないよ」で、とうとう一日が暮れてしまいました。

やむなくお寺を訪ね、庫裏《くり》（寺の台所）に寝かせてもらいました。ここまで否定が続くと真剣に反省せざるを得ません。

（どこかに、私は普通の人がやれないような厳しい修行をしているというような不遜な思いがあるのではないか……。天香さんはまずお詫びすることですとおっしゃる。私の合掌はまだ形だけだと見抜いておられるから、門戸を開けてくださらないんだ……）

一人布団にくるまって一日をふり返り、いつしか眠りに落ちていきました。

二日目も相変わらず、今は間に合っているとか、忙しいからまたのときに来てねと断られることが続きました。断られれば断られるほど真剣に頼みましたが、どうも歯車がかみ合いません。当然食も恵まれないので、必然的に食を断ちました。二日も食べないと腹が空きます。水をがぶ飲みして、空き腹をごまかしました。その夜も宿を恵まれなかったので、家の軒下に積んであった藁《わら》の中に潜り込んで寝ました。

三日目も仕事をもらえません。よそ者が村に入り込もうとしているのではないかと、警戒されるのです。誰にも相手にされないので、仕方なく道の紙ゴミを拾い、夜は土手の木の下で休みました。路頭が想像以上にきついので、ついつい涙目になり、合掌して祈りました。

するとつい先日、一燈園の読書室で読んだマハトマ・ガンジーの祈りに関する言葉が浮かんできました。いくつも付箋《ふせん》が挟んであったので、誰かがここを読んだのです。そんな真摯な人が同人にいると思ったら励まされました。

ガンジーは祈りによって「静けき細き声」を聴くことが大切だと説いていました。

「私に神のみ心が特別に啓示されるわけではありません。神はすべての人に、日々ご自分を示しておられるのです。ただ私たちが忙しくしていて、神の〝静けき細き声〟を聴いていないだけです。私たちは〝静けき細き声〟に耳を傾け、目の前の導きの〝火の柱〟に目を閉ざしてはいけません」

その言葉が導きとなって、三上さんを思索に誘っていきました。ところどころ電灯に照らし出されている遠くの夜道を眺めながら、自分に言い聞かせました。

(ガンジーも言っているように、お光はこの状況の中で、私に〝静けき細き声〟で何かを語りかけておられるのだ。もっと耳を澄まして聴き入ろう。これは厳しい路頭なのではない。私に耳を澄まさせようとして導いてくださっている証左なのだ……)

三上さんは祈りの中で確かな手応えを得ると、夜風に冷える体をさすって暖を取り、ひと時の休息をいただきました。

四日目も五日目も仕事をいただけませんでした。仕方なく、線路沿いの道に落ちていた駅弁の残飯を食べて、空き腹を癒しました。これで五日も食べていないのに飢餓感は全然なく、逆に精神が澄み切っていくのがありがたいことでした。夜は藁小屋にもぐり込んで寝ました。

拾ったビスケット

六日目も厳しさは変わりませんでしたが、自分の中から悲壮感が消え、そろそろ受け入れてくれる人に会えそうだという予感がしました。ところが予感に反して、この日もいい人に巡り合えませんでしたが、この地域を訪ねて回ることが浄化につながると思うと苦になりません。村の通りをゴミを拾いながら歩いていると、道端にビスケットが落ちているのに気づきました。

（おや、ビスケットだ。どうしてこんなところに落ちているんだろう……）

思わず駆け寄って拾おうとすると、

（これで空き腹を癒しなさい）

という声が聞こえたような気がしました。

「えっ」と、辺りを見回しましたが、誰もいません。そこで拾い上げて三度拝んでいただこうとすると、湿気《しけ》っているにもかかわらず微かに香りが匂いました。いただきながら甘い香に誘われて涙がこぼれました。お光が養ってくださっているとしか思えなかったのです。

ところがその翌日、再び仕事を求めて訪ね歩いていると、七十は超えていると思われる白髪のおじいさんがいきなり、

「上がってご飯を食べていきなはらんか」

と声をかけられました。

「えっ、どうして食べていけとおっしゃるんですか？」

と訊くと、三上さんがビスケットを食べているところを見たと言われます。

「わしは昨日、見知らぬよそ者のあんたがまだそこいらをうろついているのかと思い、外を見ていたんじゃ。するとビスケットが落ちているのを見つけよって、それをおしいただいて三度拝んで食べよった。それを見ていて、あの人はただの浮浪者じゃなく偉い行者さんに違いないと思った。だから訪ねてこられるのを待っていて、ご飯を差し上げようと思っていたんだ」

まさかあのときの様子を見られていたとは思いもしませんでした。

「でも、食事をさせていただく前に、掃除をさせていただけるとありがたいのですが……」

「お腹が空いていないのか？　え、まだ大丈夫だって？　それじゃあ、障子を洗ってくれるか。障子を張り替えなきゃいけないと思っとったんだ」

「それはもう喜んで。させていただけてありがたいです」

立花とおっしゃるお年寄りもいっしょになって障子の桟をごしごし洗っておられます。話しながら洗っていると、おじいさんの温かさが感じられ、ありがたくてまた涙がこぼれました。こんなに涙もろくなっているのかと驚きました。おじいさんはもっと興味を持たれ、いろいろと訊いてこられました。

「先に障子洗いをすませてしまいます。それから話をしましょうか」

掃除に拍車がかかりました。障子洗いが終わると、三上さんは勧められるままにお昼をいただき、天香さんから得た信仰の覚醒を話しました。話は深夜にまで及び、泊まっていけと言われたので、一夜の宿をお借りしました。すると、

「いや一夜だけではなく、明日からここを拠点にして行願を続けたらいい。よかったら一部屋使ってかまわんよ」

と、願ってもないことを言われました。

「そんなことをお願いしてもいいんですか。飛び上がりたいほど嬉しいです!」

その夜、六日ぶりに暖かい布団に入って、つらつら考えました。

(それにしてもお光の業はすごい! 三日目は〝静けき細き声〟を聴かせてくださり、今日はこういう鮮やかな導きを見せてくださった! それにしても立花さん、ありがとうございます。あなたがお光のわざを運んでくださったんです)

いつの間にか三上さんは寝息を立てて寝入っていました。

窓に掛けられたカーテンの隙間からやわらかい月の光が漏れ、畳を照らしていました。

池の掃除がご縁で

三上さんは新たな拠点を恵まれ、晴れ晴れとした気持ちで家々を訪ねました。何軒目かで老婆が出てくると、何を頼んでもいいのかい？　と念を押しました。何であろうと、喜んでさせてもらいますと答えると、

「じゃあ、すまんけど、池の掃除をしてくれんか。落葉が溜まってしまい、中で腐っているんや。水が濁ったら、池の鯉たちにも悪いしなあ」

そこで三上さんは熊手を借り、ズボンの裾をまくって、池の落葉を掃除しました。もう長いこと掃除していなかったのか、枯れ枝や落葉が次から次に掻き出されました。それが終わったら今度は網に変えて、小さな落葉をすくい出しました。

「兄ちゃん、すまんのう。お茶を入れたから、少し休みなされ」

そう言われて、縁側でお茶をいただきました。

「年寄りには池の掃除は難儀じゃから、助かるよ」

「いいえ、お役に立てて私のほうこそ嬉しいです」

「そないに言われるなんて、若い人には珍しい。あんたはんはどこぞ立派なお寺で修行されている雲水《うんすい》さんと違いまっか？」

「いいえ、見てのとおり、ただの有髪《うはつ》の男です。思うところあって、懺悔奉仕の行をやっており

ます」

「それにしても感心おすなあ」

「いつまでも休んでいては罰が当たります。池の掃除をやり終えてしまいます」

池の掃除が終わると、庭の草むしりを始めました。それが終わって勝手口から裏庭に廻ると蜘蛛の巣が張っている外便所と納屋がありました。もう十年もほうってあるような感じです。三上さんは頭に手拭いを被って後ろできゅっと締め、下着一枚になって片づけ始めました。

便所の隅には煤《すす》がかかって黒いボロ布のようになった蜘蛛の巣が垂れ下がっています。竹ぼうきでそれを払い、羽目板を雑巾で丹念に拭きました。次は木製の便器です。泥でまみれた踏板を鉄片でこそぎ、縄のたわしで磨き上げると、美しい木目が現れてきました。すると長年自分を覆っていた汚物を洗い流したような気がして、さっぱりしました。

次は納屋の片づけです。中のガラクタを一遍外に運び出し、棚や羽目板を雑巾で拭き、小さいものは棚に、大きいものは土間にと順序よく並べました。すると乱雑さが消えて、納屋全体が美術品置き場に変わったように輝いてきました。人の手が入ると、蘇ったようになります。三上さんは思わず合掌しました。

その様子を勝手口から見ていた老婆も、もったいない、もったいないと拝みました。

「兄ちゃん、汗をかいたろう、風呂に入っていかんか。と言うても湯が沸いているわけやないから、これから沸かさなきゃいかんのじゃがな」

「だったら私が水を汲んで風呂を沸かします。納屋に木屑があったから、燃やすのにちょうどいい」

「そうか、何から何まですまんのぅ」

焚き口で木切れを燃やして、五右衛門風呂《ごえもんぶろ》の水が沸く間に、洗い場のスノコをたわしで洗い、脱衣場もきれいに拭き上げて準備が整いました。

「さあ、おばあちゃん、お風呂が用意できました」

三上さんは手拭いで顔を拭きながら、声を掛けました。

「いやいやお前さんに入ってもらうために沸かしたんじゃ。お客さまが先じゃ」

「私は一家の主の前に入るわけにはいきません。どうぞ先に使ってください。その後で私はゆっくり使わせていただきます」

そう言うので老婆は折れ、先に湯を使いました。焚《た》き口から三上さんが声を掛けます。

「湯加減はどうですか。ぬるかったらもう少し焚きましょうか」

「いやいや、わしゃこれでよい。ほんまにええ湯加減じゃ。洗い場もすっかりきれいに掃除してくれていて、気持ちがええ。こんなゆったりした気持ちで風呂に入るのは、何年ぶりじゃろうか。兄ちゃん、ほんとにありがとな。わしゃ、息子が帰ってきたみたいでうれしゅうてかなわんわ」

老婆の後に三上さんが風呂に入り、桜色になった顔を団扇《うちわ》であおぎながら居間に戻ると、老婆が丸いちゃぶ台に夕食を用意して待っていました。

「兄ちゃんに食べてもらおうと思って、用意したんじゃ。あり合わせじゃが、食べてくれるか」

「そんな！　お風呂をもらったのに、夕食までいただいたら罰が当たります」

「いいや、これはおれの気持ちじゃ。おれはありがたくって、地獄で仏さまに会った気持ちなんじゃ。何もないけど食べてくれ」

結局、夕食をご馳走になり、さらには泊めてもらうことになりました。平等路《びょうどうじ》とおっしゃる家の座敷で布団に入って、お光のお恵みに手を合わせて感謝しました。

三上さんが立花さんや平等路さんの家に泊めていただいているのですっかり信用され、仲間として迎えていただけました。こうして三上さんの路頭は次第に天香さんの初期のころの路頭と同じになってきました。これをこのまま根気よく続けていたら、もう一つの一燈園が生まれてくるような感じがし、一燈園が生まれてくる筋道がわかったような気がしました。

第一次世界大戦が生んだ六万行願

第一次世界大戦、勃発！

若い三上さんの心は新生の喜びに満たされていましたが、日本は変転する国際情勢中で活路を求めて四苦八苦していました。何しろ国際社会に乗り出して、初めて経験することばかりです。国際社会は善意が通用しない世界でもありました。

明治三十八年（一九〇五）、日本は日露戦争に勝利し、ロシアから関東州（満州の遼東《りょうとう》半島先端部）の租借権を受け継ぎ、長春―旅順間の鉄道（後の南満州鉄道）を譲渡されました。そして同年九月、関東都督府を設置し、その経営に乗り出しました。満州統治は関東都督府と領事館（外務省）と満鉄によって担われ、行政は傘下の行政組織を使い、満鉄と一体となって満州統治を主導していました。

ヨーロッパに目を転じると、永い間くすぶり続けていたバルカン半島がついに火を噴き、一九一四年（大正三）、第一次世界大戦が勃発しました。そのため、大戦が始まった当初は、日本では株価が大暴落し、政府は救済に追われました。さらに米価が暴落し、混乱にいっそう拍車を掛けました。

一方支那では革命後、孫文に代わって新たな実力者となった袁世凱《えんせいがい》は自分の権力を拡大し、共和制をつぶしにかかりました。一九一五年（大正四）、袁世凱は共和制を排して帝政を復活し、自ら皇帝になろうとしました。第二革命は失敗し、孫文は亡命、支那の混迷の度は甚だしいものになりました。

日本は支那に対し、二十一ヶ条の要求を出し、権益の確保に務めました。これに対し、ただちに反袁、反帝政の第三革命が起き、まもなく袁世凱は病死し、支那は泥沼の様相を呈していきました。

戦争の終結と国際連盟の発足

一九一四年（大正三）七月に始まった第一次世界大戦は四年間戦い続けて、一九一八年（大正七）十一月十一日に終わりました。この戦争は各国の同盟国が参戦したため、またたく間に世界戦争となり、九百万人の戦闘員と七百万人の民間人の死者を出し、「死者の数がもっとも多い悲惨な戦争」と言われました。そして愚かな戦争が勃発するのを阻止できなかったことを反省し、「もう戦争は絶対起こさない」と決意して、国際連盟が誕生しました。

この動きを東洋の一角でじっと見つめている人がいました。

「どうすれば平和な世界が創造されるのだろうか」

天香さんは争いのない人間社会を求めてとことん突き詰め、最後に懺悔奉仕、無報酬の生活に行きつき、実践していました。

（――国際連盟のような国際組織を作って各国の利害を調整していくのもよいが、戦争の原因とならないような経済生活を下からも積み上げていくのでなければ、世界平和など到底実現できない。いろいろな平和運動があるけれども、今一つ足らないものがある。それはそのどれもが、人

類のいま直面している経済生活の整理に着手していないことだ）

祈りながら考えていると、こういうことが湧いてきます。

（――平和運動には〝個人の生活から争いをなくす〟という観点が欠けている。生活化の問題を棚上げにしておくならば、平和運動は形ばかりになってしまい、真の平和は生まれてこない。

こうしたことを煎じつめると、『生活の建て替えをしなければならない』となってくる。ではその生活の建て替えとはどうしたらいいのか。方向転換することだ。方向転換とは、自利より利他を先にするということだ。

でも、それでは自分の生活が脅かされると反論が出る。しかし転換すると、不思議なことに、自分の生活が脅かされるどころか、反対に安定する。そういっても容易に合点がゆかないだろうが、これればかりはやってみなければわからない）

〝捨てる〟ことをして初めて大転換が起き、自分も生かされ、恵まれたのでした。祈りながらさらに考えていると、やっぱり、自利利他ということにフォーカスされていきます。天香さんは自問自答しました。

（講話でそんなことを語ると、人々から、

「先に譲ると損だ。他人の利益を優先するのはかっこいいが、それでは結局正直者が馬鹿をみる」

と反論される。ところが利他を先にしても少しも馬鹿を見ないどころか、没落しかない利己的生き方が救われ、他人の利益を優先する生き方によって隆々と発展していく。その実証が一燈園を多くの人が訪れていることだ）

天香さんは自分が実践している懺悔奉仕、無報酬の生活こそ、国際連盟が目指している世界平和を実現する具体的な方法であり、地に足が着いた〝生活化〟だと思わざるを得ません。

（――人と争って財を追いかけるのではなく、黙々と働いていると、財が先方から追いかけてくるようになる。その譲り方は世間の考え方とは少し違う。〝負けても幸福だ〟、〝黙々として働いているだけでいい〟、〝たとえ財が追いかけてこなくてもかまわない〟と覚悟しなければならない）

我欲を去るという徳目は、ここでも大きな意味を持ってきます。

（――人間はいずれ死ぬ。その事実を受け入れ、覚悟を決めると、欲や執着から解放される。一度死ぬ決心をし、許されたら生きると覚悟すると一大転換が起こり、自他ともに活かされるようになる。それを証拠立てたのが一燈園であり、懺悔の生活だ。

キリストは〝全からんと欲すれば、持てるものをみな捨てて我に従え〟と説かれた。全部捨ててキリストに従うのが一番の方法だが、その方向に向かうために行うのが六万行願《ろくまんぎょうがん》（便所掃除）だ。六万行願は方向転換するための一種の転轍機《てんてつき》なのだ）

こう考えてくると、「六万行願」は平和実現のため、大変足が地に着いた運動だということがいっそう明確になってきました。

六万行願を発意

第一次世界大戦の結果として国際連盟が誕生し、世界平和の実現に向けて動きだしましたが、天香さんは〝もう戦争が起こらないように〟と念じて、国際連盟の大目的を陰ながら支えるものとして、下のほうから「六万行願」を行じようと決意しました。それは参加する人にとっても、自分自身の身近な生活を整理するのにも用立ちます。

六万行願とは仏教が説く「六つの行為」に由来しています。すなわち、

・布施《ふせ》＝人に尽くすこと
・持戒《じかい》＝足ることを知って戒律を守ること
・忍辱《にんにく》＝耐え忍ぶこと
・禅定《ぜんじょう》＝心を鎮《しず》めること
・精進《しょうじん》＝努力すること
・智恵《ちえ》＝仏陀の智恵を授かること

これにちなんで、奉仕をする者、受ける者の両方に、

・礼拝《らいはい》＝相手のいのちを拝むこと
・懺悔《ざんげ》＝お詫びすること
・下坐《げざ》＝へりくだること
・奉仕《ほうし》＝相手に尽くすこと
・慰撫《いぶ》＝慰めること
・行乞《ぎょうこつ》＝預からせてもらうこと

の六善が蒔《ま》かれると考え、一万戸で行願をさせていただけば、六×一万で、六万になるから、〝六万行願〟と呼ぶことにしました。それぞれがバケツと雑巾を片手に抱え、隣りから向かいへと移動し、合掌しながら下坐の奉仕をします。一日五戸、便所の清掃をし、一年に二百日行い、それを十年続ければ、一万戸達成できることになります。

「よし、六万行願と銘打って、ジュネーブで国際連盟が発足すると同時に、京都の市中から奉仕を始めよう」

そう決めた天香さんは多くの人に呼びかけましたが、反応はさまざまでした。中には、「また天香さんの便所掃除か……」、そんな無意味なことを性懲りもなくくり返している。いい加減にしろ」と苦笑する人もありました。でも一方では、「ほんとにすみません、もったいないことです」と恐縮し、喜ばれる方もありました。それを楽しみに、同人や光友たちは次から次へと合掌しつつ歩きました。

「それでは罰が当たります。お茶なりと、せめてはお菓子一つでも」

などと勧められても、まったくの奉仕ですから辞退します。でも白米や包み金を盆にのせて出されたりすると、断りかねて、「では一握りだけいただきます」といただいて袋に収め、世話してくださる家に持ち帰って、そこで炊いてもらっていただくこともあります。やっているうちに、行願を受けてくださる家では争いごとが消え、不思議なできごとが産まれ、和やかになっていきました。

「上から国際連盟、下から六万行願」

「どうか戦争の原因にならない生活をしましょう」と願い、「上から国際連盟、下から六万行願」と念じて、ただ一人、隣りから向かいの家へと、下坐の奉仕をし始めたのが、次第に同人光友たちの共鳴を得て、あるいは一町内へ、さらに一市内へと広がっていきました。

最初は数人で始めたものが、次第に団体で行じるようになり、参加者たちから「妙につつましい気持ちになるものだ」とか、「不思議になごみますね」と感想を言われました。全林の同人二百人で行い、一週間に一万戸をやり遂げたこともありました。全国光友会で宇治山田一万七百十八戸を行じ、伊勢神宮の大廟の前で砂利の前にぬかずいて、

四方の海みなはらからと詠みませし
おおみこころにそうすべもがな

と行願歌を朗詠したときなどは、みんな目頭を潤ませて、これだ！　世界平和は六万行願から始まるのだと確信し、神の和魂《にぎみたま》と下坐の浄行《じょうぎょう》とが直結して感慨に堪えなかったこともありました。こうして同人光友は機会あるごとに六万行願を実行しました。

天香さんの故郷近江《おうみ》では十五万三千戸全部の行願をすることになり、雪の朝、雨の夕をいとわず、六十余人の同人と光友が百六十四日かけてやり通しました。村の青年や町の女性などじっとしておれずに参加して喜び、村長が村はずれまで送ってくれ、次の町の校長が町の入り口まで迎えに出てくれました。こういうふうにして六万行願は一燈園生活の大切な行事として広がっていきました。

第五章

関東大震災と懺悔の祈り

関東大震災と天の警告

火の洗礼！　関東大震災

そこに関東大震災が首都東京を直撃しました。

その日、大正十二年（一九二三）九月一日、天香さんは北海道空知《そらち》郡栗沢《くりさわ》町で開かれる開拓三十年祭に招聘《しょうへい》され、汽車で北上していました。一行は妻の照月《しょうげつ》さん、長男の保太郎《やすたろう》さん、それに同人《どうにん》たちの十三名です。

それから三十年前の明治二十六年（一八九三）五月、天香さんは八戸の開拓民の第一陣とともに栗沢村清真布《きよまっぷ》に入植しました。しかし天香さんは、すでに述べたように、開拓民の争議に巻き込まれ、開拓主監を辞め、明治三十五年（一九〇二）、北海道を離れました。それ以来一度も北海道に足を踏み入れていなかったので、実に二十一年ぶりの栗沢村の訪問でした。

天香さん一行を乗せた列車が三島を過ぎ、御殿場に差し掛かろうとした正午前、大変な揺れに襲われ、急停車しました。線路は飴《あめ》のように曲がり、土手には亀裂が走って割れ、かろうじて脱線は免れました。関東一円が未曽有《みぞう》の大地震に襲われ、東京方面は火の海になりました。

生きた心地がしないほどの揺れの中で、天香さんを襲ったのは、同人や光友に対してお詫びする気持ちでした。

（――同人や光友の皆さま、私の行き届かなかったことを許してください。相談したいと、遠いところからはるばる訪ねてきてくださったのに、短い時間しか応対できず、それもろくろく落ち着いてお目にかかれなかったことをお詫びします。

在園の方々が心待ちにしてくださっているのに、私は時たまにしか顔を出さず、勝手な注文ばかりして申し訳ありませんでした。当番や同人に重い荷物を背負わせて、私はいろいろな招きで地方に出かけ、先生先生と呼ばれて下坐をせずにいたことも悔やまれてなりません。

同人の方々に婚期を迎えている人たちがありながら、結婚の段取りをなかなか進めず、思いばかりで行き届かなかったことも申し訳なく思います。

自分は家庭と呼べるような休み場所を持ちながら、妻子のある人に静かに休養する場所を与えられるよう、配慮できなかったことが申し訳なく思うことの一つです……）

余震が続くので座席の手すりにしがみつき、お詫びすることが次から次に浮かんできます。

（――私は新生涯に必要なことなど、考えにふける時間がありました。ところが私は同人たちに路頭に出て、ただ一筋の托鉢を行うよう指示したこともありました。あまりにも厳しい指導であったかもしれません。

せわしくて、私の気が短くなってしまったり、返事を差し上げるべき手紙が粗忽《そこつ》になってしまったり、果ては忘れてしまったり、自分自身を咎《とが》めたいことがたくさんあります。私が足りませんでした。こらえてください。

力が足らず、徳が足らず、準備が足らず、断ればよいのに、頼まれれば嫌とは言えず、引き受けた形になり、かえってご迷惑になったことども思い出されます。

一燈園生活はただ一筋にお光に向かっていくしかないものを、情け負けして、かえって迷わせてしまったこともありました。引き受けさえしておけば、独り静かに歩んでもらえるものと思ったものの、その人には荷が重過ぎ、まだまだ介助が必要だったこともありました。私が悪かった。私はこれだけしかできなかったのです。どうか一束《ひとたば》にして許してください)

合掌している天香さんから止めどもなくお詫びの言葉が出てきます。隣の照月さんも保太郎さんもみんな合掌してお詫びしています。

列車は八時間も立ち往生したあと、ようやく動き出しました。天香さん一行は次の駅で下り線に乗り換え、沼津を経て静岡まで引き返しました。天香さんはそこから同人たちを京都に帰すと、照月さんといっしょに再び東京に向かいました。東京に行こうという意志は強く、三島まで徒歩で八時間歩きました。途中、赤いタスキをかけ、竹槍で武装して、物々しい形相で警備に当たっている青年団にも会いました。どの駅も被災地へ行こうとしている人でごった返しています。人々は戒厳令が敷かれたとか、糧食を持たない者は東京に入ってはならないという警告が出されているとか言います。

天香さんは徒歩で箱根を山越えしようと思いましたが、前日八時間も歩いて疲れ切っている照月さんを見るとそうとも言い出せず、照月さんを知人の家に預けて京都に引き返しました。車中、ずっと心の中にあったのは、今回の大震災をどう受け止めるかでした。これはどう思っても天のお叱りとしか思えません。

京都御所でひれ伏して祈る

天香さんは京都に帰ると、所有している物件を一切整理しました。天香さんはその仮の宿の衣ノ棚の小屋すらも重荷と感じ、そこを我が家と思ったことを恥じました。

天香さんの別れた妻のぶの弟西田半治郎さんが柳馬場三条下ルで「白木屋」という旅館を営んでいました。天香さんはその家を『光』誌の編集部として使用していましたが、これも引き払って衣ノ棚に合流することにしました。そのため天香さんと照月さんの部屋は三畳足らずの部屋となりました。手紙の返事を書いたり来客の応対をするところは、一坪足らずの庭に置いた小さな机と二脚の椅子だけです。その横には夜、天香さんが座布団を敷いて毛布を被って寝る、六十センチぐらいの幅の縁側があります。天香さんはそこまで切り詰めました。

九月二十六日、天香さんは衣ノ棚を五時半に出て京都御所に向かいました。すると天香さんが初めてこの生涯を恵まれたとき、陰になり日向になり、あるいは内にあり、外にありして導いてくれた幻の道人が現れました。ときには一燈園が営む事業である宣光社に顔を出し、天香さんが講演するとき、上座にいて導いてくれた道人ですが、久しく会っていなかったのです。

御所の正門の前に立ち、北面して過去の仏神皇室師長祖先を拝し、続いて東面して現在の皇室師長を拝し、次に南面して同人光友一切の人を祝し、最後に西面して一切の逆縁の人や霊のために祈り、さらに建礼門《けんれいもん》前で玉砂利にひれ伏して祈りました。

天香さんの前に現れた道人は早速紙屑を拾い始めました。選挙のチラシやいろいろな紙屑が落ちているのですが、道人が紙屑を拾う速さの速いこと、まるで鶏が餌をつついているような速さです。天香さんも負けじとゴミを拾いました。

御所の清掃を終えて帰路につくと、不思議な心境に導かれました。衣ノ棚の家に足が向かっても、「帰る」とは思わず、鮮やかに「行く」という気持ちがします。十字街頭の我が家から衣ノ棚の住所宛てに届いている手紙に合いに行く気持ち、あるいは訪ねてくる人に会いに行く気持ちで、所有観念が無くなっていました。

長男の保太郎さんは隣の宣光社の部屋で仕事をしており、照月さんは二畳の部屋で起居し、天香さんは縁側の座布団で起き伏しして、心が広々となりました。

九月三十日、衣ノ棚の家で夜半目を覚ますと、しとしとと雨が降っていました。天香さんはとっさに、雨に濡れて寝る場所がないに違いない関東の罹災者《りさいしゃ》のことを思い、縁側にひれ伏してお詫びしました。

「ああ、関東の被災した人たちよ、許してください。申し訳ないことに、私はまだ雨が除けられる屋根の下に寝ています」

そして天香さんは感ずるまま書きつけました。一語一語に祈りを込め、言葉を選びに選んで、次第に形をなしてきたのが、次に掲げる「ざんげといのり」という文章です。全文をひらがなで書き上げました。読みやすくするため、ここでは漢字かな混じり文に書き改めて引用します。

「ざんげといのり」

「お光」の前に、再びひれ伏して、つつしみてお願いがあります。どうぞ、このたびの大震災について立てました「禍《わざわい》を転じて福と為す三重の願い」をお護りください。

あまりにも大きな大願でありますが、人として、国民として、また人類として、どうあっても立てねばならん願《がん》であります。この機会に立てねば我が国は危なく、また世界の平和を作り出す深い祈りをするには、最もよい機会であるからです。

今度ほどの大きな災難は、我が国の前の歴史に見ないそうです。私は、これは我が国に歴史を超えるほどの、大きな、意義ある、尊いことをさせようとの、おん試しと信じます。

私たちは人として、あまりにも欠点が多い。国民としても、また人類としてもです。それを深くはっきりと知りました。こうして深く懺悔《ざんげ》をして、この災いを裏返して大きな幸いとしたいのであります。

こせこせと賢《かしこ》ぶっていましても、逆さまに水は流せませぬ。自然を征服するなどと口はばったいことを申したことも、今度は気がついたようであります。少しばかし大地が揺れましたので、いかに皆がうろたえましたか。知恵を頼み、財物を頼み、人を頼み合いしていたことの、浅はかさを知りました。都会をよいもののようにして、自然の農村を捨ててきた愚かさも身に染みました。争い合い、恨み合いする心と生活が、いやが上に災いを大きくしまして、醜《みにく》い跡を残したことのいかにも情けないことかを見せつけられました。

はたして天災のみでしょうか？

私は、震源地にかなり近いところの汽車の内で揺られました。ある農村の中でしたが、富士の山はいかにも晴々と輝いていましたので、自然を呪う気持ちが起こらなくなりました。もしも私らが「死ぬことを自然に帰る」とさえ思いますならば、なんの災難がありましょう。すべての財物を預かり物として扱っていましたら、なんの損害がありましょう。愛し合える気持ちであるならば、なんの「流言蜚語《ひご》」を生み、また「常軌を逸する」ことがありましょう。

私たちがほんとうに落ち着いていないために、天災とするのではあるまいか。傲慢な気持ちで自然を呪うたりすることや、ほんとうに落ち着いていないことなどを、知らせてもろうたのだと、感じるのがほんとうと信じます。ひれ伏して、天のお叱りと心得るべきであると思います。

どうぞ私たちが、正直に、素直に、謙遜に、このたびのことを天のおん戒めと受けまして、心と、体と、生活とを、正しく持たせてくださいませ。この災いを転じて大きな幸せとさせてくださいませ。そうして立てました三つの願をお護りください。懸命にお願いいたします。どうぞ四通り（物を持たずにお光の道を歩む道、物を預かってお光を受けて行く道、ひと り行く道、世話をする道）の懺悔の生活を通しまして、

一、個人としましては、死なぬ命を得ますように。

二、国民としましては、壊れぬところに財物を蓄え、楽しく、臥薪嘗胆《がしんしょうたん》して、地上にも今度の損害を増す宝を余しえるように。

三、人類としましては、根本より恨み合わぬ生活をなし、徹底して愛し切れる心を持ち、広げて世界に捧げ、縦にも横にも争い合わずに、理想の世界の実現に近づきますように。

私はただ口だけでお祈りしてはおりませぬ。この心と体の持ち方と、生活の懺悔の実行によってお祈りいたします。どうぞ、お護りください。足らぬところをびしびしと打ってください。そうして、よきお連れをたくさん恵んでください。今度のことは、一人でも多いほど力になります。私は先頭になる力がありませぬ。たくさん内外のいろいろの人々が総立ちに

なって、この祈りを強めてくださるように、どうぞお護りくださいませ。私はひれ伏してすべての方の下を歩み、拝ませてもらいたいと思います。どうぞ、お護りくださいませ。（後略）

地にひれ伏して、天のお叱りを受け止めている天香さんの悲痛な祈りが聞こえてくるようです。これは『光』大正十二年（一九二三）十月号（第二十七輯《しゅう》）に掲載され、多大な反響を呼びました。

この一文が四十八年を経た昭和四十六年（一九七一）十月、『光』六四五号に再び掲載されたとき、これを読んで衝撃を受けた湯浅八郎同志社大学名誉教授はこんな一文を寄せています。湯浅名誉教授は同志社総長、国際基督教大学学長を歴任した日本を代表するキリスト者で、日本の良心と呼ばれた人です。

「キリスト者でありたいと祈念して今日まで八十五年の人生行脚をとぼとぼ続けてきた私が、この世で師表と景仰《けいぎょう》し、許されるなら師事したいと秘かに願ったのは天香老師でありました。

遂《つい》に一燈園生活に俦参する契機を恵まれませんでした私ではありますが、老師の筆になった文献はいずれも宇宙真理の光に輝き、読む人をして永遠を思う思いを深め浄め正しめる、世にも尊い珠玉の文字でありまして、私は常に嘆読讃読俦読して心のよりどころとしてまいりました。このたび『転禍為福三重願』（禍《わざわい》を転じて福と為す三重の願い）を拝読していよいよその感を強くいたしました」

この世でキリストに次ぐ師表として景仰していた天香さんがあの大震災に直面し、「禍を転じて福と為す三重の願い」を立てられたことに深く心を打たれた様子が伝わってきます。

また炯眼《けいがん》の持ち主として知られた哲学者森信三《のぶぞう》氏が寄せた一文は、受けた感動が尋常一様のものでなかったことを伝えています。

「西田天香さんが大正十二年の関東大震災の際に立てられたという『禍を転じて福と為す三重の願い』というものを、さる十月号の『光』誌で拝見した。わたくしは近来にない深い感動に打たれたのである。と同時に『天香さんは明治維新以後に生んだ卓《すぐ》れた〝宗教的天才〟の一人である』というかねてからの感慨を新たにした次第である（後略）」

あるいは浜村保次甲南大学教授はこんな感想を寄せています。

「『光』誌でこのような感激を受けたことは、ここしばらくありませんでした。私の心にこびりついたカキ殻が、ごそごそとはがれ落ちていく思いでした。天香さんは生きていらっしゃる。涙が出てしょうがありません」

どなたも天香さんが受けた衝撃と覚醒に驚いていますが、天香さんが受けた衝撃がどれほどのものであったか、私どもにも伝わってきます。

瓦礫の山となった東京

十月六日、天香さんは再び東京を目指しました。静岡県清水市まで汽車で行き、その先は鉄道が不通なので、船に乗り換えて東京に入りました。

大震災に襲われた東京は想像を絶した惨状を呈していました。有史以来最大というマグニチュード七・九という大地震と、その直後に東西南北あらゆるところで発生した火災が東京を紅蓮の炎で包み、逃げ惑う人々はパニックに陥り、焼け死にました。避難民が殺到した本所の被服廠《しょう》跡では実に約三万八千人が焼け死にました。

天香さんは火の洗礼を受けた気がし、紅蓮の炎の前に不動尊が突っ立っていると感じました。天香さんは焼け跡の後片づけを手伝いながら、

「申し訳ありません。私が悪うございました。もう少し早く気がついていたら、こんな悲惨なことにはならなかったのですが……」

と、詫びました。実は天香さんの心の中には、北海道開拓三十周年、一燈園の新生活が始まって二十年が経つのを一区切りにして、余分な物を整理して身軽になり、もう一度下坐に下りて再出発をしようと思っていたのです。

大正十年（一九二一）に出版された『懺悔《ざんげ》の生活』が超ベストセラーになった余波で、講演に次ぐ講演で忙しくなり、鹿ヶ谷の一燈園に入門を乞う人が後を絶たず、ついつい気が緩みがちで

した。天香さん自身は清貧の一燈園生活をもう十七年来続けており、本が売れ脚光を浴び時の人になったぐらいで舞い上がってしまうことはありません。

「不二の光明により新生し、許されて生きん」

と書き記した「光明祈願」の決意は不変でしたが、一燈園という集まり全体で見たら、引き締めてかからなければいけないと思っていました。そんな矢先に大地震が起きたので、しまった！と思ったのです。

関東大震災を契機に光友会が発足！

東京では在京の同人松下吉衛《まつしたきちえ》さんたちが救援活動を始め、明治神宮外苑に「子供の家」を作り、被災者の子ども二百人を世話しました。同じ外苑に東京府が仮設住宅を設置したので、二十人以上の同人たちが托鉢に精を出しました。大震災をきっかけに天香さんが、

「第一次世界大戦は憎しみの種を蒔きましたが、関東大震災は逆に愛の泉を掘り当て、日本の運命を行き詰まりから蘇らせます。禍を転じて福としましょう。今こそ手をつなぐのです」

と呼びかけたことに呼応して、神戸で福原八郎《ふくはらはちろう》さんが世話人となって一燈園の同調者の集まり「神戸光友会《こうゆうかい》」が発足しました。そして神戸を皮切りに、各地で光友会が呱々《ここ》の声を上げ、全国各地に広がっていきました。

これによって一燈園運動は天香さんに弟子入りして追随する随喜者たちだけの運動ではなく、下坐に下りて奉仕したいとする人たちの広範な運動に成長したのです。いやもっと言えば、企業や組織の中にあって、共鳴する人たちが会を作り、手を結びあうことによって、日本は新たな飛躍の段階に入りました。天香さんが「禍を転じて福と為させてください」と天に祈ったように、日本は暴動が起きることなく、自暴自棄にも陥らず、悲惨な大震災を乗り越えていくことができました。天香さんの運動は次のステージに上がったのです。

日常を照らすお光のわざ

鐘紡の社員食堂

とはいえ、天香さんの運動の基本は、下坐に下りて家々の便所を一つひとつ洗うことです。だから時間を見つけては、懺悔奉仕の便所掃除を行いました。でもそれは便所掃除に終わることなく、それに関わった人々の生き方に変化をもたらしました。

関東大震災の直後の混乱していた日、天香さんは京都の下京区の鐘紡《かねぼう》の工場に呼ばれて行き、女工さんたちに話をしました。天香さんの日常活動がどういうものであったのか、天香さん自身の講話を採録して、その様子を見てみたいと思います。

「京都市内にある鐘紡の工場の庶務課の主任さんが一燈園へ見え、私といっしょに食事をされました。小さな道場の粗末な地下室の板敷の上で、合掌してお経を誦《よ》み、食事をいただきました。そのときは麦半分に米半分、菜っ葉の味噌汁に、いくらか古くなったおこうこ（香の物）が添えられていました。仙台平《せんだいひら》の袴《はかま》と羽二重《はぶたえ》の立派な羽織《はおり》を着ていらっしゃったので、そんなつましい食事で何だか気の毒な感じもしました。でもその主任さんは感心な方で、大変喜んで帰っていかれました。

それからしばらくして、工場に托鉢に来てほしいと言ってこられました。私は手が空いていたので、三、四日行きました。女工さんたちに講演を頼まれましたが、それはお断りし、炊事場のお手伝いをさせてもらいました。そうした中で、実は……と問題を打ち明けられました。

『私どもの工場には投書函が設けてあり、女工さんたちがその投書函に注文を書いて入れます。毎日、数通あります。その中には、このごろの食事はああだとか、こうだとか、という不平もあります。たまには海老の天ぷらぐらいは食べさせてほしいなどといったものもあります。

うちとしてはできるだけ要望に応え、満足してもらおうと努力していますが、しかし際限なく投書があり、要求も大きくなってきます。そこで思いついて、一燈園の食事を見学しに参ったのです。ところが一燈園の食事は実に質素なもので、おまけにおこうこもいくらか古くなってすっぱくなっていました。でも私はちっともまずいとは思いませんでした。それは天香さんがごいっしょで、合掌してお経を誦んでくださったからでした。

そこで私は工場に帰ると、この食堂の中央のテーブルでみんなと同じ食事をすることにしたのです。すると私の部下の次席の人も女工係も、次から次へと同じテーブルで食べるようになり、いつしか〝一燈園テーブル〟ができました。

そうするうちに投書函には一枚の投書も入らなくなりました。私はそれまで別の場所で食べていたときも、女工さんたちよりうまいものを食べていたのではないのですが、妙なものです。

そんなこともあって、一度天香さんに一燈園の話をしてもらいたいと思ったのです』

私はこの庶務部の主任さんの熱心な態度に感心しました。しかし講演は勘弁してもらい、炊事場のおこうこ切りをしたり、食堂の中央で大きなザルに切ったおこうこを盛って入れ、鉢を持ってもらいに来る女工さんたちに分ける仕事をしていました。

托鉢が終わって帰る予定の前夜のことでした。講演会が持たれ、講演する人は二人、前席はある女学校の校長さんで『婦徳』という題で話をされました。私も主任さんや次席の人たちなどといっしょに、横桟敷《よこさじき》で聴いていました。

ところが女工さんたちが大勢こくりこくりと眠り出したのです。昼間は一日仕事をして疲れているし、風呂に入って体は緩んでいるし、食事をすませて腹はいっぱいだし、そこへ寒い冬、中ほどに六台ほど焚いているストーブで部屋がぬくもっているから、睡気がさすのも無理もありません。ことに話は少し難しかったので、ストーブの傍《かたわ》らから、次から次へと居眠りし出しました。話をする者にとって、居眠りされるほど困ることはありません。講師はみんなの眼を覚まさせようと大きな声を出します。しかし睡気がしだすともう止めようがありません。ハラハラするのは主任さんと私たちでした。ちょうど一時間くらいで話は終わりました。

次の話はある寺の住職の予定でしたが、何かの都合で来られないことになりました。それでにわかに、私に何か話せということになりました。しかし、私はやはり断りました。睡気がさした女工さんたちはもう寝かせたほうがよいのではと思ったからです。

ところが主任さんは是非にと、私の手を取って引っ張り出されました。主任さんは引き出そうとされるし、私はいやですと辞退するので、いささか騒がしくなりました。その騒ぎで女工さんたちは眼を覚ましました。そんな中、私はとうとうこの黒の筒袖《つつそで》のなりで、舞台の中央に立つことになったのです。すると、女工さんたちは、

『あれ、あのおこうこのおじさんだ』

などとささやきあって、みんな眼を丸くして私を見詰めていました。

〝おこうこの話〟

演壇に立った私は、『皆さん！』と呼びかけました。

『私はこうして人前に立って話をするより、社員食堂でおこうこを配っているほうがよいのですが、無理やりここに引っ張り出されてしまいました。私は難しいことはわからないので、おこうこの話をさせてください』と話を始めました。

『私が炊事場でおこうこを切っていると、炊事係の方が、

「もっとへたと先をたくさん切り落としてくれ」

と言われました。私はもったいないと思いながら、言われたとおりぜいたくな切り方をして出しました。おこうこの鉢が空になると、お代わりを取りに来られます。大抵は七、八切れ残してあるので、その上へ新しく盛っていると、それを見ていた炊事係の人が、

「残してあるおこうこは恰好が悪いか、皺《しわ》がよっているので残したのだから、みな捨ててしまい、新しいものを盛ってくれ」

と言われます。しかし、そんな盛り方ではやはりもったいないし、娘さんたちのためにもよくない、こんな贅沢な真似をさせていたら、娘さんたちがあとで困るのではないかと思いました。しかしまあ親方は鐘紡さんですから、言われるままにしました。

実はおこうこは皺がよったところのほうが味があり、葉っぱがついていない中のほうはあまりおいしくないのです。私は女工さんたちに語りかけました。

『あなたがたが郷里へ帰って、農家のお嫁さんになったとき、こんなもったいないことをしたら、

すぐに農家はつぶれてしまいます』
いつのまにか自分の娘でも叱るような気持ちになって話しました。聴いている女工さんたちの顔を見ると、どうやら一人も居眠りする娘もなく、みんな真剣に聴いてくれます。これなら大丈夫と安心して、さらに話を続けました。
『あなた方はまだお若い。どうか、どうか、どうか、自分の舌を大事にしてください。おこうこばかりでなく、一切がそうです。大事な舌がいつのまにか不自然な舌になり、贅沢な舌になってしまってはいけません。
社員食堂での待遇は会社の親切心からされているのであって、それにうっかり甘んじていると、とんでもないことになってしまいます。郷里に帰っても所帯持ちのよい女房になれず、家をつぶし、村を貧乏にする原因になるかもしれません。
私は雇い主の鐘紡のことを思って言っているのではなく、皆さんを自分の娘のように思って、心配のあまりこんなことを申し上げました。どうぞ許してください。私の話はこれでおしまいです』
そう言って壇を降り、もとの席に帰りました。すると主任さんが心配そうな顔をして、言われました。
『天香さん大変なことを言ってくれましたなあ。おこうこをけちけちしたと、女工たちが不平を言い出し、もし幾人でも会社を辞めたらどうしましょう。一人に何十円とかけて募集して採用したのに、えらいことを言ってくれたものです』

私はちょっとまずかったかなと思いましたが、まあ会社に対して不平を言うようなことはあるまい、大丈夫だろうと思い、主任さんには、『困りましたね、それで話したくなかったんですが……』とお詫びしました。

翌朝また前のとおり食堂に立ち、少し心配しながらおこうこ配りをしていました。すると女工さんたちは、おはようございますと明るく挨拶し、いつものように鉢を持って参ります。みんなニコニコしていて、会社を辞めそうな気分は見えません。それればかりか中には、またお話を聴かせてくださいと言う娘も何人かありました。

み仏のご加護

天香さんは次の講話のときにこう話しました。

『これが女学生なら理屈を言うかもしれませんが、まだ文明病にかかっていない田舎娘の純真な人たちだから、魂にピンと響いたのです。これなら真実の行いを見せて、真実の話をするなら、決して浮華軽佻《ふかけいちょう》に流れることはないでしょう』

話は手近いおこうこの話で、事は小さなことのようですが、この話を真っ正面で受け止め、聴いて喜んでくれる女工さんたちの気持ちは、純粋な日本娘のものだなと思いました。私はその純粋な心から産まれたものを国の礎《いしずえ》にしたいのです。

さあ、そろそろ私の話は最後になりました。皆さんは田舎で育ち、金のかかる学校には行かず、親元を離れ、一日中働いておられます。か弱い手で自給自足し、少しのおカネでも親元に送金するような真面目な生活をしておられ、まことにすばらしいことだと思います。

都会は華やかですが一面身を持ち崩しやすく、近代文明というものには、一生を誤まるような危なっかしいことがたくさんあります。にもかかわらず、それがよいもののように見えて、世の中はそのほうへ流れていっています。

しかし世の中はどうしたらよいかわからないほど行き詰まっており、生活の仕方を根本から元の日本流に返さなければならなくなっています。そして世間の人は、一燈園はそのことで相当役に立つのではないかとだんだん気づいて実行するようになりました。

何と言っても、一燈園はもう三十六年間、春休みも夏の休暇もなく、日曜や祭日の休みもなしにやって来ました。着物にしてもこの黒筒袖一枚着たきりで、帽子もかぶったこともありません。頼まれたことは何でもやり、給料をもらわなければ働かないというのではなく、心中は非常に愉快で、おまけに家族子どもも無事に育っています。そして私は体がいくつあっても足りないほど、忙しくしています。

八木工場長さんは一燈園と私をよく理解してくださっている方です。そしてまたあなた方に、もしも都会の贅沢をしみ込ませるようなことがあっては、あなた方にも、村にも、またこの国にも申し訳ないことになるという行き届いたご心配から、今度の六万行願を鐘紡の社宅と寄宿舎で実施されました。

それで先日から私ども一燈園はここに大勢寄せてもらって、鐘紡の社宅六百戸とあなた方三千五百人の寄宿舎のお便所を清めさせてもらいました。工場長や奥様、また社宅の方々、そしてあなた方にも、ともに祈っていただきましたことを非常に喜んでおります。

今日私はあなた方に肩を凝らさないよう、笑わせながら話を聴いてもらいました。でも心の内ではあなた方を拝んで話をしました。それはこの日本の国をすばらしく、また強く、世界から拝まれるような国にするには、あなた方に郷里に帰って、土に親しみ、働くことが楽しみであるような村や町にしてもらわなければならないからです。どうかご自分を大切にして、すばらしい働きをなさってください』」

これは天香さんが日常、どういうふうに人に影響を与え、その活動がどういうふうに広がっているか、如実に示してくれています。街頭におけるデモなどの示威行動で参加者が集団で叫ぶシュプレヒコールは目立つけれども、強要するものであることが多い。ここに天香さんの運動の違いがあるようです。

お寺の立て直し

天香さんの講話は頭でっかちの話ではありません。日々の生活をどう改善したらいいのか、具体的な参考になります。ある日の講話は、かつて西田家の檀那寺《だんなでら》だった浄土真宗大谷派来現寺《らいげんじ》の立て直しについてでした。その講話をここに再現しましょう。

昔の滋賀県東浅井郡竹生村《ちくぶ》（現在の長浜市竹生町）に来現寺というお寺があります。竹生村とは琵琶湖に浮かぶ竹生島があるところといえばわかる方も多いでしょう。私の家は来現寺の檀家ですが、私がこの生活に入ってからは、永代経もあげず、供養もせず、仏様は長持ちの底にしまったままになっていて、檀家らしい勤めもできません。しかしながら、先代のご住職、つまり先住《せんじゅう》はそれを諒解してくださっていました。その先住が亡くなる前、私に電報が来て、お会いしました。和尚さんはこんなことを打ち明けられました。

「私はまもなくお浄土詣りをさせてもらいます。それについては少しも迷いはありませんが、気がかりなことが一つあります。実は借金があるんです」

その借金はお寺の借金ではなく、自分の借金なんだそうで、娘を嫁入りさせるのに仕度金が要り、私人として檀家に立て替えてもらったそうです。その私的な借金を、仏様に供えられた金で

返すわけにはいかないので、私を電報で呼んで相談されたのでした。そこで私は、

「御院主《ごいん》さん、心配なさいますな、あとはどうなと引き受けます」

と申しあげ、先住は亡くなりました。後住《ごじゅう》は二十七歳で跡を継ぎました。一年が経ったころ、お寺の経済的破綻はどうにもならず、私のところへやって来て相談されました。私は先住に約束はしましたが、多額な借金を返すお金があるわけではありません。でもどうやったら借金を返せるかという方法は知っています。

「私が言うとおりやってもらえますか。死に切る決心をしてきましたか」

と質《ただ》すと、殊勝にも「はい」と申されました。

「では、まずきらびやかな住職の衣を脱ぎなさい、そしてこの引っ張りに着替え、一燈園の他の同人と同じように托鉢に出なさい」

そしてそのまま一燈園流の托鉢に出て、他家の雑用をしてもらいました。

それから三日後、竹生村から檀家総代の三人が私を訪ねてきました。

「ときに天香さん、若い住職はまじめでいい人なんですが、気が小さい人でして、借金を苦にして三日前から行方不明になっています。自殺しやしないかと心配していました。でも来しなに、住職さんがこちらに伺っていると聞いて安心しました。どこにおられますか」

「来られたのは確かですが、その日のうちに死んでもらいました」

「へぇ！　そりゃまたどうして？」

「びっくりせんでもよいがな、死に方が違う。それをあなたたちにここで説明したかて、わからんでしょうから、経緯は檀家総代の森幸太郎さん（前の農林大臣）に電話で話しておきます」

そして村の長老に言いました。

「寺は閉めさせました。もし住職を呼んで法事をしたいのであれば、一燈園《いっとうえん》から彼を行かせます。つまり住職を一燈園の托鉢者として派遣するということです。住職はすでに古い衣を脱いで、一燈園で修行しています。行き詰まった経済を立て直すには、一度脱皮しなければならないと思うからです。

住職はどこへでも作業着の引っ張りを着て行きます。もし住職の袈裟《けさ》を着てほしければ、檀家で用意してください。数珠も持たんならんなら、檀家が用意したらよい。一燈園は無一物です。住職には、法事の後で酒やごちそうが出るのはみんな断って、家人と同じ食事をいただくようにと言っています。法事がない日は野良へ手伝いに行き、檀家が夜なべするときは行って縄ないを手伝うように言い、若い住職は教えたとおりやりました。末娘が一人ありましたが、それも一燈園に来て托鉢しています。つまり寺の経費が一文も掛からないようにしました。

若い住職は托鉢先でお経を誦むこともあるそうです。路頭に出て十日経って、こんな葉書を書いて寄こしました。

「教えていただいたように、どうかこうかやらせてもろうています。夜なべに縄ないをいたしますと、二時間に一銭八厘になりました。今まではお布施をいただいても、ちょっと少ないなど不平に思ったりしたことがありましたが、今にしてもったいないことだったと反省しています」

生活が生まれ変わらないと、二時間で一銭八厘いただいたお金の尊さがわかりません。若いご住職は今までの生活ではとうてい持つことのできなかった心境を得たわけです。生活を変えないでいて、心境を変えることはできません。脱皮はそういう厳しい生活を通ることでできるのです。皆さんがおやりになった行願や路頭も、いっぺん裸になってやるからわかるのです。赤ん坊のようになって整理すれば、どんな面倒な問題でも簡単になります。

後住がどうにかやっているうちに先住の三年忌を迎えましたが、私は彼に法事を勤めさせませなんだ。すると檀家が主催して三年忌をすることになり、後住を拝招《はいしょう》して導師になってもらって無事勤めました。村の者も立ち直った後住をたいへん喜んでくれました。

檀家の人たちに供えられたお布施を指し、「これを借金の形《かた》に取ったら」と言うと、檀家の人たちはもったいないと辞退されました。

「和尚さんは、昼は野良仕事を手伝い、夜は縄ないまでしてくださり、随分村に刺激を与えてくださった。こんな和尚さんはどこにもいらっしゃいません。

村の若い者も感心しており、今ではすっかり変わって仕事に精出すようになりました。われわれの心も変わりました。どうしてこのお布施が借金の形に取れましょうか」

来現寺は再出発し、それ以来村の要として続いております。そのうちに嫁が来て、子どもも授かりました。和尚さんが百八十度回転したとき、村の青年たちも立ち直り、借金していたときより村がようなりました。和尚さんは行き詰まって寺を捨てて出たものの、捨て身の修行ができ、すっかり生まれ変わりました。すると檀家が和尚さんを迎えたくなり、村も寺もともに栄えるようになりました。これは整理の仕方、預かり方の一つの見本です。そのようにそっちも立てば、こっちも立つというやり方があるんですね――。

天香さんはこんな話をされ、自分たちが見過ごしていた点に気づかせてくださるので、みんな聴きに行きたがったのです。

浮浪者の救いとなった畑の小舎

昭和の初期、経済不況は深刻で巷《ちまた》には失業者があふれていました。国際政治は満州を巡って紛糾しており、六十歳になる天香さんも満州の立て直しに心を砕いていました。それで昭和七年（一九三二）の四月から六月にかけて、通算七回目になる満州講演托鉢をしました。

折から国際連盟が満州事変や満州国成立の実情を調査するためリットン調査団を派遣していま

した。天香さんの意図は、各国の政治的思惑から工作するのではなく、迂遠なようだけど、個々人の生活をつつましくすることで、ゆるぎない平和を構築しようということでした。

満州から京都に帰った天香さんは同人の境重蔵さんたちに、こう提案しました。

「世の中には無駄なものは一つもないというのが天の仕組みです。わしも六十年の人生経験でそれをつくづく感じている。とすれば、それを活かす工夫をするのが、人間の側の責務じゃないかと思う。今日はそれぞれが無駄だと思えることを探し出し、それを改善する知恵を絞ってみようじゃありませんか」

境さんとしても異論はありません。自分たちにできることを探してみようと思い立ち、手ぶらで通りを歩くのはもったいないので、いつものようにゴミ袋を持って京都の町に出ました。ゴミを拾いながら歩き、天香さんから与えられたテーマを考えました。ゴミを見つけてひょいと拾っていると、ゴミ袋はまたたく間にいっぱいになってしまいました。

三条大橋まで来ると、不況のあおりを食らって職を失い、橋の下に屯《たむろ》している人がたくさんいました。そこで、いっしょに園の風呂を焚いていた鈴木八重蔵さんに、あの人たちに何かできないか相談しました。風呂場の焚き口で二人の計画が練られました。

「光泉林に隣接した畑に小屋を造って、あの人たちの簡易宿泊所にしたらどうだろう」

「それはいいな。冬になると寒くって、外で寝るわけにはいかなくなるからね。いまある三畳の小屋に差し掛け小屋を造って拡張し、さらに何人か泊まれるようにしよう」

「それだったらもらっている廃材を利用できるし、費用もほとんどかからない。誰にも負担を掛けずにすむね」

風呂の焚き口から燃えている廃材の炎が二人の顔を赤々と照らしています。薪《たきぎ》をくべる八重蔵さんも新しいアイデアに燃えています。

「泊まってもらうとしたら、ご飯も差し上げなきゃならないよな」

「晩ご飯と、翌朝の朝食を出そう。夜懇談するとき、ぼくらの話を聞いてもらって、賛同してもらえるなら、翌朝いっしょにゴミ拾いに出たらどうだろう」

「それはよい考えだ！　ゴミ拾いはやる者を清々しくしてくれるもんね。あれをぜひ経験してもらいたい。そこで何かをつかんでもらえたら、立ち直りのきっかけになるかもしれない」

境さんはさっそく行動に移り、差し掛小屋ができあがりました。橋の下で寝ている人たちに声を掛けると、一人、二人と胡散臭い顔をしてやってきました。抹香《まっこう》臭い説教はご免だと顔に書いてあります。でももう十二月に入っていたので、寒さには勝てません。屋根の下で布団にくるまって寝られるんだったら上々です。

翌朝、境さんたちとゴミ拾いに出たルンペンがゴミ箱に合掌して拝んでいる境さんに驚いて訊きました。

「ゴミ箱って、ただの箱じゃないですか」

「ただの箱ですけど、立派に役割を果たしています。だから合掌して感謝しているんです」

そう答えて、境さんは汚れているゴミ箱を雑巾で拭きました。それを見ていて、ルンペンは驚嘆しました。

「そんなに丁寧に扱ってもらえたら、ゴミ箱もうれしいでしょうね」

「私がゴミ箱なら張り切って、もっとがんばるでしょう」

「一燈園はもののいのちを拝まれるんですね」

抹香臭い話ではなく、実際的なことだったから、ルンペンの心に響いたようでした。

一方、天香さんは十一月から十二月にかけて、満州に通算八回目の講演托鉢に出掛けました。満州の政情を安定させるためできるだけのことをしようと、心を砕いておられたのです。今年に入って二回目の講演托鉢をすませて、年も押し迫った十二月三十日、帰ってきました。年頭行願は毎年日本で行っていたので、これに合わせて帰国したのです。早速境さんが「畑の小舎」のことを報告し、利用者たちの反応を話すと、天香さんはとても喜び、

「明日、年末の路頭に立つから、そのときに訪ねよう」

と、照月さんといっしょに訪ねてきました。すっかり気に入った天香さんは年が明けた一月五日も、再び訪ねてきて一泊しました。

戦時中は一時中断していた畑の小舎は、戦後再び復活し、リヤカーを引いて豚の餌をもらいに、旅館や食堂、工場の寮などを回りました。市内に出るには途中に九条山の急坂を越さなければなりません。往復二十キロの道は残飯を積んだリヤカーは重くて大変です。

集めた残飯で豚や牛を飼育し、一時は豚九十六頭、牛五頭を飼育しました。参議院議員となり、八十歳近い歳になった天香さんは、京都に帰ってくると豚の餌集めに同行し、夜は「畑の小舎」に泊まりました。どこまでも頭が下がる生活をされていたので、「畑の小舎」は評判になり、京都新聞にも掲載され、一燈園の新たな顔になりました。「畑の小舎」は現在、のうけん（昔の農事研究所）に移築されて活用されています。

第六章

満州に置かれた捨て石

満州経営と満鉄

天香さんと満鉄の模索

明治三十八年（一九〇五）はロシア軍の旅順要塞陥落の朗報とともに明け、三月には奉天会戦で、乃木希典《のぎまれすけ》大将が率いた第三軍が大勝利を収めました。さらに五月に行われた日本海海戦で、東郷平八郎元帥はバルチック艦隊を撃滅し、日露戦争勝利を揺るぎないものとしました。

九月、アメリカのポーツマスで日露両国の間に講和条約が締結され、樺太の北緯五十度以南を日本領土とし、ロシアは満州の東清《とうしん》鉄道については長春以南を日本に譲渡しました。日本はこれをもとに南満州鉄道株式会社（満鉄）を作りました。日本は満鉄沿線に、五十万人、百万人と送り込み、日、満、漢、鮮、蒙《もう》の五族を協和させて、満州を建設しようとしました。その中心的な都会が奉天《ほうてん》（現瀋陽《しんよう》）です。

頭が痛い問題は、支那人、満人の間にある反日感情です。この感情をなだめない限り、満州経営はできません。そこで関東軍は満鉄沿線に広がる町々に天香さんの生き方を広めて五族を協和させ、治安を安定させようとしました。そのため、毎年秋から初冬にかけて、満鉄沿線の日本人の町々で講話してもらいました。

関東軍とは元々、日本がロシアから租借《そしゃく》権を受け継いだ関東州（遼東《りょうとう》半島の先端）の守備隊です。日本がロシアから東清鉄道の一部を譲渡されると、その沿線警備も行うようになりました。満鉄は単なる鉄道運営会社ではなく、満州を統治していた関東都督府と表裏一体となって、満州の開発を担っていました。

ところで天香さんは東京で、三菱合資会社の総理事を務めていた江口定條《さだえ》氏と、岡田虎二郎氏が主宰する静坐会で知り合い、意気投合しました。そのご縁で、照月《しょうげつ》さんや八田勝三さんも江口さんの家で托鉢するようになりました。江口氏は照月さんや八田さんの仕事ぶりを見て、いっそう一燈園に共感するようになりました。

その江口氏が南満州鉄道の副総裁に就任したのです。そこから急展開が起こり、江口副総裁は満州の日本人の教化活動に天香さんを招聘《しょうへい》しようと考えました。

また満鉄幹部の松園泉さんは『懺悔の生活』を読んで感銘を受け、異なる民族を融和させるには、自分から先に下坐に下りるという方法しかないと思いました。そこで天香さんを満鉄で招聘しようとしました。

それに満鉄社員の道正《どうしょう》安次郎さん、岩部成城さん、植田貢太郎《こうたろう》さんの三人が一燈園に共感して熱心に活動しており、すでに光友になっていました。だから天香さんを招聘しようという話は一気に具体化しました。また実業界の重鎮であり、天香さんとは二十年来の旧知の仲である大連倉庫の松村久兵衛《きゅうべえ》社長や、内田洋行の内田社長の熱心な推薦が満鉄幹部の心を動かしました。

松村社長や内田社長は外地で事業をしていて、五族が融和しなければ事業の遂行《すいこう》は難しいと痛感していました。満州では戦勝国の日本人が主人気分で満人をアゴで使い、反感を買ってしまうことが多々ありました。それだけに松村社長たちは天香さんの生き方でなければ、五族協和は達成できないと、一燈園的生き方を会社に導入し、自社を一燈園活動の拠点にしていました。

満鉄の早川千吉郎《はやかわせんきちろう》社長の決済を得ると、満鉄本社庶務部社会課と鉄道部庶務課は満鉄沿線の町々での巡回講演の企画に入りました。しかしながら天香さんのことをよく知らない企画担当者は、上司からの命令に対してあまり乗り気ではありません。

「活動写真（映画）や浪花節には人はよく集まるんですが、修養や抹香臭い講演には人はほとんど来ません」

過去の経験からして、人が集まらないだろうと心配したのです。ところが大正十四年（一九二五）九月から始まった天香さんの講演会はそれまでの講演会の常識を覆しました。どの講演でも聴衆は熱心に耳を傾け、天香さんの話はとてもためになると口コミで広がり、次の講演会には友達や家族を連れてきて、満員御礼となるのです。

参加した人々が大いに満足して帰っていくのを見て、企画担当者は確かな手応えを感じました。そこで各町村でよりいっそう細かな講演日程を組みました。

天香さんは壇上から講話をするのはあまり好みません。本当は家々で下様の仕事をしたいのですが、それではわずかの人々にしか接することができません。そこでやむなく壇上に立って講演しますが、その間、日本から同行した一燈園の若い人たちに、自分に代わって便所掃除や会場の周りの掃除をしてもらいます。そして講演後は、誰かがその町に残って奉仕を続けました。

天香さんに同行した人々は、谷野捨三《たにのすてぞう》さん、鈴木五郎さん、三上和志さん、山崎寿《とし》さん、峰岸《みねぎし》伍一《ごいち》さん、梶浦《かじうら》たねさん、中田晃《なかだあきら》さん、西田保太郎《やすたろう》さん、末広木魚《すえひろもくぎょ》さんなどで、そのまま満州に定着したり、翌年入れ替わったりして二十五人に及びました。

三上さんを帯同して満州へ

話は前後しますが、天香さんの満州托鉢で重要な役割を演じることになる三上和志さんのことを述べましょう。

大正十三年（一九二四）秋、三上さんが路頭での托鉢を続けていると、天香さんに呼び戻されました。そのまま托鉢を続けていたいと思いましたが、師の要請とあらば仕方がありません。鹿ヶ谷に戻ると、大変な使命を言い渡されました。天香さんの満州行きの先駆けとして、同人の鈴木五郎さんといっしょに朝鮮に行くようにとのことです。鈴木さんは朝鮮を通って新義州《しんぎしゅう》から鴨緑江《おうりょっこう》を渡って満州に入り、大連に直行するように指示されました。

一方、三上さんは李命錫《りめいしゃく》さんが大邱《たいきゅう》近郊の農村で運営している白鶴学園でしばらく托鉢し、その後大連で合流するようにとのことでした。

三上さんは日支の懸け橋となる使命を与えられ、武者ぶるいしました。京都・山崎ですでに路頭をしていたので、路頭では何が起こるか予想できます。たとえ窮したとしても最後は道が開けていくことを経験していたので、迷いはありませんでした。

明治四十三年（一九一〇）の日韓併合以来、日本は未開発地であった朝鮮を内地と同程度に引き上げようと、初等教育制度を整え、農地改革をして収益性を高め、道路、鉄道、港湾建設などに莫大な投資をしました。日本統治時代、鉄道は五千キロに及び、小学校は五百校足らずから、一面（村）一校を合言葉に建設の槌音が響き、三千七百校（約百七十万人）に達しました。日本国民の目は、建設の槌音が高い朝鮮からさらに満州に向けられました。

三上さんも与えられた命を存分に燃やすには、東アジアへの雄飛は欠かせないと思っており、天香さんに随行して、朝鮮、満州を自分の目で見てくることは得がたい機会だと思いました。

天香さん自身、関東大震災以来、国の柱とならんという自覚を新たにしたこともあり、相当な覚悟をして満州プロジェクトに取り組んでいました。日本の将来を考えると、満州経営は何としても成功させなければならないし、五族協和という念願達成は一燈園的生き方でなければ達成できないと確信していました。

三上さんは大邱での托鉢の後、北上して京城《けいじょう》に入りました。京城は表通りは南大門や景福宮、昌徳宮が整備され、近代的な都会に見えましたが、一歩裏通りに入ると道幅は八、九尺（約二メートル半）ぐらいしかなく、馬車がやっと通れるぐらいです。雨が降るとぬかるみになり、馬車は轍《わだち》に車輪を取られて立ち往生してしまいます。下水の設備がないので汚水が溜まり、それが腐って悪臭が鼻をつきます。

「大邱もひどかったが、京城という首都ですらこういうありさまだ。まだまだだな」

と、思わざるを得ませんでした。

日本人の居留地は南山北麓の泥峴《チンコゲ》にあり、地名のとおり低湿地です。ところがそこに排水工事を施し土地を改良し、そこに商店街を作って町を一変させました。現在ソウルを代表する繁華街となった忠武路《チュムノ》と呼ばれる本町、明洞《ミョンドン》と呼ばれる明治町はそうしてできた町です。

その日本人街には三越、丁子屋《ちょうじや》、三中井《みなかい》といった百貨店が進出し、ホテルやレストラン、カフェ、映画館が次々とでき、モダンガール、モダンボーイが闊歩して、京城を代表する繁華街になりました。京城を百万都市に発展させた日本人の力量には驚かざるを得ません。日本人の流入によって、停滞していた儒教社会が活性化していきました。

天香さん自身は大正十四年（一九二五）九月十三日、神戸から香港丸に乗船し、十六日に大連に上陸しました。三上さんも天香さんに合流し、大連から満鉄沿線を北上するように、旅順《りょじゅん》、営《えい》口《こう》、大石橋《だいせっきょう》、遼陽《りょうよう》などの大都市の他、駅がある中間の町で講演し、満州最大の都市奉天では三十四日間滞在して連日講演しました。ある町では活動写真（映画）の興行とぶつかりましたが、天香さんの講演のほうに人が集まり、活動写真の興行は中止になったこともありました。

その後、比較的大きい町である鉄嶺《てつれい》、四平街《しへいがい》とその中間にある町を巡行して長春に滞在、さらに長駆して北満のハルピンの公会堂で講演し、ここでも満堂の盛況でした。こうして満州での講演は百回を数えました。

満州が終わると、引き続き朝鮮での講演が始まりました。ギリシャ、ユーゴスラビアなどを擁するバルカン半島は政情が不安定で、長らく西洋の火薬庫と呼ばれていましたが、それに負けず劣らず「東洋のバルカン半島」と呼ばれて不安定だったのが朝鮮半島でした。

天香さんの巡回講演は、天香さんに言わせると「大地の底つ根の神」に呼ばれて行われます。朝鮮では定州を皮切りに、平壌（二泊）、鎮南浦《ちんなんぽ》、京城、そして東北辺境の元山、咸興《かんこう》を回って再び京城に戻り、仁川、大田、群山、木浦、全州、光州と回り、再び大田に引き返し、大邱をすませ、釜山で十二月十四日、最終回の講演をして、朝鮮における四十四回の巡回講演を終えました。聴衆は三ヶ月あまりで、満州、朝鮮合わせて五万人、一日平均五百五十人を下りませんでした。

この巡回講演の多さを見ると、満鉄が本気だったことがわかります。一回や二回の文化講演会ではなく、連日連夜合計百回もの講演会を開いて、下坐に生きる生き方を広げることによって、治安を安定させようとしました。表面上の治安だったら、警察や関東軍に頼って強権的にやればいいのでしょうが、そうではなく、「満人や朝鮮人の下に下りて使用人のように仕えなければ、真の和解は成立しない」という天香さんの信念を満鉄が受け入れ、実践しようとしていたからに他なりません。

金州開拓村のモデル燈影荘

金州の愛川村は軍政時代最後の福島安正《ふくしまやすまさ》関東都督の肝煎《きもい》りで三十五戸の日本農家が移民した村です。愛川村は鳴り物入りで始まったものの、日本人と満人の折り合いがつかず、離農者が相次ぎ苦労していました。そこで西山茂《にしやましげる》金州民政署長は天香さんにテコ入れを要請し、天香さんはそれに応えて山崎寿さん、峰岸伍一さん、中田晃さんの三人を派遣しました。

支那人や満人と同じ粗衣粗食で働く山崎さんや同人たちに、先んじて入植した日本人農家は反発し、山崎さんたちは撤退せざるを得なくなりました。山崎さんと峰岸さんは新たに、同じ地域の大魏家屯《だいぎがとん》の百町歩の土地を譲り受け、開拓に取り組みました。これが燈影荘《とうえいそう》と呼ばれた開拓拠点です。

燈影荘は山崎さん、峰岸さん、そしてその後に加わった中田さんによって、はげ山同然だった荒れた土地に、花に蜜が多いニセアカシヤやイタチハギを植林し、それによって養蜂が始まり、見事な農場に変わっていきました。

それ以上に嬉しいのは、付近の満人たちが自分たちを見くびらない山崎さんたちを「廟《ミョウ》さん」（お坊さん）と呼んで慕うようになったのです。そこで江口満鉄副総裁は日本人と満人が睦まじく働いていて、五族協和の実が挙がりつつある燈影荘の実際を見ようと視察に訪れました。満州を統治する為政者たちにとって、一燈園的生き方は問題解決の糸口ではないかと見えたのです。

燈影荘の一部始終は拙著『はだしの聖者　満州の二宮尊徳といわれた山崎寿の物語』（致知《ちち》出版社）に詳しく書いているので、ご参照ください。

日清日露戦争とアジア情勢

ところで朝鮮は相も変わらず、宗主国の清の顔色をうかがってばかりいる勢力や、ロシアをバックに自分の意志をとおそうとするグループや、日本によって国を建て直そうとする革新グループの三者が入り乱れて抗争をくり返していました。日清戦争に勝利した日本は、清が数百年もの間、属国としていた朝鮮から手を引かせ、朝鮮を独立国としました。

日本が清との戦争で勝利したので、それまで清がアジアで最強国だと思っていた欧米列強は衝撃を受けました。特に衝撃を受けたのは、アヘン戦争以来、清を蚕食《さんしょく》していたイギリスと、東アジアに勢力を拡大しようとしていたロシア、そしてスペインとの戦争に勝ってフィリピンとグアムを入手したアメリカの三ヶ国でした。この米英露三ヶ国が東アジアでの争奪戦を繰り広げており、その主戦場が最後の空白地帯である満州と朝鮮でした。

日本にとって日清日露戦争には南下するロシアを食い止めるという大義がありました。イギリス、アメリカ両国にとってもロシアが朝鮮半島へ勢力を拡大することは好ましくなく、その点において日本と利害が一致していました。

つまり、日清戦争における日本の勝利を、イギリス、アメリカは好意的に受け止め、ロシアは反感を持っていました。そこでロシアは北支に権益を持っていたドイツとフランスを巻き込んで、日本に三国干渉をしてきました。つまり日本が日清戦争で得た遼東半島の領有権を放棄するよう求め、放棄しない場合は、交戦も辞さないと迫ったのです。

遼東半島はロシアの南下を食い止めるためには地理的に重要な地域です。この脅しに屈してしまうと、日清戦争の苦労がまったく無駄になってしまいます。しかし、日本にはこの三ヶ国と交戦するだけの国力がなかったので、泣く泣く遼東半島を放棄し、清に返還しました。

ところがロシアは清に対し、遼東半島を日本から返還させてやったと恩を着せ、その遼東半島南端の旅順と大連を清から租借するという名目で手に入れました。さらには朝鮮半島のすぐ北に隣接する沿海州にロシア軍を配備し、釜山の沖合にある影島《ヨンド》の永久租借を要求してきました。ここに至って日本の屈辱感と危機感はピークに達しました。

植民地争奪戦を常にリードしてきたイギリスは東アジアにおけるロシアの拡大を阻止しようと

していました。しかしイギリスはロシアと直接戦う余裕はなかったので、自国の兵を矢弾《やだま》に晒《さら》すことなく、どこかの国とロシアを戦わせて阻止しようとしました。つまり利害の一致する日本をロシアと戦わせて自国の権益を守ろうとしたのです。

そこで一九〇二年（明治三十五）、日英同盟を締結し、二年後の一九〇四年（明治三十七）、日本はロシアに宣戦布告しました。これは日本にとって賭け以外の何物でもない戦いでした。ロシアの国力は清とは比べ物にならないほど強大で、英米に勝るとも劣らない国力を持っていました。だからどの国も日本が勝てるはずがないと思っていました。しかし日本は十億円の戦費と四十万人の人的犠牲の末に、この戦争に勝利しました。

日本がロシアを打ち負かしたこの戦争は、世界中の有色人種を狂喜させました。産業革命以来、圧倒的な軍事力を持った白人の欧米列強は世界をほしいままに蹂躙《じゅうりん》し、アジア、アフリカ、中東諸国を植民地にしていきました。

アジア諸国はようやく産業が興り、追いつき、追い越せというムードになったのに、先進諸国との格差は開くばかりで、新興諸国の中には、このまま永久に追いつけないのじゃないかという悲観論や、発展途上国は白人諸国に永遠に従属するしかないのかという諦めムードすらあったのです。

だから黄色人種の日本が白人国家のロシアを破ったというニュースが世界を駆け巡り、狂喜しました。白人の中には、黄色人種が白人に勝ったのはジンギス・ハーン以来だと、真剣に黄禍論を心配するむきもありました。日本が大国ロシアの野望をくじいたのは、まさに新時代の幕開きでした。それほどに日本が満州経営に乗り出したのは世界史的事件だったのです。

満州に置かれた捨て石

大正の末期というと、満州では軍閥の張作霖《ちょうさくりん》が華やかなりし頃で、奉天市内は、城内、商埠地《しょうふち》、日本附属地と三つに分かれていました。日露戦争で日本がロシアを破ったことから、満鉄沿線は日本に帰属するようになりました。しかし当の清としてみれば、自国の頭越しに日本に委譲されたわけなので、たまったものではありません。当然、抗日運動が起き、「大連を返せ！」「旅順を戻せ！」という声が燃えあがりました。

満人の反感は強く、日本は大連から長春までの満鉄沿線の帯のように長い区域から一歩も外に出ることができませんでした。満人が主権を持っている城内と日本の附属地の間は不穏な空気が立ち込めていました。

夜の十時過ぎは、日本人は危なくて城内の一人歩きはできません。城内の暗い横町で、日本人が行方不明になったとか、日本人女性が強姦されたとか、不穏な事件が後を絶ちません。

天香さんが反日の嵐が吹き荒れている奉天に下車してから何か考え事をされていることは、三上さんも感じていました。ただそれが何なのかはわかりません。おそらくどうしたら日満の和解が取りつけられるか、そしてその難事を誰に託すべきか考えておられたのです。

そんなある日、天香さんは満鉄の佐藤俊久《さとうとしひさ》鉄道事務所長と会いました。公式的な挨拶が終わると、佐藤所長はソファに座り直して、真剣な面持ちで語りかけました。

「折り入って相談があります。満鉄現場に一ヶ所でもいいから、日満が和解し、協力し合う理想的な職場を作ってみたいのです。その和解を取りつけるために、捨て身になって托鉢してくれる一燈園の人を一人貸していただけませんか」

反日の嵐の中で、日本人や満人の職員を指揮して鉄道事業を推進していくことは、簡単ではありません。佐藤所長の苦労を少しでも肩代わりしたいと思った天香さんは、言葉少なに答えました。

「お力になれたら幸いです。誰が適任か、少し考えさせてください」

天香さんは随行者には何も言わず、独り思案していました。

満州を託す柱

（これは満鉄の一機関区の托鉢に終わらない。いや終わらせてはいけない。改革は一機関区から始まり、その炎は全満鉄から全満州に及び、五族が協和し合う満州を建設することになる。国家をも包み込むことになるこの改革の柱に、誰を立てたらいいか……。

もちろん一切の責任者は自分であり、その重責は重々自覚しているが、現地で誰かが柱にならなければいけない。それだけのスケールがあり、芯のある人物は誰かと絞り込んでいくと、三上和志に行きついてしまう。この同人と満州の経綸《けいりん》に取り組んでみるか……）

天香さんの思案はだんだん三上さんに絞り込まれていきました。

何も聞かされていない三上さんは、このまま随行を続け、いっしょに京都に帰るものだとばかり思っていました。天香さんはいつも同人が知らない間に汽車の切符を用意しておられるので、切符についても今回もそうだろうと思っていたのです。

ところが乗車間際になって天香さんは三上さんを呼びました。見送りに来られた方々と談笑をしていた三上さんは何事かと思って駆けつけると、大変なことを切り出されました。

「いろいろ考えていたんだが、やっと決めました。抗日運動が激しい奉天で、自らの身を捧げて日支和解のために誰かが念じ行じなければいけない。ご苦労だが、三上さん、あなたはこのままここに残って、路頭から行ずるつもりでやってみなさい」

そして見送りに来ている背の高い人を呼び寄せて紹介しました。

「よほど困ったときは、この人に相談しなさい。この人はここの中学校の先生で江部易開《えべやすひら》さんとおっしゃいます。あなたのことは満鉄の佐藤所長に話してあります。満鉄の嘱託として、五族が協和し合う職場を作り出してください」

三上さんはあまりの突然のことなのですっかり狼狽《ろうばい》してしまいました。

「エッ？　ハ、ハイ」

と返事したものの、考えがまとまりません。そうこうしているうちに、天香さんが乗り込んだ汽車は三上さんを駅に残し、安奉線を南のほうへスピードを上げて去っていきました。三上さんは列車を見送りながら、泣き出したいような気持ちになりました。心の準備ができないうちに、満州に置かれた捨て石として置き去られたような気持ちでした。

洗いざらしの黒い筒袖を着た三上さんが持っているものは、一枚の着替えと洗面道具と、一、二冊の雑記帳を入れた風呂敷包みだけです。懐の財布にはわずか三十幾銭が笑っていました。

しかし一燈園ではこんなことは珍しいことではありません。いつも天香さんは突然こんなふうに切り出されます。まるで禅の公案のように、です。お光から受けて自分の中で吟味し、新たな計画を打ち出されます。それを素直に受けて実行に移すのが一燈園のやり方です。

このようにして三上さんの大陸路頭は奉天駅の安奉線のホームから始まりました。

「ともかく一度私の宅《いえ》までいらっしゃいませんか」

と江部先生に誘われ、平安通りにある満鉄社宅の青い屋根の家について行きました。江部先生の家は大きな木に囲まれており、その二階の一室に宿をいただきました。江部先生の兄は著名な仏教学者の江部鴨村《おうそん》大谷大学教授で、江部先生は江部教授と同じように宗教心に富んだ人でした。若い三上さんを天香さんの弟子であるというだけで迎えてくださいました。

三上さんは江部先生の家から満鉄の奉天機関区に托鉢に行き、夜は江部先生の家に帰って子どもたちの勉強を見、炊事場や風呂場で奉仕します。

その夜、三上さんはまんじりともせず考えました。

(なぜ、自分はあんなに狼狽してしまったのだろうか。満州各地で講演托鉢をするとき、随行者の働きを見ながら、誰がその適任か見ておられたに違いない。だとしたら、随行員として仕えながら日満の和解を取りつける者として心の準備をしておくべきだった。それができていなかったからあんなに狼狽したのだ。あのとき天香さんは私の狼狽を見て、

「おいおい、三上さん、しっかりしてくれよ。まだあんたの心の準備はできていなかったのか。しっかり頼むよ」

と思われたに違いない。ああ、私は天香さんと同じ覚悟で、日満の和解に臨んでいなかったのだ!)

そして部屋の壁にしつらえた床の間に飾ってある円相《えんそう》に手を合わせて祈りました。

——これからは師と同じ覚悟で、日満の問題に取り組ませてください。

戸外では野良犬がどこか遠くで、

ワ、ワォーン。
と遠吠えをしました。それに呼応して町のあちこちから遠吠えが上がりました。こうして奉天の夜は深々と更けていきました。

奉天機関区と三上さんの托鉢

奉天機関区での托鉢

後になって、佐藤所長が天香さんに依頼したので、三上さんに白羽の矢が立ち、奉天機関区で托鉢するようになったという経緯を知り、三上さんは発奮しました。それなら所長の片腕となって事務所で働くより、現場で下坐に下りて黙々と働き、率先垂範の実践者となろうと考えました。目に留まったのは機関車の下のアッシュパン（灰受け皿）です。その清掃は機関車の下のピットに潜り込んで、中腰になって機関車の火落としから火掻き棒で灰を掻き落とす熱い仕事で、頭も顔も灰まみれで真っ黒になります。それに灰にまみれた空気を吸うので極めて不衛生で、アッシュパンの清掃係は肺をやられてみな青い顔をしています。これが満人に押しつけられている最も下等な仕事です。

機関車が一仕事終って機関区に帰ってくると、油と埃《ほこり》だらけになります。貨車に牛馬を乗せるとその糞で臭気芬々《ふんぷん》たるものになり、冬だとそれが凍ってしまいカチカチになります。そんな機関車を洗う仕事は大変な作業です。油と埃がねっちりと固まったものは、なかなか掃除しにくく、それを乗務員練習生である日本人機手が満人や支那人の常役夫を指揮して掃除します。一巡して国安進《くにやすすすむ》機関区長室に帰ると、

「一番の下坐からやりたいので、アッシュパンの仕事をさせていただけませんか」

と申し出ました。ところが国安機関区長も他の職員も口々に反対しました。

「あの仕事はいけません。日本人の体面に関わります。日本人のくせにこんなことをしているとは、よほどつまらん奴だろうと見下されてしまいます。だから今まで日本人にやらせたことはありません」

「しかし最下位から始めたいし、私はつまらん奴と思われても全然かまいません」

「あなたはかまわないかもしれませんが、日本人全体の体面に関わります」

語るに落ちたと言えます。日本人は下等な仕事や汚れる仕事はしないという変なプライドから、それらを満人に押しつけていたのです。これでは満人から嫌われるわけです。

「じゃあ機関車の掃除をさせていただけませんか」

「それだったらよろしいでしょう。日本人の機手もいることですから、一つ機手といっしょになってやってください」

と許可が出ました。三上さんの給料は服巻安治《ふくまきやすじ》運転主任が印鑑を預かって受け取り、関東庁から頼まれて一燈園が運営している金州の農場・燈影荘《とうえいそう》に送られることになりました。三上さんは報酬は受け取らないので、それが燈影荘の経済的支援にあてられました。

満人に「廟さん」と呼ばれる

機関車の掃除は四人の満人に一人の日本人機手がついて行います。機関車の振り当てはすべて江島掃除監督がしており、三上さんも四人の満人を預けられて掃除しました。

日本人機手は、満人が思うように働かないとすぐ殴ります。中には鉄棒で殴り、頭から血を流す騒動さえ引き起こしています。殴る理由も働かないからだけではありません。言葉が通じないとイライラして殴ります。満人にしてみたら心外で、腹立たしく思います。

日本人は、満人は殴らないと働かないと決めてかかっているので、満人を殴らない日本人は珍しいくらいです。またあまり日本人が殴るので、満人は殴らないと働かないようにもなっていました。

ところが日本人機手の中には、ずる賢くサボる者もいました。満人に働かせて自分は機関車の上で、悠々と煙草を吸っている横着者もいます。中には江島掃除監督に見つけられて怒鳴られるのを恐れて、機関車の下のピットの中に隠れて、いかにも掃除しているかのように、レバーにこびりついた油ゴミをたたき落とす音を時折カンカンとさせながら、実際は煙草をふかしてサボっている要領のよいのもいました。

こうした日本人に限って満人をよく殴り、働け働けと言って追いまわします。だから満人は「お前はどうなんだ。サボっていないのか」と言い返したいけれども、言い返せばまた殴られるので黙っています。だから内心は悔しくてなりません。

ところが今度新しく来た三上さんは一度も殴りません。殴らないだけでなく、自分から率先して働き、満人にも合掌し、いたわってくれます。それで三上さんを次第に「廟《ミョウ》さん」と呼ぶようになりました。

「廟さん」というのは「お坊さん」というような意味です。満州や支那の寺や孔子廟などは「廟」といいます。したがって「廟さん」はその廟の僧侶という意味で、転じて文字を知っている学のある人、正直な人、心のやさしい人という意味もあります。

朝会うと、笑みを浮かべて、「廟さん、おはよう」と挨拶し、帰りがけには、「廟さん、再見《ツァイチェン》」と言って帰っていきます。

だから満人はみんな三上さんの組に入りたがりました。三上さんの組になった満人はよく働きました。三上さんの組が掃除し終わった機関車の台数は、他の組より一台多いのみでなく、仕上がりが実に丁寧で、きれいだと評判でした。

突然の暴行

昭和三年（一九二八）十二月、厳冬の奉天の午後、厳しい吹雪が横なぐりに吹きつけていました。三上さんは奉天城内にある千代田第一小学校の母の会での講話が終わって帰ろうとしていました。吹雪が激しいので母の会の役員が自動車で送りますと言うのを固辞しました。

向かい風の吹雪をマフラーで耳と鼻を覆って避け、体をかばいながら歩いていました。しかし和服なので裾は洋服のようにはきちっと閉まらず、股の間に入ってくる寒気は尋常ではありません。やはり和服というのは日本のような温暖な土地に適応して発達したもので、真冬は零下二、三十度に下がるのは普通だという満州の極寒には通用しません。

やがて城内と新市街の境に来ました。一方は支那警察が、一方は日本警察が交通整理をしています。時々自動車が乾ききった雪をはね飛ばして走っていきます。三上さんは支那巡警が着ている綿入れの制服がぶくぶくふくれて面白いので、それを見ながら行き過ぎようとして、突然人にぶつかってしまいました。ハッとして見ると、背の高い支那人が怒っています。彼は向かい風の雪に吹きつけられて歩いていたので、三上さんがよく見えなかったのです。

しまった！　と思ったものの、もう遅い。よそ見していた三上さんに落ち度がありました。すみませんでしたと謝ろうとしましたが、支那語ができません。仕方がないので黙って腰をかがめ、お詫びしました。ところが下げた頭を持ち上げた途端、その支那人は三上さんの左の頬を力まかせに殴りました。冷え切っていた頬は痺《しび》れるほど痛かった。でもよそ見をしていてぶつかったほうが悪いので、三上さんは再び頭を下げてお詫びしました。

ところがまた鉄拳が右の頬へ飛んできました。その勢いで三上さんは吹っ飛びそうになり、かろうじて体を支えました。普通だったら屈辱を覚え、怒りがむらむらと湧いてきてもおかしくないところでしたが、三上さんの気持ちは不思議に澄み切っていて、重ねて頭を低く垂れてお詫びしました。

ところが三度目の鉄拳が左の頬に炸裂しました。今度は頭の芯まで痺れました。それでも三上さんは重ねて丁寧に頭を下げました。その支那人はようやく気がすんだようです。もう立ち去っても大丈夫だと判断した三上さんは、小腰をかがめて、

「謝々《シエシエ》」（ありがとう）

と言いました。三上さんは支那人と日本人の小さないさかいが大きな争いにならず、ひとまず解消できたことがうれしかったのです。

（一燈園らしい解決ができてよかった。これもお光のお陰だ）

と思うと、心が晴れ晴れしました。

もしすべての日本人があなたのようであったら……

三上さんは頼まれてきた『十六夜日記《いざよい》』の新版を買うために、大和区春日町の奉天大阪屋号書店に立ち寄りました。ちょうど夕食どきのためか書店には人が少なく、本棚をあちこち探していると、入り口の辺りから、さっきの男が下手な日本語で、

「もしあなた、もしもしあなた……」

と、三上さんを呼んでいます。書店の入り口が半分開きかけ、寒い風が吹き込んできます。さっきは気がつきませんでしたが、上品な服装をしています。

「何か用事ですか？」

と、心持ち不安を抱きつつ、入り口に戻りました。するとその支那人は下手な日本語で話しかけてきました。

「あなたの言葉の使い方、ちょっと違っています」

「ハァ？　おっしゃっている意味がよくわかりません……」

「私は三回も殴ったのに、あなたはありがとうと言ってお辞儀しました」

「ぶつかってしまい、申し訳なかったので……」

「そのことで、私、あなたに話あります。そこまでついてきてくれますか？」

三上さんはもう一度殴られるのかと思い、仕方なくついていきました。支那人は書店の裏手の、

人通りの少ない学校の前に連れていきました。三上さんは観念して、支那人の前に立ちました。ところが彼はいつまで経っても殴ろうとはせず、つっかえながら訊ねました。

「あなた、クリスチャンですか？」

と、妙なことを訊きました。

「イイエ。尊敬はしていますが、信者ではありません」

「では、あなた、聖書を読んだこと、ありますか」

「もちろんあります。とても教えられました」

「私、あなたを殴ったのに、あなた、ありがとうと礼を言い、黙って去っていきました。私、あなたの態度に大変心を打たれました」

彼は思いがけないことを言いました。

「殴って気がすむのなら、殴ってくださったほうがいい。〝謝謝〟は私のお礼の気持ちです」

「殴った人にお礼を言うの？　とてもできないことです」

と言いながら、支那服の懐から一冊の本を取り出しました。

「この横に書いてある日本語訳が読めますか」

示された箇所を見ると、日本語を練習している人らしく、ひらがなで「左の頬を打つ者あらば、右の頬をも廻らせ、上着を取る者あらば、下着をも与えよ」と、日本語訳が書いてあります。

「あなたはこの聖句を思い浮かべて、殴られたのに感謝したのですか……」

「別段この聖句を思ったのではありませんが、かねてからそうありたいと思っています。なかなかできませんが……」

　すると彼は聖書を閉じて懐にしまいながら言いました。

「許してください、私はクリスチャンです。クリスチャンの私があなたを殴り、クリスチャンでないあなたから感謝されるとは、恥ずかしい限りです。私は口先だけのクリスチャンでした」

　そうお詫びして、その日の午後、起きた悔しい出来事を打ち明けました。

「実は今日私は、ある日本人の家へ遊びに行きました。そこでこのごろの日支関係のことで口論になり、私が言い負かされ、とても悔しい思いをしました。帰り道、日本人がみんな憎らしく、むかむかしながら歩いていると、あなたがぶつかってきたのです。この野郎と思って、思わず殴ってしまいました」

　プライドの高い支那人には珍しく、頭を下げました。それを聞いて三上さんは申し訳なく思いました。

「私の同胞があなたを傷つけるようなことをしてしまい、申し訳ありません、どうぞ、許してください」

　三上さんが同胞の非を詫びたのがショックだったようで、彼の目に見る見るうちに大粒の涙がたまり、頬を伝いました。それを拭おうともせず、震える手で三上さんの手を握りました。何か言いたげに唇が動き、やがて涙声で言いました。

「もし……、もし日本人がみんなあなたのようであったら……日支問題はもっと簡単にいくのでしょうが……」

三上さんは申し訳ありませんと詫びるしかありません。他人の家に土足で上がり込み、乱暴狼藉を働いている日本人は厚かましい限りです。別れ際に名を聞くと「朴《ボク》と申します」と言い、再会を約して別れました。

朴さんと別れると三上さんは、雪空から二人を見下ろしていたに違いない天香さんを振り仰いで話しかけました。雪は真っ暗な虚空から、次から次へと降ってきます。

「天香さん、私を満州に送ってくださってありがとうございます。朴さんは私を殴って気が晴れたし、私はお光のこのやり方が日支のわだかまりを解く道なんだと確信しました。

私は奉天の十字街頭上に、日支両国の赤裸々な角逐を見ます。でも、今日の出来事を通してお光が日支問題の解決策はここにあると鮮やかに示された思いがします。自分の感情を捨て去って奉仕することによって、人の心は間違いなく解けていくことを、お光は見事に示してくださいました。自分の体を低きに置く以外に、民族間の問題が解けることはないんですね」

三上さんは雪に覆われた大地を踏みしめる自分の足に力が入ったような気がしました。

台湾、ハワイへと広がった講演托鉢

台湾講演に着手

朝鮮半島を巡って、明治二十七年（一八九四）七月から明治二十八年（一八九五）三月にかけて戦われた日本と清の戦争は日本の勝利で終わりました。その結果、朝鮮の清からの独立、遼東半島、台湾の割譲がなされました。しかし、日本の国会では、まだまったくの未開発地域だった台湾の取得はかえってお荷物だから、台湾をほしがっているフランスに一億円で売却したらどうだろうという案も出されるような状態でした。

しかし、台湾の道路、水利、ダム建設、港湾などを整備し、内地と同じように利益を生み出す地域として開発することになり、初年度から日本の国家予算の十分の一を投じて開発が行われました。その結果、サトウキビを原料とする製糖産業が軌道に乗り、莫大な利益を産み出すようになりました。

産業の勃興期に入った台湾の台中市で弁護士を開業している松本安蔵さんから天香さんに、台湾全島四十五ヶ所で巡回講演してほしいと依頼が来ました。かねがね天香さんを尊敬していた松本さんは一燈園を訪ねて天香さんに面会し、帰国後は、台中市に小一燈園を作って活動していました。そして天香さんに同人を派遣してほしいと要請し、草場俊男さん、松下吉衛さんの弟である松下勝郎さんら四名が派遣されて活動していました。彼らの活動の実が挙がったので、そこで台湾総督府に働きかけ、さらに天香さん自身の巡回講演を依頼してきました。

天香さんは大正十三年（一九二四）四月十日、息子の保太郎さん以下三名を連れて台湾を訪れ、四十五日間で七十回の講演托鉢をしました。天香さんが講演をしている間、例によって保太郎さんたちが天香さんに代わって会場の便所掃除に汗を流しました。同人たちによって黙々と行われる便所掃除は、天香さんがやってきたことを淡々と語る講演と相まって、居並ぶ聴衆の心を打ちました。だから当初四十五回の講演の予定だったものが、予定をはるかに超えて七十回になりました。

ハワイ講演に呼ばれる

天香さんが台湾から帰国すると、待ちかねたように、八月二十六日、早稲田大学の中桐教授が天香さんを同道して、折から奈良を訪ねていたイェール大学のアレン・ジョンソン教授を訪ねました。ジョンソン教授は同大学で教鞭を執っていた朝河貫一《あさかわかんいち》教授から天香さんのことを聞いて関心を抱き、東京大学などに講義に呼ばれた折、二、三度、京都を訪ね、天香さんと歓談していました。天香さんの話を聴くたび、自分は弁舌の徒、口頭の輩《やから》に過ぎないと反省の念しきりです。

一方、朝河教授は天香さんの著作をアメリカで出版すべく、何度か書翰をやり取りし、アメリカへの招聘を進めていました。

天香さんは積極的に宣伝する人ではありません。呼ばれたら訪ねていくという受け身の人です。しかしながら天は関東大震災に対応した天香さんの姿勢を書き著した「ざんげといのり」と「禍《わざわい》を転じて福と為す三重の願い」を評価し、この人物を用いて世界の経綸を任せようと思われたようです。

大正十五年（一九二六）七月、二度目の満州講演托鉢から帰国した天香さんは休む間もなく、八月七日から照月さんを伴って横浜から大洋丸に乗船し、ハワイとカリフォルニア州への講演托鉢に出ました。天香さんをハワイに招聘したのは、ホノルルで『実業之布哇《ホノルル》』を発行している当《とう》山哲夫《やまてつお》社長です。

当山社長は沖縄県の出身で、砂糖労働者から身を起こし、ついに雑誌刊行者になった立志伝中の人です。当山社長は五年前、すなわち『懺悔の生活』が出版された大正十年（一九二一）にこれを読み、天香さんに惚れ込んで京都を訪ねて懇談しています。その後、三年越しでホノルルに招聘し、やっと実現しました。それまで救世軍やキリスト教社会運動家の賀川豊彦氏も招聘しています。

そのころ、アメリカは排日の嵐に見舞われており、大正十三年（一九二四）には排日移民法が成立し、日系および邦人十二万人は肩身の狭い思いをしていました。天香さんがハワイ、およびカリフォルニアへの招聘を受けた理由の一つに、意気消沈している日系および邦人を励ますことが含まれていました。

天香さんはさっそく船上で甲板や喫煙室の掃除を始め、しまいには船客に講演を依頼されるようになりました。ホノルルでは実業之布哇社での講演の後、日本人病院の地下室に放置されていたベッドで寝泊まりし、そこから邦人宅へ托鉢に出かけました。下坐に下りてかいがいしく掃除する天香さんの生活は人々に感銘を与え、それがきっかけとなって個人や有志団体から講話を頼まれ、滞在期間中に十七回の講話を行いました。

八月三十日の汎太平洋同盟主催による講演は、それまでの邦人向けの講話と違い、アメリカ人向けの講演で、三百名あまりが耳を傾けました。

「日本人にもいい人もあれば、よからぬ人もあります。アメリカ人もそれは同じでしょう。問題はよい人同士が連携し、手を結びあってよからぬ人に懺悔し、罪を分かち合うことです」

天香さんが説く「心根のよい人がよからぬ人に懺悔し、その罪を自分たちが被りましょう」という提案はキリスト教徒が多いアメリカ人にも斬新に響き、共鳴する人々の輪が広がりました。

ある日、天香さんが起居している病院の地下室に、本多鶴之助という青年が訪ねてきました。話を聴いてみると、ギャンブル依存症になっていて、一日働いては二、三日博打に明け暮れる生活をしていました。ところが天香さんの講話を聴いて感じ入り、まず家主さんの庭を掃除しました。金儲けのためではない仕事は心地よく、丁寧な掃除ができました。

するど家賃が滞っていたにもかかわらず、家主がランチに招待してくれたのです。家賃を催促に来たときの大家さんの小憎らしい顔と、ランチを食べてくれと、無理やり本多さんを連れていかれるときのやさしい顔はまるで違っていました。

そこで天香さんに弟子入りして、生活を根本から改めようと思いました。天香さんはいきなり托鉢生活を始めるのは無理だと思うから、半月働いて半月托鉢するという生活から始めたらどうですかと提案しましたが、熱心な本多さんが全投入したいというので、とうとう入園を許しました。本多さんは天香さんがカリフォルニアに去った後もホノルルで托鉢を続け、三年後の昭和四年（一九二九）、入園希望者をもう一人連れて帰国し、入園を果たしました。

ある邦人の目覚め

天香さんの滞在予定は五十日でしたが、托鉢に呼んでくれる人が多く、二倍半の四ヶ月に及んでしまいました。カリフォルニア州ロサンゼルスに渡ったのは同年十二月十二日で、招聘したのは『羅府《らふ》新報』の駒井豊策《こまいほうさく》社長です。

大正天皇が十二月二十五日に崩御されたので、改元されたばかりの昭和元年はわずか七日間で終え、天香さんは昭和二年（一九二七）の正月をロサンゼルスで迎えました。ここでもさっそく托鉢を始めましたが、アメリカ人から低く見られていた労働者階級からやっとのことで這い上がったある邦人から手厳しくたしなめられました。

「あなたは新聞に写真入りで、著名な宗教家として紹介されています。それなのに箒《ほうき》を持って庭を掃き、モップを持ってトイレ掃除をされたのでは、よくよく日本人は最下層の労働者だと見下されてしまい、ありがた迷惑です。

私たちは低く見られた労働者階級から脱しようとして懸命に努力し、子弟は高い教育を受けてそれなりに遇されるようになりました。でもアメリカ人の内心では日本人はまだ肉体労働者扱いをされているので、屈辱を感じています。排日とは人種的に劣等だと刻印を押されたようなもので、カリフォルニア州に住む十三万人の日系人は煮え湯を飲まされたような気分でいます」

その人は天香さんが掃除をしているところを白人に見られたくなかったので、掃除が予定されていた市街地を離れて、百五十年前にカリフォルニアに入植して伝道したセラ牧師の記念碑がある山の上に連れていきました。彼の中には、「たかが半日ぐらい掃除したからといって、一体何になるというんだ」という気持ちがありました。

その日の夜、彼が主催する集会があり、天香さんが講話をすることになっていました。それに先だって、彼が天香さんを紹介するため話をしました。

「セラ牧師の記念碑が建っている所で天香さんといっしょに掃除していると、白人の婦人が子どもを連れて通りかかりました。ところがその子が通りにゴミを捨てたのです。ご婦人は慌てて私に謝りました。そして天香さんに話しかけてきたので、私が通訳しました。

『あなたは掃除夫なんですか？』

『いいえ、違います。ここをきれいにしようと思って掃除をしているだけです』

『でも、何のためにこんな人通りの少ない所を掃いていらっしゃるんですか？』

『人通りは少ないかもしれませんが、きれいになればみんな気持ちがいいじゃありませんか』

「まあ、それで！　すごいお心遣いをされるんですね」

そう言ってご婦人はいくらかのコインを出して渡そうとされましたが、天香さんは受け取りません。すると手を差し出して握手をし、にっこりほほえんで去っていきました。私はほのぼのとしたものを感じて、とてもうれしかった」

そしてこれまでの自分の態度を反省してつけ加えました。

「私はこれまで日米関係の改善に尽くしてきたつもりでした。その結果が現在ご覧のとおりの排日運動です。私は今まで自分の仕事を優先してきました。早く金儲けして、日本に帰ろうと思っていたのです。金にならなければ、一時間でも働きませんでした。

しかし今朝は金にならないかもしれないけれども熱心に掃除していたら、白人に喜ばれたのです。アメリカ人が日本人を蔑視する感情は、実は私たちの自己中心的な在り方に関係していたのではないかと反省しました」

その人の反省の弁はとても的を射ていました。

こうしてカリフォルニア州の各地で集いが持たれていきました。世界的な経済不況に加えて排日の嵐の中で、すっかり委縮していた在米邦人たちでしたが、天香さんの下坐行によって、干天《かんてん》の慈雨のように、すっかり癒されました。これに続いて二回目の渡米の要請がなされたところを見ると、天香さんの活動の成果がいかに大きかったか、うかがい知ることができます。

ロサンゼルスでの托鉢が終わり、大洋丸でハワイを経て帰国することになりました。帰国準備をしている天香さんに、相当の額の講演料がご供養として渡されました。各地で托鉢や講演の度に随喜者が預かっていたものです。しかし天香さんは辞退しました。

「自然にかなった生活をすれば、生きていくのにお金は本当に要りません。もちろんお金があって悪いわけはありませんが、なくてもこんなに幸せな生活が恵まれています。それを示すために私はアメリカにやってきたんです。

ところが『天香は金の要らない幸福な生活を説きながら、その実、講演料稼ぎをしよった』などと受け取られてはかないません。だからこのご供養は有用なことに役立ててください」

アメリカの随喜者たちは「天香さんは本物だ」と確信したのでした。

苦慮する後継者問題

一燈園生活は天香さんがインスピレーションを得て始まった運動です。主体はお光です。天香さんの後継者の欠かせない資質は、お光からのメッセージを受けて、下坐行を実践できるかどうかにかかっています。お光は誰を後継者に指名されるかわかりませんが、天香さんとしては自分の血を引いた子や孫を立派に育て上げ、お光から後継者としての指名があったとしたら、充分それに応えられるようにしておかなければなりません。

天香さんには保太郎《やすたろう》と理一郎《りいちろう》という二人の息子がありました。保太郎さんは明治二十五年（一八九二）生まれで、天香さんが北海道に開拓に出た年、長浜で生まれました。保太郎さんが初めて父に会ったのは北海道の開拓地で、四歳のときでした。天香さんはその後、開拓事業が行き詰まり、無一文になって故郷に帰ってきました。

そして八幡神社の愛染明王堂で覚醒して新生涯に入りました。傍目《はため》には、事業に失敗してすってんてんになり、落ちぶれて、とうとう浮浪者になり下がったと見えました。天香さんは保太郎さんが十三歳のとき新生涯を始めましたが、稼いで家に生活費を入れるわけではないので、のぶさんは保太郎君とまだ赤ちゃんだった理一郎ちゃんを抱えて困り果てました。

保太郎君は十四歳で長浜小学校高等科を終えると、父を取るか、それとも母を取って、商業学校に進むか、岐路に立たされました。

でも、進路については父親の許可をもらっておいたほうがいいと相談しました。すると天香さんから一度京都に相談に来なさいと言われました。訪ねていくと、言下に言われました。

「私についてくるか、商業学校に行くか、どちらかにしなさい。商業学校に行くんなら、それはそれでかまわないが、親子の縁はこれまでで、永遠の別れとする。私も一切を捨ててこの道を始めたんだよ」

そう言われてはどうにもなりません。父についていくと答えざるを得ませんでした。

下坐の仕事

ところが与えられた仕事は家々の肥《こ》え汲《く》みでした。裕福な家の子で学業優秀な者は白線の入った中学の学帽を誇らしげに被って通学しているというのに、自分はみじめな肥え汲みという最下層の仕事です。自ら進んで修行として肥え汲みをしたわけではなかったので、理解できずに苦しみました。

その日も、同人の小川頼三《らいぞう》さんと組になって、リヤカーを引いて、山科から日ノ岡を越えて京都市内に肥え汲みに出かけました。家々の便所から肥えを汲んでリヤカーに乗せ、日ノ岡の坂を引いて荒い息をぜえぜえ吐いて登り、峠でやっと一休みしました。リヤカーが重くてあまりにもきつく、辛くてみじめだったので、とうとう泣き出しました。見るに見かねた小川さんがねぎらうと、荒い息の下で答えました。

「こんなことやったら、叔父さんのところから商業学校に行けばよかった。お父さんはいつも留守でいないし、これじゃ何のために親元に来たのかわからへん。ぼくはこれまで一度も〝お父さん〟と呼んだことないんや。いつも天香さんと呼んでいるけど、何で〝お父さん〟と呼んじゃいけないの」

そう言って泣きじゃくる保太郎君を、小川さんは慰めました。

「保太郎君は、今はよくわからないだろうけど、そのうちにきっとわかるようになるよ。一燈園生活はつまらなくて爺むさいように見えるだろうけど、二十年、三十年経ったら、世間になくてはならんものと認められる日がきっと来る。今はその露払いをやっているようなもんや。つろうても辛抱しな」

「でも、若いうちに有用な技術を身につけずに、他家の下働きばかりしていて、一体ぼくの人生はどうなるの」

それは一燈園で育った二世の子どもはみんな持っている疑問で、この鋭い質問には小川さんも答えようがありません。

「まあ、そう言うなや。こうした下坐行で磨かれて、きっと有用な人物になれるんや。お父さんを信じなさい」

納得はできないけれど思い直して、肥え汲みを続けたのでした。

天香さん自身、保太郎君に対して親としての務めを捨てた形になっていたので、申し訳なかったという思いがありました。しかし、人間は三界を流転している間は、恩讐《おんしゅう》のしがらみから来る苦悩は断ち切ることはできないのだと自分に言い聞かせ、

「棄《き》恩《おん》入《にゅう》無《む》為《い》」（恩を捨てて、作為的なことはせず、ただ天に従う）を信条として自分を厳しく律していたから、保太郎君に対しても親子の情をあらわにすることはありません。それだけに保太郎君は突き離されたような寂しさを味わったのでした。

天香さんは保太郎君に対して、「彼は親としての私についてきているだけであって、道の弟子ではない。私を本当には知らないのではないか」という思いがありました。保太郎君にしてみたら、「お父さんは本当にはぼくを知らないんじゃないか」と疑うすれ違いもありました。そうしたことを抱えての親子関係でした。

後年、天香さんは保太郎君が味わった寂しさについて語りました。

「誰かが、子にして弟子という二重で複雑な役割を担わなければならなかった。保太郎はよくやったと思う」

一人の出家で九族が救われる

明治四十五年（一九一二）、天香さんは二十歳になる保太郎さんを連れて、宇治市五ヶ荘にある黄檗宗《おうばくしゅう》萬福寺《まんぷくじ》に托鉢に行きました。禅宗は臨済宗、曹洞宗、黄檗宗の三派がありますが、その黄檗宗の総本山で経典の虫干しをしました。そのとき、天香さんは求道の厳しさを物語る希運《きうん》の逸話を知りました。

希運がまだ明にいたとき、一人息子の希運に出家された母は悲しみに打ちひしがれ、とうとう失明してしまいました。母は木賃宿で泊まり客の足を洗いながら、希運を探しましたが、なかなか巡り合えません。

それから二十年が経ち、悟りを開いた希運は、母にそっと会いに来ました。母の健在を確認して安心した希運は、名乗らないまま帰っていきました。目が見えない母は希運がやってきたことに気づかなかったのです。しかし、友人から息子さんが会いに来ていたと聞いた母はあわてて後を追ったのですが、福州の渡し場で河に落ちて溺死していました。

それを伝え聞いた希運の心は張り裂けんばかりでしたが、あえて涙を呑み込み、

「一人の子が出家すれば、高祖父から玄孫に至るまで九族が天に生まれ変わるのだ。もし私の母が天に生まれ変わらないとしたら、み仏が説かれた諸々のことは嘘になる！」

と一喝《いっかつ》したと言います。人間的な情では推し量れない世界があるというのです。

そのことを知った天香さんは、保太郎さんに対する思いを希運の言葉に託し、

棄恩入無為

と墨書して保太郎さんに渡しました。保太郎さんは父がそれほどの覚悟をもって新生涯に臨んでいるのだと知りました。

天香さんが、子に対しては同人に対する以上に厳しかったのは、保太郎さんの結婚よりも他の同人たちの結婚を優先したことにも現れています。保太郎さんは三十五歳のとき、ようやく宇戸《うど》つる枝（漣月《れんげつ》）さんとめあわされました。ほどなくして、保太郎さんと漣月さんの間には、長女の和子さん、長男の武さん、次女の不二《ふじ》さんが生まれました。

一燈園は在家の体で、出家の道を行じます。在家として生産、経済のことも行じます。逆に言えば、現実の経綸もやり、現代文明の整理もできるようにならなければなりません。出家の道を一燈園、在家の道は宣光社です。保太郎さんは主に宣光社の分野を担いました。

保太郎さんの突然の帰光

保太郎さんは幼少のころから肺病という持病を抱えていました。あるとき実家の西田家で不幸があり、それに伴って種々の整理をしているとき、風邪をこじらせ、京都に帰って療養中、持病が急速に悪化しました。最期の二日間は、それまで行き違いもあっただけに、親子が真に語り合

い、和解し合う貴重な時間となりました。

昭和八年（一九三三）十月十四日、保太郎さんの最期を看取るとき、天香さんはひと言「ご苦労であった」とねぎらい、それに対し保太郎さんは、「まことにすみませんでした」とお詫びして四十二歳で旅立ちました。歴史の最先端を歩む二人だっただけに、余人にははかり知ることができない重荷があったのでしょう。

余談になりますが、長らく他人の手に渡っていた天香さんの生家が、後年一燈園に譲られたとき、一燈園の当番だった孫の武さんは、生家の座敷の床の間に何の書を掛けようかと迷いました。そしてたまたま「棄恩入無為」の書を選んで掛けました。武さんは父と祖父との間を象徴するこの掛け軸を選んだことを、お光の計らいだと感じずにはおれませんでした。現在、この書は一燈園の資料館である香倉院に掛けてあります。

奉天の托鉢者

喧嘩の仲裁

さて、話を再び満州に戻しましょう。

奉天機関区の掃除夫に王さんという満人がいました。王さんは日本人と実によく喧嘩しました。

力の強い人で、日本人と喧嘩すると大抵は勝ちます。負かされた日本人は恨みに思い、事あらば仕返しをしようとつけ狙っていました。しかし力が強いので、おいそれとは手出しができません。

ある日、田所さんと喧嘩をしましたが、旗色は田所さんのほうが悪い。常々王さんを恨んでいた溝口さんは、今だとばかり田所さんに加勢し、持っていた鉄の棒で王さんの頭を殴り、頭から血が吹き出ました。

血を見て王さんはパニックになり、手で傷口を押さえて満人詰所に逃げ込みました。王さんの血を見て満人たちは殺気立ち、十二、三人がショベルやスパナ、レバーなどを持ちだして、「田所と溝口を殺してしまえ」とわめき、暴動になりそうです。

そのとき、病気後の三上さんは満人詰所で木栓を削っていました。満人たちが騒ぐのを見て、これは大変なことになる、すぐにも区長に連絡して、沈静化を図らなければと思いましたが、告げに行く時間がありません。三上さんは詰所の入り口に立ち塞がり、みんなを押し返そうとすると、最前列にいた男が横面をしたたかに殴りました。耳がガーンと鳴り、くらくらしましたが、夢中になって立ち塞がりました。

「じゃまだ、どけ、この野郎!」

と、前よりも強く殴られて倒れました。三上さんは駆け出そうとする満人の足に両手でしがみついて叫びました。

「どうしても行くんなら、私を殺してから行ってくれ！」

するとみんなが立ち止まり、三上さんを取り囲みました。激高しているみんなに叩きのめされるのを覚悟して、再度重ねて叫びました。

「行くなら、私を殺してからにしてくれ！」

「………」

しばらく沈黙が続き、首領格の一人李さんが切り出しました。

「田所や溝口はいつもおれたちをいじめるから、いつか仕返ししてやろうと思っていたんだ。しかし廟さんがそんなに言うんなら止めてもいい。その代わり機関区長には告げ口するなよ。もし言えばおれたちは首になるんだ」

三上さんは起き上がり、誓って言わないと約束して満人詰所を後にしました。

機関車の洗車場に来ると、田所さんと溝口さんは二人の知らないところでそんな騒動があったとも知らず談笑していました。満人が一人、そんな二人を睨《にら》みつけて通り過ぎていきました。

その日の仕事が終わって帰るとき、三上さんはキッと前方を見詰め、いつになく真剣な面持ちで歩きました。日満の溝は国家の間だけではなく、こんなところにもあり、角を突き合わせていました。それを一つひとつ修復していく以外に方法はなく、前途多難です。誰にも頼ることはできず、自分で道を拓《ひら》いていくしかありません。このことがあってから、いっそう真剣に日満を和解させるという自分の使命を考えました。それが次節で述べる、乞食の群れに投ずるという突拍子もない行動となって現れました。

この事件があってから、満人は三上さんをいっそう親しみ深く、「廟さん」と呼ぶようになりました。昼飯のころになると、弁当を交換しようと言ってきます。彼らの弁当の主食は高粱《コウリャン》と豆を油で炒《いた》めたもので、日本人の口にはちょっと合わないのですが、三上さんは喜んで交換して食べました。彼らが仲間と思ってくれる気持ちが嬉しかったし、警戒心を解いたからこそ親しくしてくれるのだと思いました。

なまくらな托鉢者

三上さんは奉天で過ごすうち、いつしか自分はただの交際上手で、当たり障りのない人間になっており、大地に足が着いた、地の塩のような人間ではなくなっているのではないかと感じていました。人から崇《あが》められているうちに、いつの間にか先生然としてしまい、教える立場から語っていたように思いました。

暴動にもなりかねなかった今度の事件に接し、日満の和解を取りつけるのに自分はまだまだと痛感しました。お光や天香さんの期待に応えられるようになるためには、何かが足りない、それを教えてほしいと祈ることが続きました。機関車を洗っているときも、托鉢先でおかみさんたちの相談に乗っているときも、そのことが脳裏を離れません。

(本来十字街頭に立ち、下坐行に徹する行願者であるべきなのに、いつとはなしに家の中に安居し、口先だけの教役者になってしまっている……)

そんな反省が心に迫ります。

(——自分がなまくらになっているから、托鉢しても、言葉を発しない無言の奉仕の持つ迫力や、無言のうちに心魂に響くような教えが消え失せてしまい、ただ言葉だけが多い、上辺だけの人間になり下がっているのではないか)

反省はいよいよ鋭くなっていきます。

(——このままでは下坐托鉢の本分を見失うことになる。それではいけない。もう一歩突っ込んで何かをしなければいけない。自分をさらに確然と樹立しなければ、真に日満の和解を取りつけることはできない)

それにはどうしたらよいか——それがこの半年間、考え詰めていた公案でした。

宿なし関山

すると三上さんの脳裏に、鎌倉時代から南北朝時代のころ、臨済宗の禅僧だった関山《かんざん》と夢窓《むそう》の対照的な二人のことが浮かんできました。関山は臨済宗妙心寺を開山した禅僧で、無相《むそう》大師という諱《いみな》（貴人の死後、敬慕の意で贈る称号）を贈られた人です。関山は常に下坐にいて徳を亡ぼさない生活を心掛け、いつも下積みの人々にみ仏の教えを説いていました。

一方の夢窓は後醍醐《ごだいご》天皇や堂上人《どうじょうびと》の信望が厚く、「七朝《しちちょう》の帝師《ていし》」と仰がれていました。夢窓が設計した枯山水の名庭は、京都の西芳寺《さいほうじ》、あるいは天龍寺《てんりゅうじ》、甲府の瑞泉寺《ずいせんじ》など、いくつも残っています。

関山は清貧を愛し、徳を亡ぼさない寝起きをしていたのに比して、夢窓は招かれた先で絹夜具にも寝、有力な公家たちの豪勢な大廈高楼《たいかこうろう》に泊まりました。もちろん二人とも大悟した人です。その起居動作に一分の隙もない禅師であったに違いありません。説くところもまた、仏の悟りを伝えるのに、言葉や文字によらず、心から心へと直接伝える教外別伝《きょうげべつでん》でした。

しかしこれほどの人でも、貧者の生活と富者の生活とから受ける影響は争えないものがあると見えます。二人の道心には何の変わりはないのですが、富者の生活をしていると、手が汚れることには手が出にくくなり、知らず知らずのうちに、懈怠《けたい》の念が生じてしまいます。

あるとき、夢窓が都大路を歩いていると、何人か前を関山が歩いているのに気づきました。

「これはこれは禅師、どこに行かれるんですか」

と呼びかけようとすると、関山は道端にひょいとしゃがみ、握り飯を拾いあげると押しいただき、むしゃむしゃ食べました。食べ終わると、何事もなかったように、すたすたと歩いていってしまいました。それを目撃した夢窓は思わずつぶやきました。

「関山はえらい僧だ。徳盗人《とくぬすっと》だな。これからすべて世は関山になびくじゃろう」

果たせるかな、関山は一世を風靡《ふうび》し、京都に妙心寺を開山しただけでなく、ついには堂上方にも影響を及ぼすようになりました。一方、朝廷にあれだけ尊崇され、後醍醐天皇からは国師の称号をもらった夢窓でしたが、さし障《さわ》りない高尚な教えを説いただけの禅僧で終わりました。

執着を脱却する

「夢窓ほどの名僧が、なぜそういうことになってしまったのだろうか」

三上さんはつらつら考えました。

「ご馳走と絹夜具と絹衣になれてしまうと、名僧と言われる人でもなまくらな坊主になってしまう。清貧の生活をしていた関山にしてみれば、握り飯を拾って食べることは全然恥ずかしいことではない。それどころか、食に恵まれない貧しい僧侶の常、落ちている握り飯を見たとき、むしろみ仏の恵みを見出したようで、ありがたく手が出たに違いない。関山はご馳走や絹衣や絹夜具に汚されていなかったから、み仏の恵みを素直に受け取ることができたのだ。

教役者が富者になり、家を持ち、生活が充ち足りてくると、必ず言葉だけで教え諭《さと》すようになる。ところが十字街頭は貧しさの中にあるから無難だ。家もなく、夜具もなく、食もなきところに帰ろう、それが傲慢にならないための一番の方法だ。日満の和解を取りつける者になるための修行は、路頭に出ることしかない」

それに決定的に大きかったのは、師の天香さんが蒙昧《もうまい》さを脱却し、執着から解き放たれて自由の天地に入ったのは、すべてを捨てて始めた路頭だったことに思い至ったことです。

「天香さんは一切をお光に預けて路頭に帰り、そこで新天地が開けたのだ。だとしたら、天香さんの融通無碍《ゆうずうむげ》の世界に至るために、私ももう一度路頭に帰ろう。追体験するのだ！」

それが三上さんの結論でした。といって、天香さんから命じられている機関区での托鉢は止めるわけにはいきません。そこにはお光や天香さんの大きな計らいがあるはずだから、独断で中止することはできません。そこで昼間は機関区で托鉢して、夜だけ路頭に出て奉仕し、路頭から機関区に通おうと決心しました。宿を提供してくださる人がなければ、どこかで野宿することになります。

そう思うともうじっとしていられません。早速、服巻運転主任に計画を話しました。服巻主任は満州の冬の厳しさを勘案し、三上さんの健康を心配して言いました。

「三上さんが私らの家を辞して路頭に出るということは、あなたの深い祈りからきたことでしょうから、それを止めることはしません。でも昼は機関区で働き、夜は町に出て托鉢し、宿が恵まれなかったら、寝るところもなく一晩中さまようことになります。それも一日や二日ならともかく、これからずっとでしょう。それでは体が絶対持ちません。独身寮の青雲寮の一部屋を確保しますから、そこで休んでください」

それは服巻主任らしい配慮でした。それに青雲寮でも廊下を拭いたり、便所掃除などをして独身社員と交わってほしいということだと受け止め、部屋を一応お借りしました。三上さんは朝、路頭から機関区に行くとき、青雲寮で作業服に着替え、夕方はそこで一燈園の黒い引っ張りに着替えて、托鉢に出て行くことにしました。つまり寝場所ではなく、着替えする場所として使うことにしたのです。

第七章

奉天一燈園が開園

浮浪者の仲間入り

再び路頭に帰る

三上さんが路頭に出た初日は十一月初めの相当寒い日でした。満州では十一月初めの夜といえども、じっとしていたら凍え死んでしまいます。とにかく歩いて体を温めないといけません。その夜は寝るところを恵まれなかったので、腕をさすって体を温め、夜通し歩きまわりました。電灯が点いている家がうらやましくて、部屋も温かいんだろうなとしばし眺めていました。寒くて歯がかみ合わないのです。まったく孤立無援の地、言葉が通じない外地におり、天と地にたった一人だという事実を否応なく突きつけられました。さすらっているうちに、とうとう夜が明けてしまいましたが、夜明け前が一番寒いというのは本当でした。

その翌日の夜も宿が恵まれず、冷え切る夜半、警官に見とがめられて説教されないように、街を歩きまわって明かすことになるかと思うと、さすがに心細い思いでした。昼間は機関区で托鉢して、夜は寒さを避けるために寝ずに歩きまわるので、疲労困憊《こんぱい》してしまいました。

三日目の夕暮れのことです。どこかにもぐり込める空家がないかと探しながら、附属地と張政権の所有地との境の土手を渾河《こんが》のほうに歩いていました。二日間寝ていないので、寝る場所を早く確保したいという一心でした。

するとすぐ側に少しばかり窪地があり、そこに藁《わら》や乾いた枯草が山のように積んであるのを見つけました。枯草の前の小川のほとりで満人が二人しゃがみ込んで、煙草を吸っています。百姓かと思いましたが、どうも浮浪者のようで、側に寄るとすえた臭いがします。そのうちに藁の中からもう一人むくむくと出てきて、三人になりました。

三上さんはその藁の小山は浮浪者の寝場所なのだと気がつき、仲間に入れてもらおうと決めました。しかし満語で「仲間に入れてくれ」と言うことができないので、敵意がないことを示すためにニタリと笑うと、浮浪者もニタリと笑いを返してくれ、仲間に入れてくれました。

よく見れば、一人は片目、一人は小柄、一人はびっこをひいています。そこであだ名を片目、どんぐり、びっことつけました。お互いの顔がよくわからないほど暗くなったので、みんな藁の小山の中に潜り込みました。野外で寝る場合、二人抱き合って相手の体温で寒さを防ぐのがコツなんだそうです。三上さんは身振り手振りでそう言われ、臭いのを我慢してびっこと抱き合って寝ました。お互いの体温もあるので、藁の中はわりに温かかったが、藁の切り口や、葉のぎざぎざや剣のようにとがった葉先が肌に当たってチクチクするのには閉口しました。

そのうちに藁の中で体がぬくもり寒さに縮んでいた肌がゆるんでくると、びっこの体から南京虫が移動してきて、ムズムズするのには閉口しました。しかしそれもしばらくの間だけで、睡眠不足で疲れ切っていたので、やがて眠りに落ちていきました。

にわか浮浪者のお貰い

何日か経ったある日曜日、三上さんは早めに藁から這い出しました。相棒の片目はまだ寝ています。日曜日だから機関区へ托鉢に行かなくてもいいし、訪ねなければならない托鉢先もありません。しばらくぼんやりしていましたが、お貰いに行ってみようと思い立ちました。

それまでお貰いはわけなくやれるだろうと高をくくっていましたが、実際やってみると自意識が邪魔してなかなか難しい。恥ずかしくて「ご飯を恵んでください」と言えないのです。一軒の日本人の家の裏口に立つと、何も言わないうちに飼い犬がやたらと吠えたので、驚いて逃げてしまいました。

一軒の家では、うるさいと怒鳴られました。裏口で呼んでも出てこない家もありました。住宅地はだめだと諦めて、店舗が多い町のほうへ行き、支那料理屋の松梅軒の横門に立ちました。横門は調理場の入り口になっていて、起きたばかりの使用人が顔を洗っていました。

「ご飯を恵んでくださいませんか」

と、小声で頼みました。三上さんは浮浪者でも一燈園の浮浪者ですから、合掌することを忘れません。すると使用人は奥へ入っていって器に焼き飯を盛ってきました。油で炒めたおいしそうな香りがプーンとしました。

ところがにわか浮浪者の浅はかさ、それを受け取る入れ物を持ってきていません。仕方がないので両手を揃えて差し出すと、その中へ入れてくれました。

三上さんは礼を述べて門を離れました。ありがたい、これで朝食にありつけたと安堵しました。片目に半分分けてやることにしました。

藁の山に戻ってみると、片目は藁から這い出して大きなあくびをしていました。焼き飯を盛った両手を片目に突き出し、満語で得意げに、「半個《パンコ》、半個」と言いました。お前に半分分けてやるよという意味です。片目は差し出された焼き飯をニヤニヤしながら眺めていたかと思うと、あっという間に全部かっさらって、土手のほうに逃げていきました。あっけに取られたのは三上さんです。分けてやろうと思ってせっかく持ってきたのに、かすめ盗られてしまい、口惜しくてなりません。

「人の親切を裏切りやがって！　この薄汚い泥棒野郎！」

と、ついののしりました。焼き飯は諦めようと思っても諦められません。腹が空いてくると、余計怒りが湧いてきます。三上さんはそんな自分が情けなくなりました。

（――これが〝祈りの浮浪者〟だと粋《いき》がっていた自分の正体なのか！　これじゃ一燈園生活者の風上にも置けない）

焼き飯を恵まれたとき、それを自分のものだと思ってしまったので、盗まれると恨みが湧いてしまったのです。愚かにも所有観念を持ってしまっていたことに気づき、忸怩《じくじ》たるものがありました。

(私は死に切ろうとして路頭に出たのではなかったのか！　それなのに両手に盛られた焼き飯を自分のものだと思い込み、いつの間にか迷いの世界に入り込み、乞食根性になり下がっていた。それが不平、不満や愚痴の元だ。自分の手からはたとえ盗まれてしまっても、片目のお腹を満たし、立派に役に立っていると思ったら、それでよいではないか)

そう思うとやっと気持ちが落ち着きました。片目は大事なことを気づかせてくれたのです。三上さんは片目が逃げた方向に合掌して、お詫び感謝しました。

焼き飯を食べ終わってお腹がくちくなった片目はニヤニヤしながら、帰ってきました。もう三上さんは何とも思っておらず、逆に片目に合掌してありがとうと言いました。片目は騙《だま》したにもかかわらず、逆に合掌されて拝まれたので、きまり悪そうでした。それから片目が三上さんに接する態度が変わり、一目も二目も置くようになりました。片目から信頼されるようになると、またった一つ三上さんの世界が広がり、気持ちが一段と自由になりました。

お光が引き合わせた浮浪者たち

浮浪者の仲間入りをして一ヶ月が経ちました。三上さんが夜は浮浪者といっしょに過ごしていることを知らない機関区の人が、いっしょに弁当を食べていると、語りかけてきました。

「三上さん、何だかつき合いやすくなったなあ。以前はちょっと宗教臭くて、〝高僧がご高説をのたまう〟というような一種の上から目線を感じて、ちょっと敬遠していたんだ。三上さんが下坐に下りて奉仕すればするほど、逆に模範を示されていると感じて、つき合いきれないなと思っていたんだ」

機関区の引き込み線の線路わきに冬枯れのタンポポが生えていました。水筒の水をタンポポにかけてやりながら、三上さんはその機関区員にお詫びしました。

「そんなふうに感じてたんですか。まったく不徳の致すところです」

「いや、宗教臭さや上から目線がなくなったんで、〝仲間だな〟と思えるようになった。おれはそれがうれしいんだ」

三上さんはそれを聞きながら、抹香臭さを抜いてくれたのは、あの片目やびっこやどんぐりだと思いました。やっぱりあそこに行ったのはお光の導きだったのです。三上さんはいっそう自然体で振るまえるようになった気がしました。

ある日、機関区での仕事が終わると、夕食に呼ばれている家があったので訪ねました。ホッケを焼いたのをご馳走になったあと、ハサミで昆布を切る仕事を手伝いました。手を動かしながらご主人や奥さんと話をすると、昔夜なべ仕事をしながらおしゃべりして、親兄弟といっそう気安くなったように、ますます親密な感じになりました。

夜の十時ごろそのお宅を辞し、藁のねぐらに帰って寝ました。今では南京虫はあまり気になりません。夜中に冷えてきたので、小便に起きました。藁を這い出すと、身震いするほどの寒気が襲ってきました。

月の光が水面で反射し、銀色に照らし出されている渾河を眺めていると、しっとりとした気分になります。平原は昼のように照らし出され、地平線の彼方までうねうねと続いて闇の中に溶けていきます。その月の下にはとうとうと流れゆく渾河の波音が天地に満ちていました。

夜空を見上げ、月の光に魅せられている三上さんの顔を淡い光が照らし出しました。

（——ああ、こんなに美しいお月さまを見るのは久しぶりだ。人間《じんかん》で暮らしていると、世事に追われて、この澄みきっているお月さまを見過ごしてしまう。これも再び路頭に帰り、いつしか身につけてしまった汚れを削ぎ落としたから、こうこうと冴えわたっている月が仰げるのだ。

残念ながら問題を抱えて悩んでいる人は、自分のことで手いっぱいで、夜空を見上げて月を愛でる余裕がない。ちょっと目を転じることができれば、こんなに美しい世界が広がっていることに気づき、幸せでいっぱいになるのに）

渾河のほとりは風が強いので身震いし、腕をさすって暖を取りました。浮浪者の群れに入れてもらい、低い次元のプライドでしかなかった自意識が削ぎ落とされたお陰で、世界がまったく広くなっていました。

（光ったナイフは必ず拾われる。決して捨てておかれることはない。お光が導いてくださっている――今はそう確信しています）

遠くから、夜汽車が走る音が聞こえてきます。

ガタゴト、ガタゴト　ポーッ

中天に掛かった月はいよいよ冴えて、何事もなかったかのように地上を見下ろしています。外にいるというのも風情があるものです。三上さんは心の深いところで癒《いや》されていました。

謎の訪問者

昼は奉天機関区で、夜は機関区員や街の人々に奉仕していると、次第に応援する人ができ、自分も一燈園のような生き方をしたいという人が出てくるかと思うと、逆にまた下男のように奉仕する一燈園はみすぼらしいと思う人もありました。

満州に出稼ぎに来ている日本人は、金銭的に成功しようという一旗組が多かったので、みすぼらしい恰好をして無一物の生活をするなど好まない人があるのは当然です。一旗組には、

「義理も人情もあるものか、銭を稼ぐためだったら何でもするぞ。満州くんだりまで来たんだ、面白おかしく暮らさなきゃあ損だ」

とうそぶいている人たちも大勢いました。

「三上の野郎は若い癖して、やれ無一物だ、托鉢だ、つつましく生きましょうなどと説いて、くそ面白くない。きまじめ過ぎるよ、あいつは」

という反感も耳にしました。別に生き方を強要しているわけではありませんが、反感を耳にすると疲れます。

奉天は国粋主義者、国家主義者、民主主義者、共産主義者、自由主義者をはじめ、張作霖《ちょうさくりん》系、蔣介石《しょうかいせき》系、日本系、ソ連系などがいり混じって、多くの主義者の闘争の場でした。陰では暗殺、毒殺が行われ、密告、行方不明など何でもありで、ちょっと目立つ邪魔者は葬り去られました。夜の奉天城内は危なくて、一般人は通行できませんでした。

夏近いある日のことでした。三上さんはいつものように機関区での托鉢が終わると、独身寮の青雲寮に戻り、満鉄の作業着から黒い引っ張りに着替えていました。すると支那服を着た二人の新聞記者が訪ねてきました。奉天では名の知られた医者の紹介状を持っています。

会ってみると、朴と李と名乗る朝鮮人で、長く日本に留学していたので、日本語は流暢《りゅうちょう》にしゃべれるのだといいます。一通り談笑すると、

「そろそろ夕食の時間だから、何か食べに行きませんか。私らがおごります。それに一燈園のこともいろいろ聞きたいし……」

と誘いました。見知らぬ人に食事をごちそうになるのもどうかと思いましたが、一燈園について訊きたいというので、同行することにしました。近くの支那料理屋で食事をし、それが終わると、朴さんは懐から新聞紙で包んだものを取り出しました。

「食後の果物代わりに、支那饅頭を持ち合わせています。一つどうですか」

そう言って包みを開き、自分で一個食べました。それはどうも、と恐縮して三上さんも手前にある一個をもらい、半分にして口に入れました。ちょっと変な臭いが鼻をつきましたが、重曹《じゅうそう》か何かかなと思っただけで、気にせずに食べました。

二個目は朴さんの側にある饅頭を取って口に入れると、異臭はしませんでした。二人は自分の側の饅頭を食べて談笑しています。食べ終わって、店の前で別れました。

三上さんは不思議な人たちだなと思いながら歩いていると、腹部が痛みはじめました。道端にしゃがみ込みたいほどです。そのとき、あの異臭は猫いらずの臭いだと気づきました。ようやく青雲寮にたどり着き、便所で、胃の中にはもう何も残っていないというほど、吐くだけ吐きました。吐いたものは緑色に変色しており、ぞっとしました。

その夜は頭ががんがんし、高熱が続き、眠れませんでした。翌日は体の節々が痛くてたまらないので、機関区の托鉢は休みました。翌日も体調がすぐれないので休みました。

二日ほどして日曜日になりました。いつまでも寝ているわけにはいかないので無理して起き、托鉢先に行って相談事に乗りました。ところがその帰り、奉天公会堂の前まで来たとき、目がくらくらして倒れてしまいました。しばらくして気がつきましたが、呼吸ができず苦しくて、立ち上がることができません。満鉄病院に担ぎ込まれて、腸チブスと診断され、伝染病病院に回されました。

独りで死んでゆきなさい！

両足の膝と足首の関節がしびれ、高熱が続きました。診察に廻ってきた医者は、高熱でうなってもうろうとしている患者には聞こえないだろうと思ったのか、看護婦に小さな声で指示しました。

「この患者は難しいかもしれん。特別に気をつけとってくれ」

しかし、三上さんはもうろうとした意識の中で聞いていました。

（やはり駄目なのか。おれはこのまま死ぬのか）

そう思うと、いろいろなことが浮んできます。

（もう一度、両親や姉や弟に会いたい。天香さんにも、死ぬ前一度だけでも会いたい……）

このまま異郷の地で死ぬのかと思うと悲しくて、布団を被って泣きました。

天香さんに会いたいと思っても、京都と満州では遠く離れているのでできない相談です。死ぬ前に、せめて天香さんの写真か手紙でもほしい。この生活に飛び込むとき、親を捨ててまで師と仰いだではないか――そんな思いに駆られます。でも、一方では天香さんから、

「死に切らんで狼狽《ろうばい》しているこのふとどき者！　この期に及んで何を女々しく嘆いているのか」

と叱られそうな気もします。それでも死ぬ前だから、許してもらえそうな気もします。

（そうだ。事態を報告する手紙を書き送ろう。そうすれば直筆の返事がもらえるかもしれない）

そう思い立って、つき添いのおばさんに頼んで、鉛筆と紙を持ってきてもらって手紙を書きました。入院していること、かなり悪くて、もしかしたら最期かもしれないと書いて、投函してもらいました。しかし毒饅頭を食らって死にそうですとは書きませんでした。

その返事が来るまでは死ねないと自分に言い聞かせました。十日ほどして、京都から待ちに待った封書が病院に届きました。三上さんはとうとう返事が来たと嬉しくて、がたがた震える手で押しいただき、封書を開けました。

高熱だからなのか、小さい字の周りが黄色く光って読みにくいので、眼をこすりこすり読みました。死が近い病人の常でしょうか、三上さんも温かいなぐさめの言葉を期待していました。しかし、文面には意外なことが書かれていました。

「病気で入院しているとか。路頭で不自由であろうが、これもお光のままに。見舞いに行きたいが、こちらも私の命を必要とするたくさんの人が待っていて、奉天に行く時間がない。どうぞそ

のほうでお光に任せて、独りで死んでいってください。托鉢の心があるなら、どこで果てても一つである」

来られない！　三上さんは突き放されたような気がして愕然《がくぜん》としました。そこにはいたわりも何もなく、独りで死んでいってくれと書いてあります。

（これが親兄弟を捨て、ただ師だけを命として信じてついてきた弟子に与える最後の言葉か。路頭の果てに到りついたものがこれなのか！）

三上さんは布団を被って泣きました。もうどうともなれとふて腐れました。

（師も何もへったくれもない。おれは異郷で独り寂しく死んでいくかわいそうな男だ。二十五歳の短い生涯を、世の中から一人突き離されて死んでいくのだ……）

泣きに泣いて泣きつくし自然と涙が乾くと、静かな自分が返ってきました。そこでもう一度師の手紙を出して読み直しました。すると今度は不思議な光をたたえて見えてきました。

「托鉢の心があるなら、どこで果てても一つである」

（考えてみれば、この手紙ほど端的にほんとうのことを書いたものはない。どんなに泣いても、死んでいくときは独りであることは動かしがたい事実だ。師に同情して来てもらっても、師を抱き込んで死んでいくわけにはいかないのだ。

独りで死んでいくより仕方がないのは人間の定めだ。そこにあるのは絶対の孤独だ。自分が

〝独り〟であることは、そもそも路頭の初めからわかっていたはずだ。天香さんは変に同情せず、そのことをはっきり教えてくださったのだ……）

三上さんはしみじみと、天地にただ独りだと開眼したのです。改めてお手紙を押しいただいて、夜具の上にお守りのように置いて、このまま独りで死なしてもらいますと小声で言ってみました。静かな涙が浮び、かすかな恥じらいを覚えました。

ようやく落着きました。これでよいのだ。何となく広々とした嬉しい心持ちがします。もう寂しくはありません。むしろありがたい気持ちさえします。死んでも生きてもよいと思うと安心しました。安心したら、死んだようにぐっすり眠れました。

その翌日から中毒症状は不思議に回復していきました。とうとう死線を越えたのです。肉体的に一命を取り留めると同時に精神的にも死線を乗り越えていました。路頭の果て、まさにつぶれ去るかに見え、道はいよいよ狭く、息も絶えんとしたとき、ようやく道が開けてきたのです。ついに精神的親離れができました。

三上さんは家を出ると、病後の体をいたわるように草原に出て、渾河《こんが》のほとりを歩きました。渾河は満州平野を南流している大河で、遼東湾《りょうとうわん》に流れ込んでいます。

大きい水鳥が一羽、上空から滑空してきて水面をかすめ、再び舞い上がりました。魚を一匹捕まえたようです。ところがそのくちばしで魚がキラッと光り、躍《おど》り上がって水面に落下しました。

残念ながらくわえそこなったようで、水鳥は遠く飛び去っていきました。

三上さんが坐っている土手の後ろの茅《かや》が風に騒ぎます。あるときはかすかにささやきかけ、あるときは叱りつけるようにざわめきます。

ふと気がつくと、いつの間にか陽は傾いていて、いつ去ったのか、羊の群も牧童も見えなくなっていました。地平線のかなたに落ちつつある太陽はいよいよ赤く燃えていました。河の流れの音がタプタプと響いてきます。色彩が失せ、天地は再び寂しい姿に返りつつありました。静かに立ち上がって背伸びすると、黒い引っ張りから砂がこぼれ落ちました。

中天に淡い三日月が掛かっていました。三上さんは孤影を残して、野中の道を托鉢先の江部さんの家に帰っていきました。

ある機関区員の反発

あるとき三上さんが機関区の六番線の機関車のレバーを拭いていると、オイと呼ぶとも怒鳴るともわからない荒っぽい声がしました。振り返ると、あまり言葉を交わしたことはないが、名だけ知っている高畑さんでした。三上さんは微笑んで、挨拶代わりに会釈しました。

近づいてきた高畑さんは何も言わずに突然、三上さんの横面を左右力まかせに殴りました。三上さんはよろめき、今度は足を払われて後ろに倒れました。三上さんは何のために殴られているのかよくわかりません。吹き飛ばされた帽子を拾って、ゆっくり起き上がってお詫びしました。

「何だかよくわかりませんが、高畑さんにとって私が何か都合の悪いことをしでかしてしまったんですね。申し訳ありませんでした」

できるだけ静かに自然に頭を下げて合掌しました。高畑さんは重ねて殴ろうとしていましたが、三上さんがすなおに詫びたので、右手を振り上げたまま、中途半端な顔をして睨みつけて、怒鳴りました。

「勝手にさらせ、この野郎！　何が一燈園だ。労働者いじめをしやがって！　安月給で貴様のように働けるかってんだ」

そして捨て台詞を残して、機関区の向こうに行ってしまいました。高畑さんの後ろ姿を見ながら、三上さんは殴られた理由がようやくわかってきました。三上さんが無報酬で働いていることが、

「機関区員たちは給料を取って、適当にサボりながら働いている。それではいけない、私のように日給を返上してでも真面目に働きなさい」

と、暗に批判しているように感じ、反発していたのです。三上さんは自分の托鉢がいまだ浅いので、かえって高畑さんの反発を呼んでしまったのだと反省しました。

しかし高畑さんは三度目殴りかけたけれども殴らず、行ってしまいました。なぜだろうと思っ

ているると、あとで高畑さんが他の機関区員に語っていたことがもれ伝わってきました。

「おれは三度殴ろうと手を振り上げたのに、三上に丁寧に頭を下げられ、詫びられたとき、手の下ろしようがなくて困った。冷汗が出て、一時も奴の前におれなかった。三上って奴は気味の悪い男だ。奴を殴ることはもうやめた」

三上さんは、高畑さんが殴ったあと逆に冷汗をかいたと聞いて、殴られてよかったと思いました。もっともっと殴って気晴らしをしてほしいとも思いました。高畑さんは直接行動に出る人だけに性格はあっさりとしており、その後二人は急速に仲良くなっていきました。

機関車に合掌する

清川さんという模範的な無事故機関士は、発車する前に機関車の前に立ち、帽子を取ってお辞儀をします。三上さんはその姿を時折見かけるので、その意味を訊いてみました。すると清川機関士は心持ち顔を赤らめて話してくれました。

「あなたにそんな質問を受けると恥ずかしいな。これはあなたの感化ですよ。いつか講話のとき語ってくださったでしょう。二宮尊徳さんは一日畑を耕して帰るとき、耕した畑に一礼して帰られるって。

おれはその話にすごく感激してね。じゃあ、おれの畑は何だろうと考えてみると、機関車だ。

それで機関車に一礼するようにしたんだ。機関車を拝んでいると、だんだん生き物のように見えてくるんだ。ヘッドライトという眼もあれば、石炭の焚《た》き口《ぐち》という口もある。汽笛という声も出るし、動輪という足もあってしっかり動く。まったく生き物ですよ。このごろでは一礼するとき、機関車の腹を叩いて、今日も頼むぜ！　と言います。そうすると不思議に事故がなくなりました」

「ほう、そんな反応をしてくれますか」

「機関車は機械だから、一定の法則どおりにしか動かない。機関車の能力や機能を無視した運転をすれば、早速事故を起こします。今までのおれの運転は巧みさを誇り、機械を征服せずんば止《や》まずというような姿勢で運転していたんだ。それが機械を征服することなんだと思ってた。

ところがそれは逆で、征服するという姿勢ではどうしても機械に対して不遜になり、こっちの思うように動かそうとしてしまう。つまり、自分の勝手気ままにやったりする。従って機械の能力以上のことを押しつけるから、故障や事故になるんだ。

ところが機関車を拝むようになって、機関車に対してこちらが謙虚になってくると、機関車の機械的法則にも従順になり、無視しないようになります。無理しないで運転するから、事故がなくなったのではないですか。

まあ言えば、これまで機関車と自分が二つに分かれていたものが、自分の〝我〟が消えてしまい、一つになったような気がするんだ。一燈園流に言うと、〝彼我不二《ひがふに》〟ですかね」

三上さんはなるほど、なるほどと納得しました。まさに運転の達人の境涯で、立派に〝光化〟された運転技術だといえます。三上さんの機関区での托鉢はだんだん実ってきたようです。

満鉄の独身の日本人社員は青雲寮に居住していますが、三上さんが時たま青雲寮の一室に泊まっているということが縁になって「睦会《むつみかい》」という集まりが生まれました。この会は修養座談会だけではなく、機関車研究なども積極的にやりだし、注目されるようになりました。こうして奉天機関区は次第に光化していきました。

機関区長の報告書

この変化を、昭和二年（一九二七）十二月十七日、国安進奉天機関区長から佐藤俊久奉天鉄道事務所に提出された報告書「乙第五十四号」によって見てみます。

報告書は「従来当区に配置されていた一燈園員三上和志氏が従業員、ならびにその家族に好感を及ぼしたる概要は別紙報告書のとおりであり、将来もなお引き続き配置かた、ご配慮を願います」と前置きして、その成果を次のように報告しています。原文はカタカナ漢字混じり文ですが、読みやすくするために、ひらがな漢字混じり文に直し、短縮して文意を伝えます。

「三上氏は奉天鉄道事務所長のお墨つきで赴任しましたが、機関区員たちは今にしっぽを出すぞと思っていました。ところが、表よりも裏に立ち、言うよりも行いを優先させ、人がもっとも好まない縁の下の力持ち的行いを喜々として行う三上さんのやり方に機関区員たちは次第に共感するようになり、一犬の咆哮《ほうこう》が万犬に伝わる形で共感が広がっていきました。

広島高等工業出身の三上氏は相当の学識ある身でありながら、弊衣破帽《へいいはぼう》で粗食に甘んじ、自分よりも相手の言うことを十分に取り入れて実行しています。人があまり好まないことを喜んで渾身《こんしん》の力を注いで改善し、支那人への応対においても見事な成果を上げているので、私たちも従来のやり方を変えざるを得なくなりました。

たとえば職務に対する考え方でも、無事に働かせていただいているという考え方が湧いてきて、仕事そのものが生命を持ち、能率が上がるようになりました。

職場から権利だけを主張しがちな悪しき風潮が次第に影を潜めていきました。仕事がきついという苦情も漸次《ぜんじ》影を失いつつあるように思います。作業においても、これまで当然としてきた分業観念が次第に破壊され、自分の作業を終えたら進んで他人の分まで手伝うようになりました。

精神的に目覚めると、これまで薄霜のように危うかった協力関係も堅固になってきたように思えます。レールは鉄道員にとっては貴重な生命ですが、これも三上氏の影響で踏まなくなったどころか、機関車を合掌して拝むようになり、それが無事故につながっています。

日支間の関係についても大きな変化がありました。これまで日本人は汚れるような仕事は支那人にさせ、日本人が雇い主であるかのように言動し、支那人に対して一種の優越感を持っていました。ところが三上氏は従来の日本人の優越感を覆して支那人との関係を修復し、以来日支間の問題も円滑に進むようになりました。

機関区の労働においても、従来の労働観を超えて、労働を神聖視するようになったため、労働に生きがいを見出し、労働の根幹に触れたと喜んでおります。とりわけ、機関区員に早起きの良風を養い得たのは喜ばしいかぎりです」

国安機関区長はそう述べて、機関区員たちの家庭の変わりように言及しました。

「それに機関区員たちの家庭への影響も大きいと言えます。三上氏が家庭と機関区の両方に托鉢されたお陰で、主人は家庭を大切にし、主婦は主人の勤務に理解を示すようになり、公私一体、家庭即勤務、勤務即家庭の実が生まれてきたように思います。

最後に社外でのことに言及します。三上氏は日本人乞食を憐れんで、夜半公園で機関区の昼食の残りのパンを乞食に与えていると伝え聞き、とても刺激されました。これは人生において誠に尊いことと思われます。三上氏が放った波紋は各方面に大きく広がっており、決して小さな飛沫ではありません」

国安奉天機関区長が三上さんに感服している様子が伝わってきます。機関区での三年あまりの奉仕がそれほど大きな影響を与えていたのです。

三上さんはこれで自分の機関区での托鉢の使命は終わったと感じるようになりました。

というのは、満鉄内での定例の人事異動に伴って、鉄道事務所長、機関区長も異動になり、これまで関わってきた人々がほとんどいなくなったので、また一から出直さなければなりません。それに満鉄の他の鉄道事務所や満州各地の町から講話要請が来ているので、奉天機関区に縛られていたのでは対応することができません。

三上さんはこうした事情を、「次のステージに上がって仕事をせよ」というお光の指図であると感じました。こうして三上さんの努力はこれ以降、新たな局面に向かいました。

三上さんの結婚

相次ぐ入園希望者

三上さんは病院を退院すると、再び家から家へ、軒から軒へと托鉢を続けました。入院前にご縁ができていた家を中心に、今日はこの家で、明日はあの家でと托鉢しました。あるいは同じ家で何日も続けて托鉢することもありました。人々を感化するというのではなく、人々の代わりに懺悔奉仕させていただいていました。

ところが、同じことをさせてくださいと三上さんに弟子入りする人が出てきました。それで托鉢をさせていただく家が決まるとその人にやってもらい、自分は新たな托鉢先を求めて家から家へ訪ね歩きました。新しく入園した人はその家の托鉢が終わると、三上さんを訪ねてきて、次はどこで托鉢しましょうかと尋ねます。三上さんは自分の托鉢先を譲って、新しい托鉢先を求めて家々を訪ね歩きました。

三上さんのグループは一週間に一度、三上さんの托鉢先か満鉄の服巻《はらまき》さんや光友の坪川さんの家に集まって、修行先での経験や苦悩していることを語り合いました。こうした歩みは三上さんを中心として一連のつながりを持っていたので、家のない一燈園のようなものでした。みんなは三上さんをごく自然に「当番さん」と呼んでいました。三上さんは天香さんのときと同じことが起きつつあることに気づきました。

「一燈園はこういうふうにしてできていったんだな。私は見よう見まねでやってきたけど、天香さんが意図されたように、お光に確実に導かれて、奉天に一燈園が根づきつつあるようだ」

解脱に至る筋道が見えてきたようでした。

一燈園の結婚式

毎年満州に来て、大連の谷野さんと奉天の三上さんが成熟してきているのを見た天香さんは、渡満して三年目の昭和二年（一九二七）、二人を京都に呼びました。何事かと思って帰国してみると、天香さんは谷野さんを梶浦たねさんに引き合わせ、結婚式を挙行されました。でも新郎は紋つき袴で正装するわけでもなく、新婦は華やかな花嫁衣裳をまとうわけでもなく、路頭に出るいつもの引っ張りとモンペ姿で式が行われ、三上さんはそのシンプルさに感動しました。

「一燈園生活者の結婚式は実にさわやかだな。何の見栄も張らず、まるで古代日本の結婚式の原型を見るようだ」

驚いていると、天香さんに呼ばれました。ますます気力が充実し、冷静沈着な五十五歳の天香さんは、人には見えないものが見えているのか、人の世の思惑など一切超越していて、ただお光の命ずるままに行動されており、何の迷いもありません。

「あなたには再び奉天に行ってもらうが、結婚相手は私に任せてくれますか？」

入園が許されるかどうかの面接のとき、天香さんが発する質問「あなたは死ねますか？」と同じ調子です。三上さんは二十五歳になっていましたが、求道のことに専念していて結婚のことは全然考えていませんでした。命を賭けてついてきた師が薦めてくださる相手なら不服はありません。一も二もなく、「お任せします」と答えました。お見合い写真でも見せてくださるのかと思いましたが、話はそれだけでした。

その翌日、天香さんは広島に講演托鉢に出られ、三上さんをはじめ、何人かの同人が随行を命じられました。その中に女性の同人もいて、車中は楽しい会話の花が咲きました。広島での集いが終わり、夜、宿舎の風呂場で三上さんが天香さんの背中を流していると、やおら訊かれました。

「今日、汽車で同席していた娘さんはどうですか？」

「え？　あの、丸橋久子さんですか？」

「そうです」

「丸橋さんはなかなかしっかりした方ですね。陰ながら尊敬しています。天香さんがお薦めくださる方でしたら、どなたでも結構です。どうぞよろしくお願いします」

「あなたに異存がなければそうしなさい。しっかりした娘です。では明日、式を執り行いましょう」

そして旅先で、黒い上っ張りとモンペ姿のまま、簡素な結婚式が執り行われました。式ではまず「一事実」「光明祈願」を拝読し、王雲を唱えたのち、誓いの杯を交わしました。その後、天香さんが祝辞「光語」を述べられ、『維摩経《ゆいまきょう》』を挙げた後、終了しました。簡素ではあるが厳粛なものでした。

その後、簡単な披露茶礼《ちゃれい》があり、二人の結婚を祝いました。それが終わると、新郎はそのまま下関から大連に旅立ち、新婦は日本に残りました。しばらくすると日本から久子さんが渡満してきて、二人は奉天で新婚生活を始めました。

そのうち久子さんのお腹が大きくなって、妊娠していることがわかると、托鉢先の人が同情し、「どうぞ、この家で出産してください」

と、頼まれました。しかも何軒もの家からです。そして托鉢先で出産すると、いろいろな人が産衣《うぶぎ》を持って訪ねてきてくれました。三上さんも久子さんも、

「子どもは生まれながらにして福田がある。皆さんが寄って恵んでくださいます」

と、感謝するばかりです。お光は、無一物《むいちぶつ》は無尽蔵《むじんぞう》であることを目の当たりに見せてくれました。三上さんが奉天で活動を始めて五年目、どうぞ使ってくださいと一軒の家を恵まれました。

三上さんが留守番に行っていた藤井逸治さんと、機関区の服巻主任が、三上さんと同人たちが道場風に一堂に会して生活できる家があったらよいが、何かいい知恵はないかと相談しました。その結果、服巻主任が三上さんは満鉄の嘱託だから、満鉄の社宅を提供しようと提案し、稲葉町七番地の社宅を提供されました。そこでこの家を仮一燈園と名づけ、捨て身の生活を学びに来た人々の家として開放することにしました。しかし、満鉄の社宅であり、一時的に借りている家なので、あくまでも仮の一燈園です。

この仮一燈園は八畳二間に便所、炊事場がついているだけの小さな社宅です。手持ちの金は十円(現在の貨幣価値で約二万円)ぽっきりだったので、七円五十銭で炊事道具を買い、残りの二円五十銭で、米と漬物と野菜を買いました。しかし夜具を買う余裕はありません。移転したのが春の初めなので、大人は畳の上にごろ寝し、子どもはみんなの着物を夜具代わりにして寝ました。

ところが何日か経つと、何というタイミングのよさでしょうか、朝鮮との国境に近い安東《アントン》の魚

屋さんから布団が三組送られてきました。送り状の裏に、

「改心して魚屋になった者から」

とだけで、名前は書いてありません。それを見て三上さんは安東の吉岡さんが送ってくださったとわかりました。安東に講演に行ったとき知り合い、いろいろ手助けしたことがありました。そのお礼だというのです。そこには次のようなドラマがありました。

安東の魚屋が捧げた布団

三上さんが安東に講演に行ったとき、ある会場で、いささか痩せ型で、眼がぐりぐりした人が前列の真前に坐り、熱心に聴いていました。その聴き方に熱意がこもっていたので、その人のことが記憶に残りました。次の講演会場に行くと、また同じ人が前列に坐っていました。その日は三回講演しましたが、三回とも来ておられるので、その人のことが気になりました。

そこで講演が終わると、その人に講師控室に来てもらいました。

「大変熱心に話を聴いてくださっていましたが、どこが気に入ったのですか」

すると、不思議なことを言われます。

「実は話を聴いていたのではありません……」

「じゃあ何をしに来られたんですか、しかも三回も……」

と、半ばあきれて訊き返しました。

「三上先生の話を聴いていたことは間違いないんですが、何十人という聴衆が一心不乱に聴いている雰囲気の中にいると、お風呂に入っているような心地よい気分なんです。これは他の人の講演では得られません」

妙な聴講者もあるものです。そんな聴き方をする人はそうそういません。

「そうですか。今日初めていらっしゃったんですか？」

「いいえ、もう二年半ほど前から、安東に来られるたびに来ています」

「へえ、そうですか。それでは一番初めはどんなご縁で来られたんですか……」

吉岡さんはそれに答えるかわりに、身の上話をしました。

安東に吉岡さんの姉夫婦が住んでおり、その姉夫婦に世話になっていたそうです。父は郷里の富山で魚問屋をしており、父の死の跡を引き継いだものの、うまく行かず失敗してしまい、姉を頼って安東に来ました。富山の店を閉じた残金を、義兄の忠告も聞かずに遊んで使ってしまい、それからのらくら生活を送るようになりました。

お金を使い果たすと姉を騙《だま》し、義兄にせびってまたお金をもらって使い果たすことのくり返しで、放蕩児《ほうとうじ》になり下がってしまいました。姉も義兄も吉岡さんを持て余して、絶対にもう金は貸さないことにしました。

それで吉岡さんは、「もう決して遊ばない。今度こそ真面目に仕事をするから」と誓い、何百円か借りて再起しようとしました。けれども金を握って外へ出ると、また流されてしまい、放蕩児の本領を発揮してその数百円も使い果たしてしまい、一文なしになってしまいました。

姉と義兄から手切れ金のようにしてもらった数百円なので、それを使い果たしたといって、姉の家には帰れません。気抜けしたように、半ば後悔と半ば自分の意志の弱さとをかこち、一文なしで町をさまよい歩いていました。

そのとき三上さんの講演のビラが電柱に貼ってあるのが眼につきました。三上という人の講演は以前姉に連れられて一度聴いたことがありました。行く所もなかったし、これからどうしていいかわからなかったので、とりあえず行ってみる気になりました。

吉岡さんは会場の中ごろで、あたかも悪いことをした子どもが隠れて人の話を聴いているような塩梅《あんばい》で、うつむいて聴いていました。今晩どこで寝るかということで頭がいっぱいで、講話など上の空でした。ところが突然、講師の声が耳に飛び込んできました。

「どうせ人は死ぬんです。死んだ気になれば何でもできます。思い切って死に切ることです」

思わず頭を上げ、講師を凝視しました。

(死んだ気になったら何でもできるって！　まったくそうだよな。よし、死のう。死んでやる。死にさえすれば義兄も姉も怖くはない。世の中が何だ。くそったれ、死んでやる)

と半ばやけになり、しかしまたそんなふうに荒れてしまう自分が情けなくて、涙がにじんできました。講師の声がまた聞こえてきました。

「思い切って死に切る！　では死に切るとはどうすることでしょうか……。死に切るとはまったく自分を捨てた生活をすることです。自分を捨て切った生活とは手をついてお詫びすることから始まります……」

言葉の遊びではなく、まったく実感的に響きます。吉岡さんは泣けてくる自分をどうすることもできませんでした。

（手をついてお詫びする？　ところがおれはお詫びどころか、姉と義兄を騙してばかりいた！）

悪かったとつくづく反省し、聴衆の中で独り泣き続けました。泣き続けていると、死んだ親のことが思われて、行き詰まるのは当たり前だと思われました。

（そうだ、義兄に詫びてこよう。義兄に何とかしてもらおうと思ったのがいけなかったのだ）

そのとき、また講師の声が聞こえてきました。

「お詫びするとは口先で詫びるのではなく、下駄を揃えさせてもらったり、便所の掃除をさせてもらったりすることです。捨て身の一歩でなければいけません」

吉岡さんは涙の眼を上げて聴き入り、決心したかのように立ち上がりました。そしてそっと会場を抜けて義兄の家に行きました。ところが義兄は会ってくれません。

「今度はお金を借りに来たんじゃないんです。お詫びに来たんです！」

と、取り次いでくれた姉に弁明しました。姉が取りなしてくれて、義兄は会うだけは会ってくれました。吉岡さんは両手をついて、今までのことを心から詫びました。

「お詫びに何か手伝わせてください」

ところが義兄はすっかり心を閉ざしており、取りつく島もありません。

「何も手伝ってくれなくてもよい。お前がお詫びをしたいというから会っただけだ。お詫びがすんだらさっさと出て行ってくれ」

と、吐き捨てるように言いました。吉岡さんはこちらが詫びているのに許してくれないのかと、腹立たしくなりました。

（いけない、いけない。死に切るのだ。こういう態度を取られるのも、当然じゃないか。今までさんざん騙したんだから）

何か手伝わせてくれないとすれば、お詫びだけして帰ろうと思いました。姉は夫のかたくなな態度にはらはらしています。

「それでは長々お世話になりました。ご恩返しはいつかさせていただきます。今までのことはどうぞ許してください」

吉岡さんはもう一度詫びて立ち上がりました。

「これからどうするの？」

姉は夫に気兼ねしつつ、訊きました。

「みんなにお詫びして、許されたら生きていきます。三上さんの講話を聴いて、今日やっとその決心ができました」

そう答えると、何だかさっぱりした気持ちになりました。

「大事になさいね」と、姉は泣きながらお別れを言いました。さすがに吉岡さんも泣きそうになるのを堪《こら》えて、家を出ました。吉岡さんは出口で乱れている下駄を丁寧に揃えました。姉は驚いて見ていました。吉岡さんは別れ際に合掌しました。それを見て姉はとうとう泣き出して家の奥に走り込みました。吉岡さんももらい泣きし、門の前でもう一度丁寧に合掌して家を出ました。

ところが義兄は吉岡さんの合掌を見て、何かを感じたらしく、「もう一度彼を呼んできてくれ」と姉に頼みました。家に呼び戻された吉岡さんに、義兄は何も言わず二百円の金を彼の前に置き、

「この金は最後だと思ってくれ。これでお前の人生を立て直すのだ！」

と力を込めて言いました。彼は好意を押しいただいて受け取り、家を出ました。

そしてその二百円を資本にして、もう一度魚屋を始めました。今度は心を入れ替えて黙々と働き、顧客の後ろ姿を合掌して拝んでいたので、次第に「信心屋」と呼ばれるようになりました。

「信心屋」はとても繁盛し、姉も義兄も見に来て喜んでくれました。

吉岡さんは三上さんが家を持つと聞いて、恩返しに布団を三組送りました。そういう浄財が方々から集まり、奉天仮一燈園は備品が整っていきました。

奉天一燈園が開園

三上さんの講演托鉢は全満州に及ぶようになりました。生活の中に転がっていることを取り上げて教訓を話す三上さんの講話はわかりやすく、満鉄だけでなく、開拓団や商業地にも呼ばれて行きました。幸いなことに満鉄の嘱託なので、交通費は要らないし、講演料も受け取りません。一ヶ月間に二十日は講演托鉢に出ており、ハルピンやソ連との国境に近い牡丹江《ぼたんこう》、朝鮮との国境の安東まで出掛けました。

加えて師匠の天香さんも夏から秋にかけての数ヶ月は三上さんがすでに講演して人々の心を耕したところを回って講演します。それでますます一燈園に惹かれる人が多くなり、入園希望者が増えてきました。仮の一燈園が建ってから五年も経つころには、もっと広い建物がほしいと思うようになりました。奉天一燈園の最大の理解者である坪川与吉公会堂長も同じ思いで、三上さんに新しい情報を持ってきました。

「市公署が新しい土地割りを設定したことはご存知ですか？」

「いいえ、全然知りませんでした。それで何か？」

「新しい一燈園を建設するために土地を入手するのは今が好機です。城内と商埠地《しょうふち》の中間にある南三経路に五百坪の土地が売りに出ており、幸いに入手できそうです。土地の購入費や建物の建設費は私たち光友会で工面しますから、許可していただけませんか」

「坪川さんにそういうニュースが入るということは、機が熟したということでしょうね。では、やりましょう。資金については大連醤油の松田淳光さんが力になってくださるので、相談しながら進めてください」

大連醤油の松田さんは大連本店の重役の子息です。松田さんは大連で働いているころから三上さんの生き方に共感し、取引先でガラス窓を磨いたり、便所掃除をしたりして、好評を博していました。大連醤油の次期社長と目されている松田さんのやり方は、だんだん社内に浸透していきました。それは商売のやり方にも現れ、つけ届けして有利に納入するというような従来の商習慣を徐々に改め、事業も伸びていきました。松田さんは一燈園的商習慣、いわゆる宣光社的経営に確信を持ち、次のような経済観を持っていました。

「資本主義経済の弱肉強食で禿鷹《はげたか》のようなやり方はあちこちでトラブルを起こし、行き詰まってきています。一燈園が進めている、一種宗教的で敬虔《けいけん》な経済はそれに代わり得るものだと思います。宣光社的経営は他社も自社も潤すので、持続可能な経済システムだと確信します」

大連醤油は奉天に進出するとき、松田さんを支店長に指名し、さらに奉天から全満州に広がっていきました。

昭和十年（一九三五）九月二十日、坪川さんや松田さんたちの尽力によって、東亜街四段に新しい一燈園の建物が建ち、わずか二間しかなかった仮一燈園が稲葉町から引っ越しました。

広くなった奉天一燈園に入園してきた人の一人に、画家の全和凰《ぜんわこう》さんがありました。全さんは安東に住んでいるとき、『懺悔の生活』を読んで共感し、入園しました。天香さんや照月さんの肖像画、あるいは昭和十四年（一九三九）一月の雪の近江行願を描いた油絵など、一燈園関係の貴重な絵を描いています。また天香さんや照月さんの肖像画も描きました。

三上さんは献堂式を天香さんに執り行ってもらおうと計画しました。天香さんは渡満している間、三上さんがご縁をつないだ満鉄沿線の町や村をずっと講話して回られます。その講演托鉢の最後に奉天に寄ってもらい、献堂式を執り行ってもらうことになりました。

三上さんは献堂式の前日、同人たちに話しました。

「お光にこの土地と建物全部を捧げます。みんなはここを出て、またもとの路頭に立つようになるかもしれません。だからよく覚悟をして、子どもたちの最低の着替えだけはすぐに包めるようにしておきなさい。夫婦二人の物はいりません。路頭に出るのに邪魔になるからね」

そしてその夜、三上さんは奉天一燈園の庭で野宿しました。

次の日、天香さんはじめ光友の参列を得て、献堂式が執り行われました。その夜は家の中に模擬店を作って、お祝いにみんなで、おでん、お寿司、甘酒、うどんなどを食べました。

その次の日、天香さんは三上さんの「すべてはお光に捧げたものです。所有観念は一切ありません」という決意を確認し、「引き続き、この建物を預かるように」と言われ、今までどおり使わせてもらうことになりました。三上さんが満州での托鉢に来てから実に十一年目のことでした。

奉天一燈園は同人をかわるがわる京都の光泉林に一、二ヵ月ずつ派遣して絆を深めました。

アウシュヴィッツの殉教者

コルベ神父、ゲシュタポに逮捕

さて、目をヨーロッパに転じましょう。

コルベ神父が六年に及ぶ日本宣教を終え、しかもその間、天香さんというかけがえのない畏友を得て帰国したポーランドは、一九三九年にドイツとソ連によって占領されました。コルベ神父はニエポカラヌフ修道院で、ポーランド語で『無原罪の聖母の騎士』誌を発行し、文書伝道に励みました。しかしナチスは、彼の説くカトリックの教えとナチスの思想は相容れぬとしてブラックリストに載せ、活動を制限するようになり、コルベ神父は身の危険を感じるようになりました。

一九四一年（昭和十六）二月十七日朝、コルベ神父はゲシュタポ（国家秘密警察＝ナチス親衛隊の一組織）に逮捕されてワルシャワの強制収容所に送られ、ついでアウシュヴィッツに送られました。囚人番号一六六七〇がコルベ神父の呼び名に変わりました。

収容所は一日一万人がガス室で殺され、焼却、埋葬されていたので、悪臭がただよい、異様でした。牛馬が受けるような扱いさえ期待できず、過酷な労働、飢え、不潔、疫病、刑罰が支配していました。しかし、それよりも悲惨だったのは、自分だけは少しでもいい目を見ようと焦り、仲間を密告し、陥れていました。だからみんな疑心暗鬼になり、誰も信じられなくなっていました。

ある日、コルベ神父が所属している第十四号収容所から脱走者が出ました。捜索しても脱走者が見つからなければ、連帯責任と見せしめのため、十人が無差別に選ばれ処刑されます。翌朝囚人たちは点呼後、炎天下の運動場に整列させられました。水も食事も与えられず、疲労と渇きで倒れた囚人は監視兵に棍棒で叩かれ、息絶えた者はゴミ捨て場に投げ捨てられました。

脱走者が見つからないので、収容所長は十人を選び、餓死刑に処すと宣言しました。〈死の家〉と異名を取る餓死監房は地下室で、明かり取りの窓もなく、死ぬまで水一滴も与えられません。誰が指名されるか、息詰まるような時間が流れ、十人が選び出され、列から引きずり出されました。ところがある若い男が、

「私には妻子がいる。妻子を残しては死ねない！」

と泣き崩れ、死だけは勘弁してほしいと哀願しました。彼はポーランド軍の軍曹で、ドイツ軍

に抵抗してゲリラ活動をしていて捕まったのです。

それを見て、囚人の中からコルベ神父が収容所長の前に進み出ました。

「お願いしたいことがあります。私は妻子あるこの人の身代わりになりたいのです」

「なんだと？　身代わりになりたいのだと。お前はいったい何者だ」

みな同じ太い縦縞の囚人服を着ているので、所長は誰が誰かわかりません。

「はい、私はカトリックの司祭です。私は妻子がないので、誰も悲しむ者がいません。どうぞ私を餓死監房に送ってください」

これには収容所長も言葉が出ませんでした。囚人はみんな自分の命を守るのに必死です。人のことなどかまっておれません。人を押しのけてでも生き延びようとしています。だからその申し出を聞いて、みんな唖然としました。

「よろしい。では五六五九番と交替！」

軍曹は元の列に戻され、代りの受刑者名簿には一六六七〇番と書き入れられました。こうしてコルベ神父は〈死の家〉と呼ばれる餓死監房に連れていかれました。

餓死監房に響くロザリオの祈り

水もパンも一切与えられない餓死監房から、絶えずうめき声が聞こえます。餓死監房は生きて出ることができない場所で、渇きは飢えよりも苦しく、発狂する人もあります。
ところが、コルベ神父が閉じ込められている監房から、ロザリオの祈りが流れてきました。

アヴェ・マリア、恵みに満ちた方、主はあなたとともにおられます。
あなたは女のうちで祝福され、ご胎内の御子《みこ》イエスも祝福されています。
神の母、聖マリア、わたしたち罪びとのために、
今も、死を迎えるときも、お祈りください。アーメン。

ロザリオの祈りはカトリック教会における伝統的な祈りで、ロザリオの珠《たま》をくりながら、バラの花輪を編むように「アヴェ・マリア」とくり返し唱え、福音書に記されているイエス・キリストの主な出来事を黙想します。その間、救い主イエスと聖母マリアの喜び、苦しみ、栄えの玄義を黙想し、天使祝詞（アヴェ・マリア）を百五十回唱え、ポイントに差し掛かると、「主の祈り」を唱えます。

こうして主の祈りや讃美歌の歌声は他の監房まで広がっていきました。コルベ神父は苦しみの中で仲間たちを励まし、文字どおり過酷な〈死の家〉を「聖堂」に変えていったのです。しかしながら、一週間経ち、十日経つと力尽きて、一人死に、二人倒れして、二週間後にはコルベ神父

と四人が生き残っていました。業を煮やした当局は、注射で死期を早めることにしました。元犯罪者のボスが石炭酸（フェノール）を注射しようとすると、コルベ神父はロザリオをくって祈りながら、自ら腕を差し出しました。通訳のブルーノ・ボルゴヴィッツは見ていられなくて、用事があると口実を設けて外へ飛び出しました。あまりにも痛ましかったのです。

監視兵とボスが監房を出て行くと、ボルゴヴィッツは地下に降りました。コルベ神父は壁にもたれて座り、目を開けたまま、頭を左へ傾けて絶命していました。でもその顔は穏やかで、美しく輝いていました。

こうして八月十四日、コルベ神父は四十七歳の人生を終え、永遠の眠りにつきました。奇しくもその日はコルベ神父が慕っていた聖母マリアの被昇天祭の前日でした。一人の神父が他の身代わりとなって死んでいったという噂は、収容所全体に広がっていきました。「ヨハネによる福音書」第十五章十三節に記されているイエスの言葉、

「友のために自分の命を捨てること、これ以上に大きな愛はない」

が、そのまま実践されたのです。

アウシュヴィッツでこの世の地獄を味わったユダヤ人が、餓死寸前に救出され、うつろな目をして吐き捨てるように言いました。

「私はもう人間なんか信用しない。人間はなんと見下げはてた残忍な動物だ。人間こそが地獄だ。

神も顔を覆いたくなる悲嘆をつくり出すのも人間だ……」

しかし、コルベ神父の死はこの世の地獄に咲いた〝信仰の勝利〟の凱歌でした。

コルベ神父の殉教

盟友コルベ神父がアウシュヴィッツで同囚の身代わりになったことが天香さんに知らされました。

「コルベ神父、見事な死にざまです。あなたを誇りに思います。ご苦労様でした」

いっしょに光泉林を散歩し、落慶法要の準備が進んでいる愛善無怨堂の前に来たとき、

「ここにぜひ無原罪の聖母マリア像を飾ってください」

と言われたときの真摯なコルベ神父の表情が浮かんできます。

まだ三十六歳の若いコルベ神父のひたむきさが思い出されます。

ユダヤの歴史はずっと悲哀の歴史でした。イスラエル王国がアッシリア帝国によって亡ぼされるのは、紀元前七二一年です。北イスラエル王国を構成していたユダヤの十部族は離散させられ、歴史上から姿を消してしまいます。さらにそれから八百年後の紀元七〇年に残されたユダ王国もローマ軍によって亡ぼされ、ユダヤ国家は地上から抹殺されました。それ以来、ユダヤ人は国家を持たない〝流浪の民〟になりました。

しかし第二次世界大戦のさなか、ユダヤ人はナチスによって強制収容所で六百万人もの人々が殺害されると、ユダヤ人国家が創建されなければならないという運動が強くなりました。独自の国家を持たなければ、ユダヤ民族を守ることはできないというのです。そして紆余曲折の末に、一九四八年（昭和二十三）、パレスチナに悲願のイスラエル共和国を建設するに至りました。

昭和三十年（一九五五）、天香さんが東京都墨田区の言問橋《ことといばし》のたもとにあるバタヤ部落（現隅田公園）に「アリの町のマリア」と呼ばれた北原怜子《さとこ》さんを訪ねたとき、そこで活動していたゼノ修道士と再会しました。二十五年ぶりで再会したゼノ修道士は長崎で一度しか会っていない天香さんを覚えていて、相好を崩して再会を喜びました。

「ワタシ、コノ人ヨク知ッテイマス。長崎デオ会イシマシタ。トテモ偉イ人デス」

ゼノ修道士が印刷の手伝いに何人もの人を送ってくれた天香さんに抱いていた印象が、「トテモ偉イ人」という表現となったようです。長崎でゼノ修道士に見た比類のない笑顔は、アリの町でも全然変わりません。そんな情景が走馬燈のように浮かびます。

「コルベ神父の人々に対するほとばしるような熱い愛は、死にたくないと言って泣き崩れる囚人の身代わりとなって死ぬことを当然のように選ばせたはずです。あの人はそういう人でした。すばらしい生き方を私たちに見せてくれたものです」

信仰は人間の弱さとの闘いでもあります。でも信仰によって神、お光に帰一したとき、生身を持つ人間の弱さが乗り越えられ、人間を通して神の光が示されるようになります。偉大な盟友の天晴《あっぱ》れな殉教でした。

コルベ神父は死後四十一年後の一九八二年十月十日、同じポーランド出身のローマ法王ヨハネ・パウロ二世によって聖人に列せられ、「アウシュヴィッツの聖人」と呼ばれるようになりました。ヨハネ・パウロ二世はイタリア人以外で四百五十五年ぶりに法王に選ばれた人で、旧ソ連や東欧の民主化を後押しし、宗教間の和解を押し進めた法王としても知られています。

第八章

敗戦、そしてソ連の強制収容所

泥沼化した日支戦争

満州事変勃発と三上さんの迷い

昭和六年（一九三一）九月十八日、奉天郊外の柳条湖《りゅうじょうこ》で支那軍が南満州鉄道の線路を爆破した事件が起きました。これに端を発し関東軍は支那軍と全面戦争に突入し、満州事変が勃発しました。これには関東軍の謀略だったという説、いやそれも中国の謀略だという説もあり、原因は特定されていません。

戦争が勃発し、非常事態に突入したのですべてが上の空になり、托鉢先で仕事していても身が入りません。こんな事態なのに掃除どころじゃないと浮き足立ってしまいます。そこで天香さんに指示を仰ぎたいと電報を打つとすぐさま返電があり、急遽日本に帰ることになりました。

京都に着いて天香さんにお会いし、持参した何点かの写真を見せ、現地の様子を伝え、現地の一燈園の責任者として、動揺を包み隠さず打ち明けました。

「戦争の混乱の中にある者として、私は今後托鉢をどう進めたらいいものか、迷っています。満州建設の提言をひっさげて、政治家然として調停に走り回らなればいけないのではないか、多事多難な折、下男下女のような托鉢でもなかろうと思うのです。今までどおり超然として托鉢を続けていていいのだろうかと迷います。どうぞ教えてください」

それは国際政治の前で無力感にひしがれている者の焦りを正直に告白していました。天香さんは三上さんがそういう迷いの中にあるだろうと察して、満州から呼び戻し、一番大事なことを確認しようとされたのです。

「戦争が勃発した今、便所掃除などやっている場合じゃない。天下国家の観点に立って有意義な提言ができなければいけないと思うんだね」

「そのとおりです」

「ここに至っては、行願は下男下女がやるような無意味な行為ではないかと？」

「はあ」

天香さんの顔にはまったく迷いがなく、瞳は澄んでいました。

「私はそうは思わない。世の中の争いは、結局はおれが、おれがという自己主張のぶつかり合いです。そうすると、力の強い者、策を弄する者が勝ち、理不尽な世界となり、ますます混沌となり行き詰まります。それを打開する手はないかと迷いに迷い、苦しみに苦しんで、ようやく示されたのが、〝こちらから先に折れる〟という懺悔奉仕の生き方でした。

そんな理想論でやれるものか、大方は疑問視しました。でも私は命を賭けてやってみました。通用しなければ、私も家族も野垂れ死にする賭けでした。それから二十年、これこそが行き詰まった世の中を切り拓くことができる〝天の知恵〟だと確信しました。六万行願はただの便所掃除ではありません。世の中の行き詰まりを解決できる方法なのです」

「……」

「あなたにまだこれが下男下女のただの便所掃除のようにしか見えないとすると、入園以来十年間、まったく上っ面の一燈園生活を送ってきたことになります！」

三上さんの額から汗が噴き出し、穴があったら入りたい心境でした。

「ああいう場合にはああしよう、こういう場合にはこうしよう、事件やケースを分けて考えるやり方は早晩行き詰まります。六万行願はそんじょそこらの政治家の妥協の産物のような提言とはまったく違い、永遠不滅の真理に立脚した具体的方法論です。

一つひとつの事件やケースを区別して、どうしたものかと案ずるのではなく、一筋の不執不二《ふしつふに》の生活で完全に割り切っていたら、幻惑などしなくて通れます」

三上さんは鉄槌を下された思いでした。今の自分のレベルをはるかに超えたところでこの方法が実践されていることを確認し、天香さんの前から引き下がりました。

奉天に帰ると、同人たちを督励し、下坐托鉢の生活に没頭しました。それが動揺しがちだった現地の日本人たちを落ち着かせました。

（ああ、これだ！　私が浮き足立ってしまっては、元も子もない）

原点をしっかり把持していれば、目の前の事件に右往左往することなく、行き詰まりも打開されていきます。六万行願は迂遠のようだけども、確実にもつれた糸をほどく方法だと確信しました。

行願は貧乏くじか？

舞台は再び日本に移ります。

既に述べたように、一世を風靡した歌舞伎役者の市川新升《しんしょう》さんは、すわらじ劇園が生まれるきっかけを作りました。しかしながら、劇園発足後五年目に帰光されたので、昭和十一年（一九三六）、すわらじ劇園はその追悼公演を大阪の角座《かどざ》ですることになりました。

新升さんは新聞に「牡丹刷毛《ぼたんはけ》から法《のり》刷毛」という随想を書き、役者生活から一燈園生活に入って、役者がメークをするときに使う牡丹刷毛を、封筒を作るときに使う糊刷毛に換え、どれだけ人間らしい生活をしているかと説きました。

そこで公演の演目は、俳優という派手ではあるものの複雑な世界から、一燈園という簡素な生活に飛び込んだ心境を劇化したものにしました。

このとき一燈園は同時に愛知県下で六万行願をやることになっていたので、同人は二手に分かれて、一方はすわらじ劇園の大阪公演を観劇し、もう一方は行願に回ることになりました。当日、光泉林の最寄りの駅の国鉄山科駅のプラットホームで、大阪行きと名古屋行きの二手に分かれ、列車に乗り込みました。全国光友会当番の丹羽孝三さんは天香さんについて大阪へ向かいました。

公演は十五日間の予定で催され、幸いにも好評を博し、さらに二日間延長になったほどでした。

公演の翌朝、天香さんは宿舎で丹羽さんと朝食をとった後、お茶を飲みながら何気ない態度で話されました。

「昨日、山科の駅のホームで、名古屋での行願に向かう人たちが、大阪に向かう人たちに対して、『あんたたちは芝居見物に行けるなんて、うまくやったよな。おれたちは貧乏くじを引いて、行願行きだよ』とうらやんでいるのを耳にしましたか？」

丹羽さんもその声を聞いていたので、うなずきました。丹羽さんは一燈園の同人の中にもそういう受け取り方をする人もいるのかと、少し意外な気がしたのです。天香さんはそのことで話があったようです。

「芝居見物のきれいな着物や、行願という地味な恰好にとらわれて、行願を〝貧乏くじ〟などと言うようでは、まだまだですね。芝居見物にはたくさんの危うい要素が含まれており、つまずきの罠が隠されています。一方、行願に参祷《さんとう》するほうがどれだけ幸せであり、修行の点からいえば安全であるかわかりません。そこを取り違えてしまっているようで残念です」

丹羽さんはその言葉に、頂門《ちょうもん》に一針を突き立てられたようにジーンと感じ入り、恥ずかしさでいっぱいになりました。言葉もなくうなだれ、姿勢を正して、天香さんに頭を下げました。

天香さんはさらに言葉を継ぎました。丹羽さんに誤解しないでくださいと言っているようで、恐縮しました。

「芝居見物も行願も本来一つなんですが、どうしても形にとらわれてしまい、この不二門を一つと見なすことがなかなか難しいようです。しかしある一関を通れば、これほどやさしいことはありません。この一関を通らなければ、僧俗不二《そうぞくふに》の境地は出てこないのです。本当の道は開かれないし、平和も来ません。本当の幸せもここからでないと生まれません。

行願ほどこの一関を通し、執着を洗い浄めるのに一番よい方法はなく、近道だと思います。それを〝貧乏くじ〟などというのは、淋しいかぎりです」

丹羽さんは一生涯忘れられない思いで聞いていました。

宿舎の窓から道頓堀《どうとんぼり》が流れているのが見えました。カモメが飛び交って、無心に餌を探しています。親の心、子知らずというのでしょうか、天香さんの意図がなかなか伝わらず、もどかしさを感じておられるようでした。

行願を〝貧乏くじ〟と言った同人は、それから数年して一燈園を去り、天香さんから離れていったと伝え聞きました。

(彼は一関を越えられなかったのだな。残念だ……)

丹羽さんはそれ以来、あえて貧乏くじを引くことを自分の修行のバロメーターとしました。戦後、天香さんが参議院議員に選ばれたとき、天香さんは丹羽さんを公設秘書として指名しました。

やはり指名されるだけの力量を備えていたのです。

気づきの宝庫、智徳研修会

一方、天香さんの国内の活動に目を転じると、対立しがちな労使が和解し一致団結する方法として、相手の下坐に下り、懺悔の奉仕行をする六万行願は大きな効果があることがわかっていました。しかし、六万行願は一燈園の同人が各地の光友の参加を得て、特定の地域で、短期集中的に行われていました。

もしこれを一般の人々を対象に行うならば、勤労意欲が増進するのみでなく、対立しがちな労使を協調に向かわせることができます。だから企業を経営している光友たちが天香さんに要請しました。

「托鉢や行願の経験を持たない人たちがそれらを体験する機会として、何か研修会を催していただけませんか」

天香さんは「路頭に帰る」という言葉を頻繁に使っているように、「路頭に立つ」ことをとても重要視しています。京都・山科にある一燈園はあくまでも路頭に帰るための「門」でしかないと考え、本当の一燈園生活は路頭にあると、折に触れて説いていました。

路頭で無心に懺悔奉仕に励んでいると、日常生活でいつしか身についていた贅肉《ぜいにく》が削ぎ落とされ、生まれたばかりの無垢《むく》な姿に返ることができます。それこそがお光の導きであり、一燈園生活の核心です。天香さんとしても、一般向けにそうした研修会を催して、人々が少しでも一燈園生活を経験できれば、願ってもないことだと思いました。

そこで智徳《ちとく》研修会と銘打って、第一回が昭和十六年（一九四一）二月二十五日から三月三日までの七日間開かれました。約百名の参加を予定しましたが、百四十余名の申し込みがあり、途中参加者を加えると百六十九名となりました。

この研修会の象徴的プログラムは、天香さんが一人ひとり研修生の足を洗うことでした。

「ようこそ、参加されました。心から歓迎します。本当なら私が皆さんのお世話をしなければならないのですが、つきっきりというわけにもいかないので、お一人おひとり皆さんの足を洗わせていただきます。これが私の皆さんへの気持ちです。どうぞお受けとめください」

道元が得た覚醒

天香さんは智徳研修会の冒頭、智徳研修会が目指しているものについて語りかけました。

「皆さん、ご縁を得て、この智徳研修会にご参加いただき、ありがとうございます。一燈園は、私が明治三十七年（一九〇四）四月二十九日未明、三十二歳のとき、滋賀・長浜の八幡神社境内にある愛染明王堂で、赤ん坊の泣き声を聞いた途端、

『私が悪うございましたと一切を懺悔し、下坐に下りてひたすら奉仕しよう。そしてもし許されるなら生きよう』

と、覚醒したことから始まりました。それは張りに張った風船玉が針でひと突きした途端に弾けるのと同じです。智徳研修会のもっとも大きなテーマは懺悔報恩、つまり〝許されて生きる〟ということです。下坐に下り、人さまのいのちを拝み、奉仕させていただく中で、何かをつかんでいただけたら幸いです。実はこの〝許されて生きる〟ことは、古来、真実のあり方を模索してきた人々が一番徹底されてきた姿勢でした」

そう前置きして、日本の仏教界に燦然《さんぜん》と輝いている曹洞宗の開祖道元禅師がつかまれた目覚めについて語られました。

「道元は仏教の奥義を極めようと、師の明全《みょうぜん》について南宋に渡りました。そして寧波《ニンポー》（現在の浙《せっ》江《こう》省東部の港町）で上陸が許可されるのを待っていたとき、日本の商人から椎茸《しいたけ》を購入しようとしていた一人の老僧と出会いました。

老僧は寧波から四十里（約二十キロメートル）離れた阿育王山《あいくおうざん》広利寺《こうりじ》から食糧を買いつけに来た典座《てんぞ》でした。典座というのは禅寺で修行僧の食事を司《つかさど》っている僧侶のことで、いわば下働きの僧です。興味を覚えた道元がいろいろと訊こうとすると、炊事しなければならないので、長居できないと断りました。道元は追いかけるように問いました。

『あなたのような高齢の僧が、なぜ典座のような雑用にかかわって無駄な時間を費やしておられるのですか？　失礼ですが、お歳を考えたら、そんな下働きをしている時間はないように思いますが』

するると老僧は穏やかな表情で静かに答えました。

『外国の若い客人よ。お見掛けすると、仏道の修行に来られたようですな。でもあなたはみ仏の教えが何であるか、まだおわかりになっていないようだ。典座は雑用係に過ぎないと思っているようではまだまだです』

その返答に道元は、この老僧はただ者ではないと驚きました。老僧は他日広利寺を訪ねてきなさいと言って帰路につきました。

多くの学僧の中から選抜され、人もうらやむ留学僧としてはるばる宋まで派遣されてきた道元です。万巻の仏典を極め尽くして、晴れて帰朝しようと思っていたに違いありません。でも道元は老僧に指摘されて、自分は何か大切なものを見落としているのではないかと感じました。

それから二ヶ月後、道元が天童山で如浄《にょじょう》について修行していたとき、事もあろうにあの老典座が訪ねてきました。天童山に用事があって来たので、ついでに立ち寄ったそうです。喜んだ道元は中断したままになっていた質問を投げかけました。

『いかにあらんか、これ弁道！』

仏道修行とは何ですかと尋ねると、典座の答えは単純明快でした。

『偏界《へんかい》かつて蔵《かく》さず』

真理は世界中に満ちており、包み隠すことなく、ありのままの姿で示しているというのです。そしてさらに明言しました。

『典座は雑用ではない。それどころか、解脱してみ仏の智恵に至ろうと修行している僧侶たちに食事を差し上げる尊い仕事だ。机に坐って万巻の仏典を読み解くことだけが修行ではない。こちらの心が粗雑だとどんな仕事も雑務になってしまう。心構えがしっかりしていれば、食糧の買い出し、炊事、洗濯、掃除すべてが、悟りを開くための修行になるのだ』

老典座に指摘されるとおりでした。現に天童山の典座寮でも、食事ができ上がると、卓上に粥《しゅく》飯《はん》を盛った鉢を供え、その前で香を焚いて九度礼拝しています。僧堂で坐禅をしている修行僧を拝んでそうしており、単なる儀式ではありません。

『雲水《うんすい》（修行僧）には皆み仏の〝いのち〟が宿っている。そのいのちに供する食物だから、心から礼拝するのだ。愚僧はみ仏となる修行をしている雲水たちの食事を作らせていただくことを感謝し、その任にふさわしくない自分の未熟さをお詫びしている』

老典座にそう言われて、道元は大変な思い違いをしていたと思いました。そのことを『典座教訓』に書きしるし、仏道修行の要である強調しました。こうした思想を中核として、道元は日本最大にして最深の仏教書『正法眼蔵《しょうぼうげんぞう》』を書き著したのです。

私は愛染明王堂で得た覚醒は道元が得た覚醒に通じており、懺悔奉仕の生活を実地に行うことで、頭の中での修行に陥りがちなのを防ぎ、息を吹き込んだのだと思います」

研修生は懺悔奉仕こそが古来からの伝統的修行方法だと知り、智徳研修会が目指しているものの高さを改めて自覚し直しました。

研修生の感想

研修会で行願を行った感想は案の定絶大なものがあり、こんな感想が寄せられました。

「私はやすやすとご縁先に恵まれ、しかも手厚いご供養をたまわり、法悦《ほうえつ》に満たされました」

「私の場合、歩き回り、頼み回って、やっと仕事に巡り合いました。だから、仕事のありがたさ、尊さを改めて知りました」

「一日奉仕をさせていただき、ご飯を恵まれたとき、それは額に汗した労働の報酬として得たご飯とはまったく違いました。生まれて初めて身を捧げた清浄な世界に生まれた福田《ふくでん》の供飯《くはん》に、ただただありがたい涙を絞りました」

「何よりも天香さんに足を洗っていただいたことが、一番印象に残りました。無言のうちに、『大切な魂を授かって、生まれてきたんですね。どうぞ充実した人生を送ってください。祈っています』

とおっしゃっているような気がして、心にジーンときました。人にこれほどに大切にしていただいた記憶はありません。生きていく勇気をいただきました」

好評のうちに終わった第一回智徳研修会を受けて、何と半月後の三月十九日から第二回目が開催され、その三ヶ月後には第三回が催されて、一燈園の重要な研修会として定着していきました。

第一回から現在まで七十七年が経ちましたが、一燈園のホームページを見ると、こんな感想が寄せられています。

「一燈園生活の根本は、『人間は金儲けのために働かなくても、他のために捧げて奉仕してゆけば、求めなくても必要なものは与えられる。そしてそこから世の中のあらゆる問題が解消し、争いのない平和な生活が得られる』という信条のもとで、無所有奉仕の生活を行ずることにあります。

他者のためにただ身を捧げて奉仕することとは、すなわち、他者への思いやりを育み、利己的な心情を捨て、互いを尊重し合える土壌を築きます。そうした関係があれば、互いを高め合ったり、一方の苦しみを分かち合い乗り越えていくといった道筋が得られるはずです」

智徳研修会は「ご自分がご自分を善くするために〝気づく〟ことをお手伝いする場」だと強調しています。次の感想文は参加者の内面でどういう変化が起きたか教えてくれます。

「便所掃除を断られることが続いているうちに、何か自分の態度にいけないところがあるのではないかと反省しました。そこで次の家では本当に真剣にお願いしました。だから、『ご苦労さんですね。ではどうぞお願いします』と言われたとき、うれしくて仕方がありませんでした。そして掃除が終わったとき、すがすがしい気持ちになりました。もしそれを仕事としてやっておれば、代償を求める心がどこかにあるので、これほどの喜びは得られなかったと思います。

行願してみて、仕事をする場合も相手の期待以上のことをやれば、私も満たされるということを知りました。以前、三上和志さんの著書『人間の底』（一燈園出版部）を読んで感動しましたが、この研修会に参加して、こういうものこそ〝満たされた生活〟だと思いました」

智徳研修会は三日間で、第一回から現在まで〝気づきをもたらしてくれる研修会〟としてますます好評を得ているようです。

天香さんの世直しの方法

智徳研修会が始まってしばらくした昭和十八年（一九四三）九月、三上さんは満州の奉天大阪屋号書店から『大地の一燈』を出版しました。十九年に及ぶ満州での出来事を克明に綴ってあると知ってぜひ読みたいと思い、八方手を尽くして探しました。しかし、七十五年も前の戦中の本であり、しかも満州で出版されているので入手できず諦めかけていました。ところが、全国光友会の理事を務めておられる野田龍三《のだりゅうぞう》さんが持っておられたので、借りて読みました。

野田さんの父上・野田清一さんは、天香さんの媒酌によって一燈園で結婚され、天香さんから黄泉《こうせん》という号をもらい、『光』誌にもたびたび登場されています。一燈園二世の龍三さんは一燈園に関する資料はことごとく保存されています。三上さんの『大地の一燈』は極めて卓《すぐ》れた著書で、序文を天香さんが書き、こう述べておられます。

「この生活（註・一燈園生活）のうちに、ひょっとすると世界が血眼になって求めている、千古の大謎を解く鍵の一部分品ぐらいが秘められているのではないかと思われる」

天香さんは謙遜して述べておられますが、本心では「千古の大謎を解く鍵」そのものが含まれていると言おうとされているように思います。

この序文が書かれた昭和十八年は第二次世界大戦の真っただ中で、英、米、ドイツ、日本、それにソ連のそれぞれが主義主張を掲げて、真っ正面からぶつかっていました。日本は大東亜共栄圏構想を掲げて、欧米の植民地主義に真っ向から異を唱えて、アジア諸民族の自主独立を支援したため、インドもタイもフィリピンも、それにビルマ、マレーシア、インドネシアもことごとく独立に向けて立ち上がりました。

国際情勢が流動化しているということは、別な観点からいうと、世界は新しい秩序を獲得して落ち着くということに他なりません。天香さんは資本主義や共産主義以上に、無一物、無所有の一燈園生活が新しい価値観の核心だと主張しています。現に天香さんの講演托鉢は満州、台湾、ハワイ、カリフォルニア、ジャワ（インドネシア）と続いており、しかも熱狂的に受けていました。そんなことから確かな手応えを感じておられたのです。

天香さんは前掲した文章に続けてこう書き綴っています。

「（一燈園生活は）たとえ一部分であったとて、それは自分らが考えたものではない。考えが尽きて絶体絶命となったとき、ふと恵まれたお光なのである。神《かん》ながらで扱えば御稜威《みいつ》であろう。その前に、心、身、生活ぐるみでひれ伏したのである。経済生活ぐるみひれ伏したのが、この生活の特殊性である。つまり経済生活まで神意を畏《かしこ》みてやってみた。もちろん一家全滅を賭《と》してであった」

つまり、視点をお光に全面的に托したとき、不思議に道が開かれてきたというのです。

「そこに不思議な経済生活ぐるみの新しい心身の境地が湧いて出て、今日となったのである。一度にすべてを〝お光まかせ〟にしたが、それは逃避的なものではなく、正しい積極性を帯びて、何でも引き受け、建設できてゆく力を持っている。お光まかせのほうを一燈園と呼び、建設方面のほうを宣光社といい、この二つが一体二相であるとして、この不二の境地を天華香洞と言いならわしてきた」

かくして天香さんは一燈園という生き方と宣光社という社会的方法論が明らかになったのだと

説き、「確かな時代思潮になりつつある」と予感し、主張に熱がこもりました。

天香さん一家の勤労奉仕

原川義雄さんの行願体験

昭和十五年（一九四〇）九月、日独伊三国軍事同盟が結成され、十月には戦争に向けて挙国一致体制を作るため、諸政党に解散が命じられて大政翼賛会が結成されました。世の中が戦時一色になり、打倒英米に向かって一丸となっていた昭和十六年（一九四一）三月二十日、神戸市で天香さんの講演会が開かれました。

日本有数の企業である日本毛織《にっぽんけおり》の加古川工場に勤務していた原川義雄工場長は、友人の勧めもあって、早速聴きに行ってみました。何千人という工員を抱え、労使問題で四苦八苦していた原川工場長は、天香さんの淡々とした講演にとても教えられるものがありました。

もっと知りたいと関心を持った原川工場長に、彼を講演会に誘った友人は、奈良で織物工場を経営し、かつ同人として堅実な経営をしている末広木魚《もくぎょ》さんを紹介しました。木魚さんが住んでいる家は「奈良燈影精舎《とうえいしょうじゃ》」といい、本腰を入れて修行していました。木魚さんは、「一燈園生活を知るには、路頭といわれる下坐行をさせていただくに限ります。〝感謝する〟ということはどういうことなのか、本当にわかります」

と、路頭に出ることに力を入れていました。原川さんは見ず知らずの方の家で便所掃除をさせていただくことに抵抗がありましたが、ものは試しと思って、勇気を奮ってやってみました。結果は目から鱗が落ちました。早速、幹部社員を集めてお詫びしました。

「私は一燈園の行願と托鉢をさせてもらってみて、これまで何と尊大に振る舞い、上から目線であれこれ指示していたかということに気づきました。私自身の尊大さを直さないかぎり、いかなる改革も実を結ばないと反省しました」

そして幹部四人を奈良燈影精舎に送り、一燈園生活を経験してもらうと、彼らも同様に大きく目覚め、「この姿勢で改革を推進しましょう」と言うようになりました。結果はてき面だったので、さらに二百名を光泉林での智徳研修会に送り、社内改革に力を注ぎました。

圧巻だったのは、その智徳研修会で原川工場長が木魚さんと一緒に、滋賀県の穴太《あのう》の百姓家に托鉢に行っておられる天香さんに教えを乞いに行ったときのことです。話の最後、天香さんが、「今夜はここに泊まっていきませんか」と誘われました。天香さんと一緒に寝られるなんてめったにない機会です。

「それはもうありがたいことです。喜んで」

とお受けし、急遽藁《わら》小屋に泊めてもらうことになりました。六月八日だったので、もう蚊がお

り、寝つけません。それに気がついた天香さんは新聞紙を取り出し、
「こういう場合は頭に新聞紙を掛けておけば、蚊が来なくなるんです」
と言って寝入り、五分も経たないうちに寝息が聞こえてきました。やがて木魚さんも寝入ってしまいましたが、原川工場長はそうはいきません。寝つけなくて四苦八苦しているうち、「フウー、フウー」と太い息が聞こえてきます。壁の向こうからのようで、おかしいな、何の音だろうと確かめてみると、藁小屋の隣が牛小屋になっており、そこから漏れてくる牛の鼻息の音だったのです。牛小屋から流れてくる糞尿の臭いにも閉口しました。

天香さんはそのとき六十九歳です。功成り名を遂げて高名な人であるにもかかわらず、なお牛小屋の隣の藁小屋で寝ている天香さんを知って、原川工場長は頭が下がりました。

（トップに立つ人がこういう生活をしていれば、いわゆる労使紛争なんてものは起きるはずがない）

原川工場長は恐れ入り、天香さんの姿勢で日本毛織の改革を行っていこうと決意しました。

そこで天香さんにお願いし、同人二十名に加古川工場に来て工場の中で智徳研修会をやってもらい、女工さんたちすべてに一燈園の勤労観を学んでもらいました。さらに工場に一燈園と同じ礼堂をつくり、お光の灯火《ともしび》を分灯《ぶんとう》してもらい、より一燈園的な工場にしました。

天香さん一家の勤労奉仕

戦争たけなわの昭和十九年（一九四四）四月八日、天香さんは突然、産業報国の勤労動員として、日本毛織加古川工場に行くことにしました。行くのは、天香さんと妻の照月さん、長男保太郎（保香《ほこう》）さんの未亡人の漣月《れんげつ》さん、嫡孫《ちゃくそん》で長女の和子さん、長男の武君、次女の不二ちゃんの総勢六人です。

嫡孫の武君はこのとき、同志社中学二年生に進級するところでしたが、加古川から京都までは通学できないので、しぶしぶ一学期は休学するしかないかと考えていました。ところが天香さんの命令は、何と退学でした。

勉強好きな武君にとって、学校に行けないことほど辛いことはありません。そんな理不尽な！と思っても、有無を言わせないほど威厳のある祖父の命令は絶対です。武君は泣く泣く退学し、加古川工場で勤労奉仕しました。

勤労動員というと普通軍需産業に集中していましたが、武器は作らないという天香さんの信条から、軍人用の外套《がいとう》、夏冬服地、軍帽、毛布、防寒フェルトなどを製造している日本毛織で勤労奉仕しました。工場での生産に従事するだけでなく、工場内の敷地で食糧増産にも励みました。さらに燈影学園の生徒たちも応援に駆けつけ、産業報国の実を挙げました。

戦火は太平洋戦争に拡大

昭和十六年（一九四一）、日本は太平洋戦争に突入せざるを得なくなりました。十二月八日、日本は米国ハワイの真珠湾、イギリス領マレー半島を攻撃し、戦火は一気に広がり、ドイツ、イタリアなどの枢軸国と、米英などの連合国との全面戦争となりました。

緒戦、日本軍は有利に戦いを進めましたが、前途は次第に暗雲が垂れ込めるようになりました。物資統制が厳しさを増し、一燈園にまわされる紙も減らされたので、『光』誌はページ数を削減し、紙質も落とさざるを得ませんでした。昭和十七年（一九四二）六月五日、ミッドウェー海戦で日本海軍は空母四隻と多くの艦載機を失い、戦いに敗れ、以後、日本軍は敗北を重ねました。

昭和二十年（一九四五）八月九日、敗色濃い日本に対して、ソ連は日ソ不可侵条約を廃棄して宣戦布告し、百五十万の大軍でもって瀕死の日本に襲い掛かり、満州、樺太、千島列島に侵攻しました。それに満州から五十七万五千人の日本人を拉致してシベリアに送り、火事場泥棒的に、満州の日本企業の工場の機械を解体してソ連に持ち去りました。

敗戦とソ連の強制収容所

三上さんに召集令状！

昭和二十年（一九四五）八月十日過ぎ、満鉄では急に家族の疎開を始め、夕方には隣組も疎開を始めました。急激な変わりようです。

「岩渕さんやおばあちゃんは隣組といっしょに小学五年生の康治《こうじ》と二年生の寛子《ひろこ》は満鉄の家族といっしょに疎開させよう」

長女の愛子さんは赤十字の看護婦さんといっしょに兵隊さんの看護をすると言い張り、三上さんは奉天に残ることにして、長男の善志君や他の同人といっしょに防空壕を造り始めました。康治君と寛子ちゃんとはここで別れれば、もう最後かもしれないので、三上さんは八月十二日の夜、二人を当番室に呼んで諭しました。

「自分たちがもし死んでも、二人には生きていってもらいたい。もし死ぬときには、皓史（康治）は奉天一燈園の当番を父に持っているのだ、恥ずかしい死に方はするな。寛子はまだ小さいから、よく守ってやってくれ」

最後の別れになるかもしれないと思うと、ついつい涙声になります。聞いている者も涙なしには聞けません。三上さんは子どもたちを疎開者に預けると、防空壕造りに専念し、十三日夜ようやくでき上がりました。晩ご飯にしようとした矢先、大門のベルが鳴りました。久月さんが出てみると、「三上さんに赤紙です」と役所の職員から召集令状が渡されました。緊張が走りました。

「とうとう来ましたか。ご苦労さまです」

見ると出頭は明朝十四日朝五時となっています。みんな顔を見合わせました。時間がありません。三上さんは疎開せずに残っていてよかったと、お光に感謝し、一晩で準備して、翌朝現地入隊しました。

しかし、戦闘訓練は敵戦車の下に、爆弾を抱いて飛び込む練習ばかりで、疑問を抱かざるを得ません。これでは敵を倒すより先にこちらが死んでしまいます。ここにも戦争の末期症状が現れており、敗戦は避けられないように思えました。

案の定、八月十五日、日本は敗戦となり、さらに八月十八日、陸軍は動員が解除され、兵士たちは帰宅を許されました。三上さんは失意の中にも安堵し、帰宅するとその夜は泥のように眠りました。どれくらい眠ったかわかりません。久月さんが戸外の異変に気づいて目が覚めました。遠くのほうから波が押し寄せ、何とも言えない恐ろしさがひたひたと迫っているような気がします。

「外の様子が……何だかおかしい！」

泥のように眠っている三上さんは、久月さんにゆり動かされても目が覚めません。気が抜けたように爆睡しています。でも緊急事態です。寝ている場合じゃありません。奥さんにゆり動かされてやっと目が覚め、大門から外をそっとのぞくと、満人が大きな荷物を担いで、北のほうから南へたくさん駆けてきます。大門の外にいた満人に訊くと、「日本軍が解除したので、満人が暴動を起こしたらしい」と教えてくれました。

そこで屋内に引き返して久月さんに状況を話し、

「早く二階に行って女の人を起こして身支度させなさい」

と指示し、自分は男性の部屋に行ってみんなを叩き起こしました。電灯をつけた途端、庭にばらばらと石が投げ込まれました。

「いかん、電灯を消せ。廊下の小さい灯りだけ点けて、静かにしろ……」

不二堂に避難して来ていた近所の日本人たちが、恐ろしがって母屋になだれ込んできました。

「女の人や子どもは二階に上がって。男はみんな警備に廻れ」

男は持ち場を決めてそっと外に出て、物陰に隠れて警備につきました。女の同人は木刀を持って一階の表と裏の出入り口を固めました。満人がいつガラス窓を破って侵入するかわからないので、窓も警戒しました。

何時間か経ち東の空が白んできて、あたりがだんだん明るくなってきました。緊張に緊張を強いられた時間が無事に過ぎたのです。同人同士が顔を見合わせ、無事に一夜を過ごせたことを喜びました。

それから三日三晩、満人にとってはほしいまま、思うままの掠奪が始まりました。男だけでなく、白髪まじりの老婆まで、棍棒を持って大風呂敷をかつぎ、日本人の家を襲い掠奪しました。

奉天一燈園も大門を閉じて板を打ちつけ、家の中で外の様子をそっとうかがっていました。不二堂に避難してくる日本人たちはどんどん増加していきます。近所に工場を持っている人、住宅を持っている人が一燈園に身を寄せておれば、満人も襲ってこないだろうと思ってのことです。住宅や工場を捨てて、日本人居住区の大和区に避難することが思いきれず、避難しなかったのです。しかし一燈園も食糧を備蓄しているわけではないので、すぐ底をついてしまいました。食糧が枯渇したので、夜に紛れて自分の家に戻り、持ってきてくれる人もいましたが、焼け石に水でした。

そのときです。ありがたいことが起きました。時々一燈園に電話を借りにきて、心安くしていた隣の鉄工所の満人が、窓を開けてそっと呼んでいます。何事かと行ってみたら、大きな野菜籠に野菜をいっぱい入れて、ロープでつり下げてくれたのです。

「謝々」

涙がこぼれるほどうれしい野菜籠でした。そのころはもういくらお金を出しても、日本人にはものを売ってくれなくなっていたのです。一燈園を知らない満人が、大きい家だと思って押し入ろうとすると、鉄工所や近所の米屋の主人の満人が、「そこは廟《ミョウ》さんが住んでいるから押し入るな」と止めました。いつも通りを箒で掃いていたからでしょうか。満人も朝鮮人も等しくつき合っていたから、尊敬してくれていたのです。

一燈園の裏に住んでいる洋車（人力車）引きが、「明日は危ないから気をつけなさい」とそっとささやいてくれました。おそらく国民軍や八路軍が新しい支配者として乱入して、また掠奪が始まるから気をつけろというのです。

自分たちが住んでいる小路の入口には鉄条網を張って外部から人が入れないようにしています。北支や中支からやって来る国民軍や共産党の八路軍の兵隊はどうすることもできません。たびたび掠奪に遭ったり痛めつけられている満人は、新聞を見なくても警戒するよう情報が口伝えで伝わっていきます。それまで一度も憂き目に遭ったことがない日本人には、神わざとしか思われないような速さです。

そのうち外の緊張の度合いが高まってきました。と、大門をとんとんと手荒に叩く音がします。出てみると、支那語で「出方が遅い！」と怒鳴られました。見ると国民軍の兵隊が三人立っています。そして靴のまま家にあがって手当り次第に探し回り、金目のものを持って行きました。

そんなことが三、四度あって、やっと途絶えたかと思うと、潮が引くように国民軍がいなくなり、今度はソ連軍が入ってきました。勢力図が変わったのです。ロシアは一九一七年（大正六）

に革命が起きて帝政が倒れ、代わってレーニンがソヴィエト社会主義共和国連邦を樹立し、国名が変わったのです。

一九四五年（昭和二十）八月九日、ソ連は日ソ不可侵条約を破棄し、百五十七万人の大軍で満州国境からなだれ込みました。ソ連軍の兵隊はもともとシベリアの刑務所にいた囚人で、にわか軍人に仕立て直されたので、若者あり、年寄りあり、武器も揃っていないお粗末さです。恐ろしく旧式でしたが、鉄砲を持っているので、命令を聞かないわけにはいきません。

その鉄砲を同人の胸に当て、今にも撃つ恰好をして、

「ウォッチ！　ウォッチ！」

と要求します。腕時計を二つ出したがまだ足らず、万年筆も奪っていきました。

隣組の人の話では、女を出せと要求し、乱暴狼藉《ろうぜき》を働いたそうです。それで女の人は髪を切って男装し、物置に息をひそめていました。ある奥さんは、ソ連兵は便所の臭いを嫌がると聞いて、便壺に飛び込んで助かったといいます。

危機一髪で逃れたソ連兵の難

三上さんはすぐに同人の女の人を集め、隣組の工場から分けてもらった青酸カリを小瓶に分けて言いました。

「この中で一人でも辱《はずかし》めを受けるような人が出たら、その人だけではなく、みんな死んでください」

そして小瓶を首につるさせました。女は小さい子どもにいたるまで、バリカンで丸坊主にしました。服装はズボンやモンペをはき、上は引っ張りを着て、一見男に見えるよう変装しました。それでも三上さんは心配なので、二階の屋根裏の物置を女性の隠れ家にしました。ソ連兵が来たら、すぐに二階の物置に隠れるという手筈です。

ある日の夕方、ソ連兵が三、四名人、大門を叩いて押し入ってきました。女性は二階の物置に逃げ、内側から鍵をかけました。ソ連兵は何やら大声でわめきながら、廊下を土足で歩きまわり、ついに二階の部屋に入ってきました。

ソ連兵が物置を開けようとしましたが、取っ手がありません。あちこちいじりましたが開きません。ソ連の家は引き戸式ではないので、どう開けたらいいのかわからないのです。

そこで男の同人が襖を開け、それをもう一方の襖に立てかけて入り口を塞《ふさ》ぎました。押入れは真ん中に荷物を置いて二つに仕切り、隠れ場所は左右二ヶ所に作られています。ソ連兵は押入れの中の物を物色し始めたので、三上さんたちは冷や冷やしました。押入れの向こう半分の、板一枚隔てた隠れ場所に女性の同人が十四、五人ひそんでいるのです。もしこの戸を開けて押し入られたら青酸カリを飲もうと、みんな小瓶をぎゅっと握りしめて、息をひそめていました。

ソ連兵は押入れの荷物を運び出し、門前に横づけしたトラックに積んで引き揚げていきました。押入れの向こう半分に息をひそめていた女性たちには気がつかなかったのです。

「もう出てもいいよ」

と言われてようやく人心地がつき、みんな這《は》いだしてきました。そして誰からともなく喜びで大笑いし、一人も傷つかなくてよかったと泣きだしました。それほど緊張していたのです。

ところがまた風向きが変わり、ソ連に代わって八路軍がなだれ込んできました。しばらくしたら今度は蒋介石の国民党軍が取って代わり、そんな明け暮れが一ヶ月ほど続いて少しばかり落ち着いてくると、一燈園に避難していた近所の人たちも、一人減り二人帰りして、みんな自分の家に帰っていきました。

そろそろ寒い冬が忍びよってくる九月半ばです。石炭は五、六トンありましたが一冬過ごせる量ではありません。塀のまわりにイタチ萩を巡らせてあるので、その枝を払えば薪《たきぎ》は何とかなります。満州では三日食べなくても何とかしのげるが、厳寒期は暖房なしでは三日越せないといわれています。それほど暖房対策は死活問題なのです。

戦争の終結によって、奉天は名前が瀋陽《しんよう》と変わりました。そこにソ連軍から瀋陽にいる日本人男子は全員集合するようにという不気味な知らせが来ました。

ソ連軍の捕虜収容所

昭和二十年（一九四五）九月十八日、朝日区の区長をしていた安藤氏（仮名）から謄写版刷りの印刷物が配達されました。

「九月二十日午前九時までに、兵役にあったものは南市場警察署の庭に集合せよ。集合しなかった場合、ソ連から厳重に罰せられるであろう」

という内容です。三上さんはたった一ヶ月しか軍隊にいませんでしたが、これに該当するのかどうか、安藤区長に確かめに行きました。三上さんは直感から、これにはうっかり従えないぞと思いました。ソ連は目的を達するためには、どんな嘘も平気で言い、目的さえ達すれば、方法はどうでもよいという国でした。

ところが安藤区長は何の疑いも持っていないという素ぶりで答えました。

「ソ連軍に他意はないようです。戦争当時の軍の勢力を調べるだけで、一人ひとり訊いた上ですぐ帰すそうです。本人の都合が悪ければ、家族でもかまわないと言っています」

（フーン、そうかな。入隊した陸軍の大隊長は気を利かして全員解散したので、それぞれ家に帰ることができた。もし解散していなかったら、新兵隊も戦闘部隊と同じように即刻シベリアに抑留されたに違いない。もう一度招集するというのは、シベリアか満州で、捕虜として使役するからではないか……）

三上さんの凝念は消えず、割り切れない気持ちで帰ってきました。あれこれ考えた末、自分は出頭しようと決心しました。出頭しないことによって家族や一燈園に難が振りかかっても困ります。九月二十日、三上さんは南市場警察署の庭に出頭しました。十時ごろになると、私服の支那人の警察官が出てきて、出頭した者約千人を四列縦隊に並べました。後ろで話し声がしました。

「おかしい。日本軍の勢力図なんて何も調べないじゃないか。やはりシベリアに抑留するつもりだぞ」

「もしそうだったら、安藤区長め、ただじゃ置かないぞ！」

すごむ声がしました。その声にみんながいっせいに、秘書のような男と立ち話をしていた安藤区長を見ました。みんなの睨みつけるような目に安藤区長はぞっとしたらしく、こそこそと逃げました。

捕虜の四列縦隊が歩き出し、街頭に出ると、いつの間にか二十列ごとに、ドラム型弾倉がついたマンドリン軽機関銃を持ったソ連兵がついていました。バラライカともマンドリンとも異名がついている銃で、銃身が短く、林の中でも操作しやすく設計された軽機関銃です。

「やはりそうだ。シベリア行きだ。もう死ぬのが約束されたようなものだ」

捨て鉢な声が聞こえてきます。やはり捕虜の再編成のためだったのです。ソ連兵のマンドリン軽機関銃を睨みつけては唇をかみ、ほとんど黙りこくって歩きました。これからのシベリアでの運命を見詰めてでもいるかのようです。

射殺された逃亡者

三上さんもみんなといっしょに黙々と歩きました。もの珍しそうに眺めている支那人もいれば、ざまぁ見ろという顔をしてあざ笑っている満人もいます。これが日本人の末路だと言わんばかりに、指さして笑っています。

「しかし、どこに連れて行くのでしょうか」

と、三上さんは横でぼやいた男に訊きました。

「さあ、兵工廠《へいこうしょう》の跡か東北大学でしょうか。それとも旧関東軍の北大本営跡かもしれませんな」

と、吐き出すように言いました。九月を半ば過ぎた瀋陽は、朝夕は秋を越えて冬の寒さをしのばせますが、正午近くなると、それでもまだ夏を忘れていないとばかりに汗ばんできます。

乾き切った道路をソ連兵に看視されて約一時間、黙々と歩きました。千人が千人とも、これから始まる生活に思い悩みながら歩く足の重さは、敗亡の民と言うにふさわしいものでした。隊列は城内を過ぎてついに郊外に出、東北大学に通じる道を歩きました。するとふいに、

タン、ダダダ……。

と機関銃の音が響きました。はっとして振り返ると、四、五十人後ろの男が逃げ出し、死にも

の狂いで駆けていきます。再び、

ダダダダ……。

と銃撃の音が響き、男たちはもんどり打って倒れました。かわいそうにやられたのです。ソ連兵は機関銃を動かして、歩け、歩けとせかします。人々は一段とシュンとして歩き出しました。後ろ横の男が泣いています。三上さんもやるせない気持ちでした。

東北大学の構内に鉄条網が見えてきました。ソ連が急いで作った捕虜収容所です。三上さんの隊列以外に、既に到着した隊列が二隊列待っていました。東北大学の門を入ると、いかめしいソ連兵が三人立っており、入って来る日本人を一人ひとり数えていました。

脱走者を撃ちまくった機関銃

広い東北大学の捕虜収容所の周りは、二重に鉄条網が張られています。一重目と二重目とは約二メートルの間隔があり、十メートル以内に近づけば射殺されます。要所要所にソ連兵が軽機関銃を持って徹宵しているだけでなく、シェパードを二匹連れてパトロールしています。夜は要所要所のサーチライトが鉄条網を照らし出しており、アリが這い出る隙間もありません、

時々十数人が使役に呼び出され、ソ連兵の食事の手伝いをさせられたり、日本兵の炊事材料を受け取りに行ったりします。捕虜は収容所内の修理以外はほとんど用事がなく、炊事当番がない

日はいよいよ仕事がなく、みんなぼけっとして暇つぶししているだけです。

「逃げようたって、逃げられんぞ」

と威嚇《いかく》するため、コザック兵が鉄条網の外を騎馬で疾走し、馬上から飛んでいる鳥を銃で撃ち落としてみせます。鮮やかな手並で、百発百中です。これでは逃げられないと、みんな観念せざるを得ません。それでも自由を求める気持ちは止めようがなく、脱走を図る者は後を絶ちません。逮捕されて重営倉に入れられる人が、一日一人以上必ず出ました。噂では夜半すべて銃殺してしまうそうですが、それでも脱走は止まりません。

収容されてから四日目のことです。夕方から暴風雨になり、夜半には大暴風雨となりました。屋根のトタンが外れて飛ばされ、風雨が狂気のようにガラス窓を叩いています。二十四人の同室者はいつものように寝ましたが、三上さんは不思議に眠れませんでした。やがて歯ぎしりやいびき、寝言が聞こえてきました。ところが夜半十二時ごろ、突然収容所の入り口近い方向で、
ダダダダダダ……。

と機関銃の連射音がしました。三上さんははっと息を呑みました。脱走者がやられたのです。それをきっかけに、あっちでもこっちでも機関銃が間断なく鳴り響きます。

風雨と機関銃の音がし、稲妻が時々光ります。いびきも歯ぎしりも止まり、暗がりに起きだして、みんな聞き耳を立てています。不安な沈黙が室内に充ちました。外は風雨と機関銃の音だけ

です。ガラス窓越しに外を眺めると、サーチライトが消えています。暗闇と嵐。逃亡にあつらえ向きです。突然誰かが闇で叫びました。

「西村がいない！　寝床がもぬけの殻だ」

「逃げたんだ。逃げたいと言っていたからな」

「逃げおおせるかな」

「駄目だろ、もう殺されてしまっているぜ」

誰かが暗闇の中で、吐き出すように言いました。

「今頃は死んでしまっているよ。あの銃声では助かるまい」

「だいぶ大勢、逃げたな。うまくいくといいが……」

銃声はその後も続き、それを聞きながら、とうとう一睡もしませんでした。

明ければ昨夜の暴風雨を忘れたような、からりと晴れあがった天気でした。でも、脱走と間違われて撃たれたら損だと思い、夜が完全に明け放たれるまで、みんな戸外に出ませんでした。

明るくなって戸外に出てみたら、鉄条網に血だらけになった日本人の死体がぼろ雑巾のように引っかかっていました。ある者は鉄条網まで達することができず、内側の草原に倒れて息絶えていました。肩が吹き飛び、傷口が真っ赤な噴火口のように裂けている者もありました。ある者は鉄条網を越えようとして引っかかったまま、マンドリンで撃たれ、頭がスイカのように割れてぶら下がっていました。

三上さんが広い捕虜収容所を回って死体を数えてみると、五十体ほどありました。一夜の嵐が五十人の命を奪ったのです。多くの日本人は厳しい現実の前に茫然としていました。

ソ連兵は満人を連れてきて穴を掘らせ、その死体を埋めていました。それを眺めているうちに三上さんは日本人の手で埋葬したいと思い、この人たちを埋葬する穴を掘らせてほしいとソ連兵に申し出ました。最初は通じませんでしたが、穴を掘る仕草でわかったらしく、オーッと大きくうなずいて許可してくれました。

三上さんは満人に混じって苦渋の穴を掘りました。穴は寝棺でも入るような長い穴を一メートル半ほどの深さに、二十一掘りました。一つ穴に一人ずつです。

死体をいよいよ穴へ入れる段階になると、全員丸裸にし、満人はまったく事務的に二人して足と首とを持って、穴の中にひょいと投げ入れました。ひどく哀れなものです。三上さんはさすがにその手伝いは遠慮しました。

穴埋めが終わると、ソ連人将校はそこに積まれた死人の衣類を穴掘り賃として満人農夫に分け与え、農夫たちはくり返し「謝々」と言って帰っていきました。

鼻が曲がりそうな便所

捕虜収容所の便所は変わっています。小便所は地面に穴を掘ってあり、普通どこにでもあるような囲いがしてあります。大便所は長い穴を幾条も並べて掘ってあり、その長い穴をまたいで並んで用を足すのです。従って前の人の後にまたいでいるので、前の人の尻をおがみながら用を足すわけで、何列にもしゃがんでいます。一つの囲いの中に三十人くらいが入り、煙草をくわえている人もあれば、大声で隣りの人と話をしながら、用を足している人もいます。まことに壮観です。でも下痢をしている病人だけは別で、厳重に別の便所を使わせていました。

不思議なことにその便壷の長い穴が大変浅いので、すぐいっぱいになります。溜まったら汲み取るというより、ショベルですくい取るのですが、これが臭い上に大仕事です。だから誰もしたがりません。しかし穴がいっぱいになっては大変困ります。

その使役が募られると、三上さんは一番に応じました。下坐に下りた一番よい仕事だと思えたからです。一回目は十人で使役しましたが、二回目は五人ほどに減り、最後はみんなうまく逃げてしまったので、仕方なく、三上さんともう一人、顔が蒼白《あおじろ》くておとなしそうな男と二人でやりました。二日かかりましたが、みんなにはとてもありがたがられました。こうして三上さんの評価は高くなっていきました。

人々の心を揺さぶった講話

捕虜収容所にはお互い知らないまま連れられて来ています。だから思いがけない人にばったり出くわして、「あなたも来ていらっしゃったのですか!」と手を取り合って喜ぶことがよくあります。三上さんも知っている人に偶然出会い、それらの人々を通して、三上さんが奉天一燈園の当番（代表者）で、満鉄や学校の父兄会、あるいは町内会で講話をしていたことが伝わっていきました。それも口先だけの講話ではなく、生活が伴った話をする人だとして伝わっていきました。

ある暖かい日ざしの日、三上さんがワラ半紙を綴じて作ったお手製の日記を、膝の上で一心に書いていていたら、「三上二等兵はいるか!」と、一人の軍曹が部屋に入ってきました。三上さんは思わず立ち上がり、直立不動の姿勢で、「自分であります」と返事しました。すると軍曹は早口でまくしたてました。

「日本軍の将校室からお前を呼んでこいという命令が来た。行ってこい」

三上さんは早速手製の日記や鉛筆を片づけて、立ち上がりました。捕虜収容所の中は旧日本軍の組織が生きていて、ソ連軍はそれを使って全員を統括していました。将校室とは名ばかりの粗末な部屋に急いで出頭すると、待っていたように、

「三上だね。こちらへ……」

と司令官室に案内されました。そこには中川司令官と、顔見知りの軍医がいました。奉天市内

で開業している医者の松永さんです。三上さんは思わず、

「やあ、しばらくでした。お元気そうですね」

と合掌しました。ついついいつもの合掌する習慣が出てしまいました。「さあこちらへ」と中川司令官が自分の前を指さし、話を始められました。

「松永軍医からあなたのことを聞きました。随分立派なことをされているんですね。実は相談があってお呼びしました」

「はあ、私に？」

「続きは君から話したまえ」と中川司令官は松永軍医に向き直りました。

「それでは私から……」と前置きして、松永軍医は演芸会の計画を話し始めました。

「実は収容所暮らしもだいぶ長くなったので、今度みんなの出し物を持ち寄って、慰安演芸会をやろうということになりましてね。ソ連側の許可を得ることができました。それであなたにも出し物を出してもらおうというのです」

「私が演芸の出し物を？　不器用な人間なのでそんな芸は持っていませんよ」

三上さんは事の意外さに驚きました。

「ところがそれも浪曲を披露してもらいたいんですよ……」

松永軍医はニヤニヤ笑い、中川司令官もおもしろそうに相槌を打っています。

「えっ、私が浪曲を？　やったこともないのに無茶です」

三上さんはますます不可解でした。

「いえね、表向きは浪曲ということにして、実は講話をしてもらいたいんです。幸い、当日立ち合うソ連側の将校は日本語がまったくわからないんです」

「なるほど、そういうことですか！　考えましたね」

三上さんはやっと呑み込めました。

「これからいかに祖国を再建するかという講話をね。面と向かって講演と言えば、ソ連は絶対許さんでしょうから、浪曲ということにして、許可をもらいました。私たちとしては、ここに収容されている日本人に祖国を忘れないようにしておきたいと思うのです」

松永軍医に代わって、中川司令官も意図を述べました。

「松永軍医が、平和の中での再建という話ならあなたが適任だと言うんです」

三上さんは了解しました。それから三日後の夜、その慰安演芸会が大ホールで開かれました。ホールには日本人が千人ぐらい集まりました。捕虜たちは次々にシベリア送りになっており、残った者は少なくなっていました。

舞台近くには貴賓席がしつらえられ、ソ連将校が傲然《ごうぜん》と構えて舞台を観ています。もちろん看板どおり寸劇もあり、手品もありました。そのたびに拍手が嵐のように起こり、みんな楽しみました。いよいよ浪曲という名の講演が始まります。黄色の毛布に紙を切り抜いて上手に貼って飾り立てて高座を作り、本物のようです。三上さんに先立って、二人ほど本物の浪曲をうなりました。

争いの原因にならない生活

そしていよいよ三上さんの出番です。三上さんは舞台に出てお辞儀をし、講話を始めました。聴衆は静かにして聴いています。三上さんは支那人の朴さんに奉天城内でいきなり殴られたけれども、合掌してお詫びしたら、朴さんとこの上ない友達になった話をしました。こちらから先に下坐に下りると、いさかいが解けるという話は、逃亡した者たちを埋葬し、便所掃除に精出す三上さんの姿を見ていたので、すんなり受け入れられました。

「世界平和などというと大変高尚な話のように聞こえますが、それを実現する道はこちらが先に下坐に下りることによって実現できると思います。平和の建設は争いの原因にならない生活をすることから始まります。

戦争に敗けて、祖国は亡び去ったように見えます。でもそれは傍若無人で、居丈高な日本が滅び去ったのであって、これからは本当の日本の建設が始まるのです。それに寄与できる私たちであろうではありませんか」

三上さんの講話が終わって降壇しようとした瞬間、嵐のような拍手が巻き起こりました。高座から下りた三上さんのところに押しかけ、握手を求める人もあります。

「日本の再建はここから始まるんですね。日本はきっと再建できると確信しました！」

慰安演芸会が終わって解散し、三上さんが自分の班に戻ると、中川司令官から呼び出しがありました。行ってみると中川司令官が三上さんの両手を握って、

「よかった。よかった。大成功だった！」

と喜ばれました。松永軍医も、

「あんなに聴衆が喜ぶとは思わなかった！　予想以上のできでした。慰安会の人気はあなたに独占されてしまいましたね」

と興奮して喜んでいました。司令官室の薄暗い電燈の下で、ほこりっぽい臭いのする番茶が供されました。でも、それ以上にもてなしを受けた感じです。司令官室を辞するとき、三上さんはほのぼのとした気持ちでいっぱいでした。

翌日、捕虜収容所の廊下や広場でみんなに会うと、「昨日はいい話をしてくれてありがとう。祖国の再建に向けて元気が出ました」と口々に感謝されました。三上さんの手を握ったまま泣いて、ものを言えなかった人もありました。

第九章

二百数十万人の引揚事業

独房を訪れるネズミ

ソ連の秘密警察の独房

そんな三上さんにソ連の秘密警察から出頭命令が来ました。泣く子も黙ると恐れられたソ連の秘密警察は反革命分子、反動分子、反体制派の摘発と抹殺を目的としている機関です。

秘密警察から取り調べられた警察署員が、三上さんがしばしば講話に来ていたと漏らしたので、三上さんが警察官に国粋主義的な思想を吹き込んで洗脳していたのではないかと嫌疑を掛けたのです。そこで三上さんに出頭を命じ、瀋陽市本部に連行し、地下の独房に放り込みました。

三上さんがソ連軍の呼び出しから帰ってこないので、久月さんや同人たちは救い出そうと奔走しました。ところがどこに掛け合っても、相手がソ連だと聞くと、誰もが決まったように、どうにもなりませんと手を上げました。ソ連を知っている人は、権威主義的で、まったく信用できない相手とみなしていました。

三上さんの新しい托鉢場所となった独房は三畳くらいの広さで、前が鉄格子、後ろがコンクリートの壁、左右は煉瓦にセメントを被せてコンクリートのように見せかけています。壁の高いところには横長い窓が作られており、言うまでもなく鉄格子がはまっています。床はコンクリートの上に、幅三尺、長さ一間のゴザが敷いてありました。

三上さんは部屋の探索がすむとゴザに正座し、足が痛くなるとしばらくあぐらを組み、また正座に戻りました。見回りのソ連兵は十五分おきに廻ってきます。

コツコツ、コツコツ。

靴の踵がコンクリートの床にぶつかり、長い廊下に響きます。そのたびに囚人同士の話し声が消え、水を打ったようにシーンとなります。兵士が通り過ぎるとまた話し声がします。

隣りの房との連絡は拳骨《げんこつ》で壁を叩いて合図します。ある日、向かい側の女性がコツコツと壁を固いもので叩いて合図をしてきました。

「奉天在住の方ですか?」

三上さんは鉄格子戸まで出て答えました。

「そうです。あなたは奉天在住の方ですか?」

相手の女性は満州在住とは見えないほど垢抜けていたので、訊き返しました。こんな所にいると、誰かと話さずにはおれない気分になります。

「そうです。橋立町に住んでいます。でも実際はブラジル生まれのブラジル育ちなんです」

「それはまた、どうしてこんなところに?」

と問うと、四十過ぎかと思われる女性は身の上話をしました。

「父が長い間サンパウロで貿易商をしていましてね。白系ロシア人とも毛皮の売買をしていたんです」

「どうしてこんなところに引っ張られたんですか？」

「私はなまじっかロシア語ができるため、スパイだと疑われたんです。商売上、必要なことなんですけど。秘密警察は頭からスパイだと決めてかかっているので、どう釈明しても聞いてくれません」

「彼らは自分の思い込みが正しいと思い、その証拠集めに尋問してるようなもんです。私は一燈園の三上と言います」

三上さんの素性を聞いて、その女性は素っ頓狂な声を上げて驚きました。

「まあ、すると萩町の満鉄クラブでお話をされた方ですか？」

「そうです。あなたは満鉄クラブにも出入りされていたんですか」

「これも商売上のつき合いでね。それにしても驚きました。奇遇ですねえ。私はあのとき、お話を聴かせていただいたマリ、柴田マリと申します」

柴田さんは三上さんが入獄したときはすでに投獄されていたので、訊きました。

「この独房は元からあなた一人なんですか」

「いいえ、私が来たときはいっぱいでした。それなのにいつの間にかどこかへ連れ去られてしまいました。処刑された人もあり、シベリア送りになった人もあるようです。あなたが来られる前日、ある日本人が発狂してしまいました」

「どうして発狂されたのですか」

「追い詰められたんです。床はこんなにじめじめしているし、食物は高粱《コウリヤン》一杯か黒パン一個だけ。夜具もなし。それに堪えるだけでも大変です。発狂か肺病か、脚気で死ぬより仕方ありませんわ」
二、三日するうち、隣と向かい側の独房に三人入ってきました。みな日本人です。三上さんの隣は興安省の警察官、向い側の二人はどちらも旧関東軍の将校です。将校の一人は観念したのか舌を噛んで自殺しました。その死体が引き出される夕方、他の人たちは鉄格子を握りしめ、憤怒の表情で見送りました。ここでは人のいのちは虫けらのようなものです。

壁のパイプから覗くネズミ

ただ独り閉じ込められていると、忘れ去られてしまったような寂しさに襲われます。シーンとした静けさの中にいると何かが欠けていると思い、生きているものだったら何でもいい、顔を見せてほしいと切に切に願うようになります。自分以外に何か動くものがないかと、ついつい探してしまうのです。一切の音が遮断《しゃだん》された重営倉の独房では三日も持たないといいますが、あれは本当で、狂おしいほど人恋しくなるのです。

ある日、坐禅をしていて、半眼の目をふと開くと、窓の鉄格子から大きい青大将がゆるゆると入ってきました。舌をペロペロと出し、鎌首を持ち上げて三上さんを物珍しそうにじっと見つめました。いつもならぞっとして飛び上がり、物を投げて撃退したのでしょうが、このときは違いました。気持ち悪いヘビだとは全然思わず、何か親しみすら感じ、いつまでもいてほしいと思ったのです。何も動かない中で、青大将はたった一つだけ〝いのち〟があり、動く生き物だったので、愛情すら感じました。生きとし生けるものはみな一つで、〝大いなる存在〟が別々な形をして現れただけだと思えるのです。

ある日、三上さんは鉄格子に背を向けて窓を仰ぎ、東西南北を仰いで拝む「一帰四礼《いっきしれい》」を二度ほどくり返し、そのまま坐って目を閉じてじっと瞑想していました。ふと半眼になると、壁の隅にある鉄管《パイプ》の口から何か動くものがこちらを覗いています。何だろうと思って目を開いてよく見ると、どぶネズミではありませんか。体は小さいが、子どもではありません。鉄管から頭を出し、何か探すようにして頭をかしげ、口をもぐもぐしています。小さい目が時折光ります。

(ああ、なんてかわいい奴だ!)

頬ずりしたくなりました。ネズミは一回り見渡すと、パイプの中に消えました。翌日も同じ時間の午後二時頃出てきて、しばらく部屋の様子を眺め、またパイプの中に帰っていきました。

(そうだ! 食べ物を探しているんだ。パン屑でもないかな。何もないぞ。困ったな。それじゃ

何か用意しておこう）

今までも覗いていたのかもしれませんが、気づかなかったのです。そこで翌日は昼食の黒パンの屑を少し取り除け、パイプの前に置いて待ちました。すると二時ごろになると出てきて、きょろきょろ見回した末にパン屑を見つけ、食べてくれました。

「明日も来いよ！　待っているぞ。うちのパン屑は愛情いっぱいだからおいしいぞ。用意しているからな」

それから毎日、黒パンの屑を置きました。それも毎日少しずつパイプから離して、三上さんの近くに置きました。ネズミは毎日出てきて、少しずつ三上さんに近づいてきてパン屑を食べるようになりました。

（ようし、いいぞ、いいぞ。上出来だ。ちっとも怖くないからな。おじさんはこう見えてもやさしいだろ。みんなそう言うんだよ。おじさんと仲良しになろうな……）

三上さんはネズミに語りかけ、その時間が来るのを待ちこがれるようになりました。

なんだか急に独房の生活が賑やかになりました。九日目にはとうとう三上さんの側まで来て手から直接パン屑を食べました。そして十一日目には手の上に乗って食べたのです。

三上さんは小さなネズミにしみじみとした愛情を感じました。

（人生という空間を充たすものは愛情だ。これによって生活は充実する。ネズミとのささやかな愛の交流が、私をどれだけ慰めてくれたかしれない。生きているものといっしょに住み、食べ物を分かち合う――これ自体が喜びであり、慰めだ！　現にネズミとのささやかな交流が私の生きる力になっている！）

自分が処刑される番

独房の人々は次々に引き出され、取り調べられ、そのまま帰ってきません。即刻処刑されたか、シベリア送りになったかです。柴田さんは何度も引き出されましたが、帰ってきても尋問の内容は語りません。何度目かの取り調べの最中、三階の取り調べ室の窓から飛び下りて、自殺しようとしました。しかし途中で体が電線にひっかかり、落ちる速度が削がれて道路に落ちたので死ねず、足を片方骨折してしまいました。

血が滲《にじ》んだ白い包帯をした脚でかつがれて独房に戻ってきましたが、それ以来寝たきりになってしまいました。巻いてくれた包帯は交換してくれず、ゴザの固いベッドで、夜となく昼となくうなっていました。その後も二度ほど、取り調べ室に引き出されましたが、尋問は彼女の許容量以上だったのか、とうとう発狂してしまい、母親のもとに還されたようです。

独房に入って十五日目、ようやく三上さんが呼び出されました。機関銃を持ったソ連兵に案内されて、三階の取り調べ室に連れていかれました。金壺眼《かなつぼまなこ》をした小心そうな取り調べ官が重箱の隅をつつくように訊いてきます。

「お前は元満州国中央警察学校の嘱託《しょくたく》をしていたか？」

「いいえ、嘱託ではなく、時々講話をしに呼ばれて行っただけです」

「何度ほどか」

「はっきり覚えてはいませんが、中央警察学校で二、三回、奉天警察学校で二、三回、それに各地の警察署で話しました」

「警察官に日本精神を叩き込んだのか？」

「いいえ、一燈園の宗教的生き方を話しました」

「一燈園とは何であるか？」

「私が所属している精神修養団体で、いわば仏教やキリスト教が合わさったようなものです」

「精神修養団体の教師がどうして警察官に話をするのか？」

「警察官が民衆に対するとき、私どもの生き方が参考になるからでしょう」

そして一燈園は無一物、無所有の共同生活をしており、きわめて共産主義的生き方に似ていると話しました。

「一燈園の中に共産党員はいるのか？」

「いいえ、いないと思います。私どもは宗教的共同体ですから、宗教をアヘンだとみなしている共産党は宗教が受け入れられません」

そういう訊問が続き、その日は帰されました。その後、尋問は三回続き、三上さんは嫌疑不十分ということで釈放されることになりました。釈放に当たり、以後、ソビエト連邦のために働くと誓約書を書くよう求められました。しかし、お光の上にソビエト連邦を持ってくることは、自分の信条に反することだからできません。誓約書に拇印《ぼいん》を求められましたが断りました。そのため処刑されるかもしれないと腹をくくったが処刑はされず、元満州帝国の兵工廠《へいこうしょう》での使役に回され、かろうじて生命は助かりました。

兵工廠には、東北大学構内の捕虜収容所からたくさんの日本人が使役に回されてきていました。ここは満州の頭目張学良《ちょうがくりょう》時代からの兵工廠で、元満州帝国に引き継がれており、旧式な機械があるかと思うと、驚くほど最新式の機械もあります。それらを取り外してソ連に送るために梱包しますが、いわば国家による公然とした掠奪です。ここで一週間ほど働き、機械の取り外し作業が終わると釈放されました。

三十八日目の釈放

釈放される人々はソ連軍のトラックに乗せられ、三上さんは南三経路の角で降ろされました。三経路から奉天一燈園に向かって歩いていると、だんだん一燈園の煉瓦煙突が見えてきました。

懐かしいものに近づくにつれ、まさか自分が生きて帰ってくるとは思わないだろうから、みんな狂喜するだろうと思うと、笑いがこみ上げてきます。

しかし帰ってみたら、住んでいるのは満人か、ロシア人だったということもあり得るし、そう思うとたまりません。それが終戦直後の満州における日本人の立場で、掠奪にあえいでいました。ついに門の前に立ちました。表札は外されています。どうか家族が出てほしいと念願して呼び鈴を押しました。玄関から門のほうに人が出てくる足音がします。木と石がぶつかる音です。下駄に違いありません。門の中から日本語で、女の声で、「どなたですか」と訊いてきました。三上さんの義姉さんの声です。答えようとして、感激のあまり、声が詰まってしまって出ません。やっと息ができて、張り切って、

「和志です。帰ってきました！」

と返事すると、「えーえっ」と驚きの声がして横の潜り戸が開きました。義姉さんが「お、おかえり……」とどもりながら答え、急いで玄関のほうに知らせに走りました。

「みなさ〜ん！　当番さんが帰ってきましたよ〜」

家の中では姉さんが声を弾ませて叫んでいました。三上さんは静かに入り、潜り戸の鍵をガッチリかけました。そして石畳を一歩、一歩、踏みしめて玄関に近づいていきました。

襖が開く音、バタバタと廊下を走る音、喚声、泣き声、お帰りなさいと言う声がないまぜにな

り、みんな喜びの余り泣いていました。秘密警察の独房に収容された人で無事に帰ってこられた人などまずいません。三上さんは一燈園生活で何でも感謝して甘んじて受けて立つ生き方が身についていたので、過酷な状況の中でも生き延びることができたのです。しかし、三上さんのようにすることができず、抗議し、逃亡し、焦《あせ》った人たちは、処刑されたり、発狂したりして生き延びることができませんでした。

見回すと、誰も彼もみんな無事でいました。安堵すると、その足で二階の禅室に行き、座に坐り、丸窓を仰ぎました。そして大きく息を吸って、三拝してひれ伏し、

「天香さん、お陰さまで無事に帰ってきました」

と報告しました。それでようやく人心地がつきました。三上さんは禅室から下って当番室に帰り、久月さんから留守中の出来事の報告を受けました。

「ところで日がわからなくなってしまったんだ。今日は何日かな」

「まあ、十月二十八日です」

「すると、出頭したのが先月の二十日だから……三十八日目に釈放されたのか！　よくぞ生きて帰ってこられたな」

逃げ隠れせず、真っ正面から受けて立ったので、お光が護ってくださったのだと思いました。

戦争孤児たちの学校

一燈園内に設けた「孤児養育処」

ある日、人に会わなければいけないことがあって城内に行った三上さんは、物乞いをする痩せ切った浮浪児につきまとわれました。何日も食べていない浮浪児が、焦点が合わないうつろな目で三上さんを見、口に手を運んで、「何か食べる物を恵んでください……」という仕草をしたとき、三上さんは振り切ることができませんでした。あの暴風雨の日、収容所から脱走しようとしてソ連兵の機関銃で撃たれて死んだ日本人の子どものように思われたのです。

振り切ろうとしない三上さんに四、五人の子どもたちがついてきました。それで一燈園に帰り着くなり、女の同人に頼みました。

「何か、食べさせてやってくれ。もう何日も食べてないようなんだ」

そうは言われても、一燈園自体に食べるものがありません。日本の敗戦ですっかり居丈高になった満人は日本人にはものを売ってくれないのです。そこを何とかと、頼み込んで何がしかの食べ物を出してもらいました。翌日も、翌々日も同じことが起きました。久月さんが見るに見かねて、三上さんに哀願しました。

「このままでは共倒れになります。何か手立てをしないと……」

三上さんも園の窮状がわかるので、虚空を見上げるしかありません。

「でもなあ、私が墓掘りして埋めた人たちの子どものような気がして、人ごととは思われない。無念な死に方をした人たちよ、どうぞ安んじてくださいと言いたいのだ」

そこでふと考えました。孤児の養育を日本人社会全体のこととして取り組めないか、居留民会に相談してみよう、と。瀋陽市内は日本人の孤児であふれていました。居留民会としても何とかしなければいけないと考えていたので、三上さんの提案は願ったり叶ったりでした。

「戦争孤児の世話は私たちがしなければいけないことなのに、一燈園にやってもらって感謝の言葉もありません。食費の援助はなんとかします。寝る場所と世話はこれまでどおり、どうぞよろしくお願いします」

こうして瀋陽一燈園内に、同人全員を世話人として「孤児養育処」が生まれました。孤児の数は毎日増えていきました。その中には北満のチチハルやハルピンから、着の身着のままで歩いてきた浮浪児たちもおり、三、四十人にもなりました。

戦争孤児たちのための分校

次々に拾われてきたり、居留民会から届けられたりして、同人と合わせると百人からの大世帯となりました。敗戦後のどさくさの中で日本人の大集団は目立ち、目障りになる日本人は何の容赦もなくやっつけられました。ただこの一団は戦災孤児だというので、かろうじて見過ごしてもらえました。戦災孤児に残虐な仕打ちをしたとあっては、中国は国際社会から糾弾されると、大きな牽制力になりました。

それにしても驚いたのは、孤児たちの学力の低さです。開拓団の子どもほどその程度がひどく、低能児かと思われるほどぼんやりしていて何も知りません。どこの開拓団にも小学校や分教場があったはずですが、いったい何をしていたんだろうと疑いたくなるほどです。小学二年生で片仮名が書けず、二ケタの四則計算ができないのはざらです。六年生は四年生の学力、五年生は三年生の学力、四年生は二年生、三年生でやっと一年生程度の学力で、二年生、一年生にいたってはまったく何も知らないのです。

このまま日本に引き揚げたら、まったく哀れなことになり、内地の子どもたちに劣等感を抱くようになります。それではかわいそうです。日本人居住区では今も小学校は開かれていて、同人の子も通っています。このどさくさの中でも小学校を開いている日本人の教育熱心さには、中国人も驚いているほどです。

だが、孤児たちを日本人居住区の小学校に通学させるにも、孤児たちの学力ではついていけません。学力相応にするには、二年ずつ下げて入学させなければなりませんが、そうすれば本人たちは悲しいでしょうし、劣等感を持たせることになり、これまたかわいそうです。

三上さんは考えた末、一燈園の孤児養育処内に小学校を作り、複式教育をすることにしました。しかし他に小学校が開かれているのに、こうした小規模の小学校を正式の学校として認めてくれるかどうか。認められなかったら、日本に帰ってから、小学校に編入するとき、正式な学歴として認めてもらえず困ります。

交渉してみると、了承してくれました。不充分な設備でも、小学校として認めてくれることとなり、名称は千代田国民学校一燈園分校と決まりました。

それからは開校準備に忙殺されました。何から何までないものばかりですが、全同人あげて、どんなに遅くとも三月下旬までに開校したいと思いました。学用品はまったくなかったので、一つひとつ、人数だけ自分らの手で作りました。ノートは居留民会や隣組から提供されたものと、一燈園にあった洋紙の裏の書ける紙を綴じて作りました。

三上さんは講話に行った先で金一封をもらったとき、それにかけてあった水引きを取っていたので、紙を綴じる紐《ひも》に代用し、大きい孤児たちもいっしょになって作りました。折る人、切る者、綴じる子がおしゃべりしながら賑《にぎ》やかに作りました。表紙は三上さんが考案した図柄を謄写版で刷って作りました。

筆箱はボール紙で作り、千代紙で張って体裁を整えました。女の子には赤色の多い千代紙を貼って女の子らしいのを、男の子には男児らしいのをそれぞれに作りました。これはなかなか手間がかかり、でき上がるまでには三、四日かかりました。しかし全部でき上がって並べて見たとき、色とりどりで美しく、涙が出るほど感動しました。

大人ですら感動しましたが、孤児たちはそれ以上でした。開拓団の子どもたちが無表情でぼんやりしていたのは、親にかまってもらえず、放り出されていたからだったのです。三上さんは子どもたちといっしょに筆箱を作りながら、キャッキャと喜ぶ様子を見て、一から学用品を作るのもいいもんだと思いました。

手作りのカバンの中に、隣組が近所に呼びかけて集めてくれたクレヨン、コンパス、消しゴム、鉛筆、ナイフなど文房具一式を入れてできあがったとき、子どもたちは何度もその部屋を覗きに来て、ささやき合っていました。そしてそれぞれのカバンに名前をつけて渡すと小躍りして喜び、カバンを肩からかけて行進してはしゃぎました。

三上さんは興奮している子どもたちに囲まれて、何もかもが欠乏している中で工夫して作ってよかったと思いました。やはり子どもたちは明日への希望でした。子どもたちから大人が明日への希望をもらっていたのです。

孤児たちがはしゃぎまわった開校式

三月下旬にはなんとか開校しようと思って奮闘しましたが、何しろ何から何まで用意しなければばならないので四月にずれ込んでしまい、四月八日午前十時から開校式が行われました。

まだ肌寒い満州ですが、青い空が澄み渡った朝でした。普通ならば門のところに国旗を出して祝意を表しますが、中国の監視下にある状況ではできるだけ目立たないようにしなければなりません。それでも室内ではできるだけ盛大にしたいと思い、居留民会長の坪川与吉《つぼかわよきち》氏、居留民会救済課長の北条秀一氏、隣組父兄十数人、それに千代田小学校本校の教職員数人をお招きし、塾のような小さい複式学級の開校式にはもったいないくらいの開校式となりました。

開校式が始まる前、これらの人々は教室に当てる部屋、孤児の病室、手作りの学用品などを見て、よくここまで準備できたと口々にほめました。隣組の婦人たちはクレヨンその他を集めてくださった方々だけに、驚異の眼を輝かしておられました。

多くの日本人の来客で賑やかになった一燈園内を、子どもたちは嬉しくてならないというふうにはしゃぎまわりました。まるで敗戦前に戻ったような華やかさです。能面のように表情のなかった子が喜びを体全体で表し、ニコニコ笑っている様子を見て、三上さんはこの雰囲気で包んであげることがあの子たちには一番必要なんだと思いました。

式を始める拍子木の音が、いつもより晴々した音で響き渡りました。廊下の端で拍子木を叩いている大きい孤児の高揚した気持ちがそのまま表れていました。みんながぞろぞろ式場の不二堂に入りました。正面に「不二」と書いた木彫りの額が飾ってあり、その前に置かれた香炉に線香が立てられ、芳香をくゆらせています。「不二」とはすべてのものは二つに分けられず、本質的には一つだという意味です。右横に花瓶が置かれ、花の代わりに庭に植えてあるシベリア林檎《りんご》の青い葉がついている枝が挿してありました。それに固い蕾《つぼみ》が二つほどついており、一つは少し白さが増して開花寸前になっていました。

いよいよ開校式が始まり、一同礼をして、小さい声を張り上げて国歌を斉唱しました。小さい子どもたちが大きく口を開けて国家を歌っている姿を見ていると、たくましさを感じ、よくぞここまで丈夫になったものだと感心します。去年の十一月ごろ、寒風の中を一燈園にたどり着いたときはガリガリに痩せ、青いむくんだ顔をしていたのです。

三上さんが校長として、また孤児養育処処長として挨拶に立ちました。演台から子どもたちを見まわすと、いつもはつぶらな瞳《ひとみ》を輝かせてほほえんでいるのに、今日は恐ろしいほどに緊張して、校長先生を見つめています。

「皆さんは敗戦のために父を失い、母を失って、とうとう自分一人だけになって、瀋陽にたどり着きました。本当にご苦労さまでした。しかし、受け入れた私たち一燈園は貧乏なため、何もしてあげられなくて、すまなく思っています。貧しい不足がちの食事でも、みんな拝んで食べてくれ、それが何よりありがたいのです。

私たちが皆さんにしてあげられることは、豊富にものを食べさせてあげることではなくて、どんな貧しいものでも合掌して食べるような人になってもらうことです。皆さんが私たちの手を離れて日本に引き揚げ、親類に引き取られたとき、混迷を極めたあの満州で、ものを拝んで食べるような習慣を教えてもらっていたと言われる人になってもらいたい。このご時世では大人たちでさえ自堕落になりがちなのに、皆さんがそれをよく守っているのを、今日ここに列席していらっしゃる大人たちに見ていただきたい」

校長先生がそう語ったとき、隣組の人たちは殊勝な孤児たちを見て、涙しました。三上さんも亡くなった両親を思い、その孤児たちのいじらしさに泣き声になりそうでした。

「皆さんのようなよい子こそ、立派な学校教育を受けなければならないと考え、ここに学校を開設することになりました。これもここにご列席くださいました坪川先生や北条先生、また千代田小学校の本校の先生方のお力添えのお陰です。皆さんも合掌して学んで立派な子になり、亡くなった両親が誇りに思ってくださるようにがんばってください」

かくして開校式は終わりました。子どもたちはそれぞれの名の記してあるカバンを肩にかけて、通学でもするかのように歩いて、狂喜しました。手作りの学用品でも、糊張りが歪《ゆが》んでいる手作り教科書でも、嬉しくてしかたがないのです。こんなに嬉しいのかと、大人たちは目頭がじんと熱くなりました。

「両親がこの様子を見られたら、どんなに喜ばれるでしょうね」

隣組の婦人たちは目頭をそっと押さえて語り合っておられました。だからみんなで学校を支えようと思いました。

三上さんは自室に坐り、眼を閉じて黙想しました。やれやれやっとすんだという気持ちと、これから先が大事だぞと思う気持ちがないまぜになっています。子どもたちの喜びに燃えたつぶらな瞳が、果てしない荒野に点《とも》る灯のように見え、あるいは闇夜にきらめく星のようにも光って見えました。いまは子どもたちを立派に成長させることが自分の使命だと思いました。

学校教育を受けられなかった子どもたち

千代田国民学校一燈園分校が花々しく発足し、子どもたちが歓声を上げているとき、入学できず、窓を眺めながら泣いているほか仕方のない子どもたちがありました。病室の子どもたちです。その子たちは栄養失調に続いて永い間病気を患っていて、一人でじっと寝ているしかないのです。看病されるとき、他の子どもたちから開校の楽しい様子を聞くと、たまらなく寂しくなります。

三上さんは開校の日、病室で布団に仰向けに寝たまま、一人で泣いている子がいることに気がつきました。病室を通るたびに、寂しそうに涙の眼で見つめていました。三上さんは時折立ち止まり、額にそっと手を当ててなぐさめました。

「もうちょっとの辛抱だよ。元気になったら君も学校に行こうな」

両親を亡くした子どもたちもかわいそうだけど、さらにかわいそうな運命を背負っている子どももいるのです。そういう子どもたちの支えでありたいと思いました。

三上さんは戦争孤児たちの教育に没頭する日々を過ごしていて、気づくことがありました。活気を呈していく子どもたちによって、敗戦で委縮しがちだった大人たちが、逆に元気を与えられたことです。子どもは未来を切り開いていく力を秘めていました。彼らを育てるのに一生懸命になると、こちらも未来志向になるのです。子どもは本当に天からの贈り物でした。

それに子どもたちの世話で気丈に振るまっている一燈園の同人たちに対して、居留民の信頼は日増しに強まっていきました。人々はお光という不滅のものに依って立つことが、ぶれない自分をつくり上げる上でとても大切であることに気づいていきました。

二百数十万人の引揚事業

引揚事業の責任者

孤児たちの学校の校長として忙しくしている三上さんに、中国中央軍司令部から呼び出しがありました。軍と聞いただけで緊張が走ります。拒否はできないので、神妙に出頭しました。

中国兵が立っている城内の検問所を通って司令部に行くと、青い絨毯が敷かれた広い部屋に通

されました。やがて靴音がして、若い将校が部下の将校二人を連れて入ってきました。三上さんは直立不動の姿勢をとって、

「出頭を命ぜられた三上和志であります。ただ今出頭いたしました」

と声高に言いました。その将校は下手な日本語で「ご苦労！」と言い、

「命令！　満州には日本人が二百数十万人いると推定する。中国ならびに連合国の命令により、この二百数十万人の日本人を半年以内に送還することを命ずる」

と命じました。三上さんは思いがけない命令に唖然としました。

「ち、ちょっと待ってください。私は軍人でも役人でもなく、一市民です。なぜそのような行政的なことをしなければならないのですか。私はできません」

と、言うより仕方がありません。

「馬鹿もん！」と将校は大声で怒鳴りました。

「お前が軍人でも役人でもないことは百も承知だ。お前は満州に二十三年もいたというではないか。しかも満人の浮浪者と寝起きをともにしていたという。満州の裏も表も知っていると思うから頼むのだ」

三上さんのことは何もかも知っているらしい。それでも勇気を出して抗弁しました。

「しかし日本人の数が二百数十万だとすると、その中で瀋陽に在住しているのは百二十万人、他

の地域にいる者は八十数万と推定されます。瀋陽に在住する者は汽車が動くようになり、葫蘆《ころ》島の港に行けるようになるまで自宅で待機していればよいですが、全満に広がっている八十数万人はどうしたらいいんですか。

ソ連との国境地帯にいる者は瀋陽に集結するため、鉄道が不通である今は、千二百キロも千六百キロも歩いてこなければなりません。その歩いて来る道程はご承知のように狼が住んでいる地帯です。中国人部落を通れば、掠奪や暴行をされ、それを避けるために山岳地帯を通れば、共産軍やソ連軍から掠奪と暴行を受けます。それらから逃げて瀋陽にたどり着くわけで、とても半年では二百万人を引き揚げさせることはできません。どうしてもできないと断ったらどうしますか」

三上さんに理を尽くして説明されると、将校は少し困った顔をしました。将校は二百数十万人と言いましたが、それはアバウトな話で、実際は二百五十万人に達していました。だから半年で引き揚げるのは土台無理な話でした。

しかし、中国人将校はメンツがあります。命令は呑ませなければ示しがつきません。そこで腰から拳銃を抜き、音をたてて机の上に置くと、

「これは命令だ！　相談じゃない。近々引揚事務所を開設し、お前が実質上の責任者として指揮を執るのだ！」

と大声で怒鳴りました。まったくの一方通行です。三上さんは引き受けるより仕方がありませんでした。

「再び命令が出るまで自宅で待機しておれ！　逃亡することは許さん」

そう厳命すると、中国兵が運転するサイドカーで、南三経路にある瀋陽一燈園まで送りました。瀋陽一燈園の近所の満人は大騒ぎです。坊さんだとばっかり思っていた三上さんが、こともあろうに中国軍の将校のサイドカーで送られてきたのです。何がどうなっているのか、さっぱりわかりません。急に偉い人になったことは確かです。不思議な顔をして中国兵と三上さんを見ていました。

これはずっと後になってわかったのですが、引揚事業を誰に任せたら完遂《かんすい》できるか人選したとき、奉天城内で三上さんを殴った中国人で、中国中央軍の将校になっていた朴さんが、

「一燈園の代表をやっている三上さんは在満歴が二十数年あり、満州の事情にも通じています。責任感が強いから、引揚事業も最後の一人までやり遂げてくれるに違いありません」

と、強く推挙したらしいのです。かくして三上さんに白羽の矢が立ちました。戦争に敗れ、国家が崩壊し、行政組織が機能しなくなっていたので、お光という人為的権威を超えたものに立脚し、不動の信念を培っている三上さんはじめ一燈園の同人たちは頼りになる存在だったのです。

五ヶ月もの逃避行を強いられた日本人難民

瀋陽市日僑《にっきょう》善後連絡総処は最高責任者の主任のもとに、総務科、救済科、衛生科、輸送科、資金科、経理科が設置されました。主任には行政組織の長である坪川与吉前公学堂長が就任し、三上さんは救済科長に指名されました。連絡総処の処員は約五万人、その半数が救済科に配置されたので、三上さんは引揚事業の中核を託されたことになります。

まもなく満州を中国東北部と呼ぶようになったので、瀋陽市日僑善後連絡総処は全東北日僑善後連絡総処と改名し、全東北地方の引揚事業をするようになり、総処主任は新京市日僑善後連絡総処長をしていた高碕達之助《たかさきたつのすけ》氏（新京にあった鮎川財閥系の満州重工業開発の総裁）が就任し、三上さんは引き続き救済科長を引き受けました。

細かく統計を見直すと、在満日本人は二百七十万人と推計されました。日僑善後連絡総処の任務はその日本人が無事引き揚げられるよう救済し、組織立てし、鉄道が動くようになれば列車に乗せて、遼寧省錦州の南にある葫蘆島まで輸送し、引揚船に乗るまで世話することです。

とりわけ悲惨だったのは、北満州に取り残された開拓民二十七万人です。突然、宣戦布告し、ソ満国境を越えてなだれ込んできたソ連軍は、日本人難民の列に対して丘の上から機銃掃射を浴びせました。日本人は逃げ惑い、なぎ倒され、殺し尽くされました。そのあまりにも悲惨な状況を見て、開拓民は絶望し、集団自決を試みました。父親が泣きながら妻や子どもたちを撃ち、最後に自分の頭を射ぬいて命を絶つという惨劇が随所で見られました。

敗戦で鉄道が不通になったので、開拓団は奥地から馬車を連ね、千二百キロから千六百キロ歩きました。つまり四国を一周する以上の距離なので、普通に歩いても二ヶ月はかかります。町や村からは二、三十人で隊を作り、瀋陽を目指して、荒野、丘陵、砂漠、それに湿地帯もある道なき道を歩き続けました。瀋陽にたどり着けば、日僑善後連絡総処があるから何とか救済され、葫蘆島から日本へ送り出してもらえます。

荒野では熊や狼に襲われ、満人の部落の近くを通れば、暴行、掠奪、強姦などあらゆる暴力を受けて生きた心地がしません。山に逃げても平原に出ても、そこには別な迫害が待っていました。ソ満国境から五ヶ月も歩き通してきた隊は数えきれないほどありました。

食糧が尽きて、ついに馬車の馬を順々に殺して食べ、果てはウサギやネズミを捕まえて食べ、木の根を食べました。だから次から次に栄養失調になり、下痢をし、垢《あか》だらけとなり、南京虫やダニ、シラミにやられて疥癬《かいせん》になり、野たれ死にしてゆきました。野宿した朝、そのまま目が覚めない人もあり、歩きながらばったり倒れて、そのまま死んでいく人もありました。

難を避けて逃げ歩いて二千四百キロも歩いた一隊もあれば、北満の開拓団を出るときは二百七十人だったのに、途中で大半は餓死か病死してしまい、瀋陽にたどり着いたのはわずか二十五人だったという惨憺《さんたん》たる一隊もありました。

瀋陽総処の前に一糸もまとわない裸でたどり着く女たちも珍しくありませんでした。大豆を入れるドンゴロスに穴を三つ開けて貫頭衣のようにし、中央の穴に頭を通し、両側の穴に両手を通している女たちはざらでした。そんな人は肌着もつけておらず、顔は死人のように無表情になっており、途中でどれほどひどい暴行を受けたか、無言のうちに語っていました。そんな人は生きているとは名だけで、実際は生きた亡霊でした。

また食うに困って、わが子を満人に売った母親も珍しくありません。三上さんは母親が子どもを売ったと聞くと、瀋陽から行ける範囲の土地なら、出掛けていって買い戻しました。その母親に子どもを渡せばまた売るから、関係者に渡し、日本に上陸してから引き渡すようにと頼んだこともありました。買い戻した子どもだけでも数百人にのぼりました。

夫に売られた妻もざらにありました。三上さんの実感では、自ら進んで中国人と結婚した女性や親に売られた少女などを合わせると、大陸から帰らなかった日本人は六、七万人いると推定されます。こうしたことの後仕末をし、日本人が無事帰還できるよう救済し、段取りをつけるのが救済科長としての三上さんの役割でした。

三上さんは奮闘した結果、二百十万人は無事引き揚げさせました。でも残りの六十万人はどうなったかよくわかりませんが、そのうちの十万人は、大連、旅順、葫蘆島、仁川などから密航船で帰国したと推定されます。あと十万人は発疹チフスなど伝染病や栄養失調で死亡したと考えられ、残り四十万人は行方不明です。大変な犠牲者数です。それだけ引揚事業は困難を極めました。

昭和二十一年（一九四六）十一月、最後の引揚船で佐世保に向かいました。三上さんは一人前甲板に上がると東方を向いて坐り、合掌すると、お光に対してお詫びしました。

「八千万の日本国民に申し上げます。私は路頭の最下から、日本と支那の講和を念じてきましたが、ついに敗戦に至ってしまいました。その後、満州に残された日本人の後始末をし、約二百十万人を日本に送り届けました。私は日本が敗戦にならないよう工夫しましたが、微力にしてそれを果たせず、ここに至ったことを心からお詫び申し上げます」

それは天香さんが関東大震災を受けて、京都御所の玉砂利に坐り、自分の目覚めの遅かったことをお詫びし、かくなる上は禍《わざわい》を福に転じさせてくださいと嗚咽《おえつ》して祈ったことにも似て、日中戦争の一切を背負ってお詫びする人の祈りでもありました。

三上さんは無事佐世保に上陸すると、恩師の待つ京都山科の光泉林に帰ってきました。

天香さんは三上さんの報告を聞き終えて、ただ一言、「ご苦労さんでした」とねぎらわれました。大東亜戦争の悲劇を止めようとして闘った天香さんが、

「私が力至らず敗戦になってしまった。これからその後遺症との闘いが始まろうとしている。ご苦労だが気を抜かず、日本の再建に尽力してほしい」

とお詫びされているような気がしました。

第十章

日本の再建に向けた祈り

闇市からの復興

下坐行の参議院議員

日本は太平洋戦争に敗れて海外の領地を失い、アメリカ軍に占領され、見る影もなく落ちぶれてしまいました。物資は不足し、インフレが異常に進行して物価は高騰し、貨幣価値は大暴落し、国民生活は崩壊しました。

国際戦争法規で非戦闘員の襲撃は禁止されているにもかかわらず、強行された米軍の苛烈な絨《じゅう》毯《たん》爆撃によって家を焼け出された国民は、着の身着のままで戦地から引き揚げてきた六百六十万人もの軍人、軍属、民間人といっしょに生き延びる闘いを始めました。焼け跡の穴倉や地下道のみならず、臭い公衆便所の中まで、ねぐらを求める人たちでいっぱいになりました。

闇市場は食物を求めてさまよう人たちでひしめき合い、口に入れる物を奪い合う姿はこの世の生き地獄でした。それがあまりにも悲惨だったので、もう二度と戦争はしてはいけないという思いが強くなり、厭戦《えんせん》思想が国内を被いました。

そんな中、昭和二十二年（一九四七）四月二十日、第一回参議院議員選挙が実施されました。こんな惨状を呈している日本だからこそ、天香さんに再建の先頭に立ってもらおうという声が澎《ほう》湃《はい》と起こりました。

天香さんはもう七十六歳ですが、最後のご奉公として、国家の舵取りに自分の意見を反映させなければいけないと考えて受けて立つことにし、全国光友会から全国区候補として立候補しました。

天香さんは三十二歳で新生涯を始めて以来、

「生活に金は要らない」

「金は幸福な生活の絶対条件ではない」

と唱えてその実例を示し、それまで四十三年間生きてきました。その事実に多くの人が感化され、一燈園という共同体が形成され、京都・山科の光泉林十万坪の土地には六十棟の家を建てて、三百五十人あまりが平和な暮らしをしています。

とはいえ、懺悔奉仕、無所有、無一物の天香さんの生き方は普通の生き方ではないので、文句をつけて批判する人もあります。

「京都郊外の田舎で世捨て人のような生活をしていれば金もかかるまいが、東京の桧舞台《ひのき》で、国政に参与する国会議員になればそうもいくまい」

天香さんにしてみれば、自分の生き方は参議院議員になっても実行可能だと証明してみせなければなりません。いや、実行可能だと力むのではなく、何の差しさわりもなく、すらすら実行できる事実を示す必要があります。それも出馬を決めた理由の一つです。

金がかからない選挙

戦前、天香さんが警察からアカ（共産主義者）ではないかと疑われたころ、刑事とこんなやり取りがありました。

「お前が天香か。あまり変わったことを言って、世間を惑わせてはいかんぞ」

「何のことでしょうか」

「お前は金は要らんと言うそうじゃないか」

「あんまり世間が金、金と言うので、私のように暮らせば、金はなくても大丈夫、暮らせますと言っているだけです」

「そんなこと言ったって、ちょっと汽車に乗っても運賃がかかるじゃないか。お前は汽車に乗ってあちこち行っているそうだな」

「あれは来いという人があるから訪ねていっているわけで、運賃は先方が払ってくださいます。自分から何かを求めると金が要りますが、求めなければ金は要りません。自分から観劇したいと思うと入場料が要りますが、観てもらいたいと招待されるまで待てば、金は要らないのと同じです」

「そんなこと言ったって……そんなに待てるわけないだろう。芝居は観たいと思ったときに観るもんだ」

「私はあることがあってから、三十二歳で生きていることを止め、許されたら生きることにしました。そうしたら不思議に生かされて今日までやってきました。だから生きていたいと思わんから、米代も要らんのです」

「お前の言っていることはようわからん。まあ、あまり世を惑わしちゃいかんぞ」

「はあ、普通のことを言ってるだけなんですが……」

天香さんはこうした生き方を国会議員になっても貫き、人々に例を示そうというのです。

土建会社に寝泊まりする参議院議員

一万枚の選挙ポスターは以前托鉢したことがある山科刑務所で刷ってもらったので、わずか千円ですみました。三万枚の選挙ハガキは一燈園の印刷所で刷ったので、経費は百円ですみました。このようにして選挙費用はわずか二万円ですみました。立会演説会にも随分出ましたが、天香さんに来て演説してほしいという人が交通費や宿泊代を出してくれたので、一銭もかかりません。だから天香さんから選挙費用の収支報告を受けた中央選挙管理委員会は、信じられない！　と驚きました。

選挙運動は普通の立候補者のように、必死な選挙運動をするわけではなく、

「お光が私に国会で托鉢させようと思われるのなら、当選するでしょう」

という悠揚《ゆうよう》迫らぬ選挙運動をし、二十五万四千八百票を集めて十六位で当選しました。七十六歳の天香さんは二番目の高齢者議員でした。

宿舎は民主党本部前の土建会社の宿直室です。国会に登院する前には付近の民家の便所掃除をしてから登院しました。服装も銀座の有名なテーラーで仕立てたような高価なスーツを着るのではなく、一燈園の制服と認めてもらった黒い粗末な引っ張りのまま、国会で活動しました。休み時間には参議院の便所掃除をし、時には他の議員も巻き込んで、いっしょに便器を磨きました。

東京には何十ヶ所も托鉢先があり、講演依頼も多数あり、泊まっていってほしいとか食べていってほしいと言われます。講演料を辞退しても、それでは申し訳ないので、政治活動の足しにしてくださいと言われてやむなくいただくので、逆に収入になります。交通費は国鉄の無料パスが支給されるので、まったく必要ありません。もちろんタクシーは一切使用しません。

多額に支給される歳費はこのように全然使わないので、返納しようとしました。しかし歳費返納は法律上認められないというので、議員秘書の丹羽孝三さんが預かり、六年後に一括して国連協会とユネスコに寄付しました。

六年間の参議院議員の活動では重要法案に自分の見解を反映しましたが、それとともに多くの同志を得ました。参議院の佐藤尚武《なおたけ》会長や小林勝馬幹事長などは、その後、国連協会活動を推進していく同志になりました。

もう腫瘍は完治した！

国会議員活動に励むかたわら、土日に京都・光泉林に帰ると、こんな相談が待ち受けていました。「私が長男を出産して十ヶ月経ったころですから、昭和二十三年（一九四八）のことです」と語るのは同人の堀尾三重さんです。

「肩が凝ってシコリがあるので、病院で診てもらいました。すると鎖骨《さこつ》に多発性肉腫ができており、悪性だと診断されました。すぐ手術しないと危ない、時間の問題ですと急かされました」

三重さんは気が動転してしまいました。まだ十ヶ月にしかならない乳飲み子のこともあり、いま死ぬわけにはいきません。どうやって光泉林に帰ったか覚えていないほど、気が動転しました。保太郎さんの奥さんの漣月さんに医者の診断を報告すると、「すぐに天香さんに話していらっしゃい」と言われ、天香さんが住んでおられる帖半寮に訪ねました。天香さんはちょうどうどんを食べておられ、「何か御用ですか？」と、いつもの穏やかな声で訊かれました。

三重さんが医者の診断を伝え、まもなく死ぬかもしれないと告げると、天香さんは平然と受け止め、「では三重さんはどうしますか？」と訊かれました。これには狼狽《ろうばい》し困ってしまいました。しばらく返事できず、入園のころのことを考えていました。

「あのとき、天香さんに死ねますか？　と訊かれ、私は即座に死ねますと答えました。実際、そ

う い う 覚悟をしていました。そのとき天香さんは、『では同じカマドの中で燃えましょう』と言って、入園を許可してくださいました。ところが私はいつの間にか死ぬ覚悟が曖昧《あいまい》になってしまい、今回医者に死ぬと診断されると、動揺してしまいました」

するとと天香さんは何事もなかったように、明快に答えられました。

「はは〜ん、でも、もう全快です。三重さんの病気は治りました」

そう言われて、あれほど動揺していたのに、その迷いがかき消えてしまいました。そして聖書の一節を思い出しました。

イエスが長年病んでいた女に、「あなたの病は治りました。立って歩きなさい」と言われ、その女は恐るおそる立って見ると、立つことができ、続いて歩き出したとあります。聖書に書かれているのと同じ現象が、いま三重さんの身の上に起きたのです。

迷いが吹っ切れ、蘇ったように血色がよくなった三重さんに、天香さんは自分が食べていたうどんをもう一杯注文しました。

「さあ、本復祝《ほんぷく》いじゃ。これを食べなさい」

三重さんは遠慮なくうどんをご馳走になり、胸もお腹もいっぱいになって、天にも昇るような気持ちで帰っていきました。

そんなことがあって、三重さんは自分の信仰生活を反省しました。入園当初は信仰と喜びに満ちあふれていたのに、いつしか曖昧になり、医者から宣告されると、「私は病気なんだ」という思いにいとも簡単に占領されてしまったのでした。悪性腫瘍という病気が信仰の本流から脱線していることに気づかせてくれたのです。三重さんが三上さんにその出来事を話すと、こう解説してくれました。

「天香さんの〝死ねますか！〟という問いかけは入園の儀式のように思われていますが、この問いかけには現身《うつしみ》が陥りやすい妄想を遮断する力が秘められています。

言葉には人の心を金縛りにしてしまうほどの悪い力もありますが、一方では、金縛りしている悪い力を解放し、自由の天地に解き放ってくれる力もあります。天香さんには信の力を誘い出してくれる鮮やかな力があります」

天香さんはこのように不思議な威力を持っていました。

巣鴨拘置所を慰問したすわらじ劇園

再び、戦後の社会風潮のことに戻りましょう。

アメリカは人々の間に広がっていた厭戦思想を逆用し、日本は一部の右翼軍国主義者に蹂躙《じゅうりん》されて、平和主義者の米英に無謀な戦争を仕掛けたのだと宣伝し、

「悪者ニッポン」

「卑怯な国ニッポン」

という自虐意識を刷り込みました。その宣伝工作の総仕上げが極東国際軍事裁判（東京裁判）で血祭りにされ、処刑された戦犯たちでした。

東京裁判は連合国の占領政策の基本に関わるものだったので、批判は一切許されませんでした。戦犯と烙印を押された者は、豊島区西巣鴨（現在の豊島区東池袋で、サンシャインシティが建っている場所）にある巣鴨拘置所に拘留されました。逮捕されたものは約五千七百名中、代表格のA級戦犯のうち七名は平和に対する罪をおかしたとして処刑され、BC級戦犯のうち八百二十七名も、敷地内北西部にある処刑場で絞首刑になりました。死刑はまぬがれたものの、有罪判決を受け、終身刑その他有期刑を宣告された人々もありました。

特に中国、ソ連、オランダによる法廷では、杜撰《ずさん》な伝聞調査、虚偽の証言、通訳の不備、裁判執行者の報復感情などが災いし、不当な扱いを受けたり、無実の罪を背負わされる事例も多数あったといわれ、無念だったに違いありません。

参議院議員の天香さんが心を砕いたのは、戦犯被告人たちのことでした。すわらじ劇園が受刑者たちの慰問を許されたのは、講和条約が締結される少し前の昭和二十六年（一九五一）七月五日でした。演目は森鴎外《もりおうがい》作の『山椒大夫《さんしょうだゆう》』で、あらすじは次のとおりです。

平安時代の末期、陸奥国《むつのくに》の掾《じょう》（三等官）だった平正氏《たいらのまさうじ》は、上役の罪に連座して筑紫国《つくしのくに》へ左遷されました。そこで母と安寿《あんじゅ》と厨子王丸《ずしおうまる》の幼い姉弟は、父に会いに行く途中、越後国で人買いに騙され、離ればなれになってしまいました。安寿と厨子王丸は、丹後国《たんごのくに》の苛烈《かれつ》な荘園領主山椒大夫に売られ、奴隷として苦汁をなめました。やがて成長した二人は、荘園から脱走し、厨子王丸は都への上洛を果たし、関白藤原師実《もろざね》の知遇を得て丹後国に国司として赴任しました。

厨子王丸は自分の脱走とともに入水した姉の菩提をとむらい、山椒大夫父子を懲らしめ、善政を敷きました。そして母が佐渡国にいると聞きつけ、佐渡に向かい、再会を果たしましたが、母は盲人となっていました――。

これは森鴎外が中世の芸能の説教節「五説教」に取材して書き上げたもので、涙なしには読めない物語です。それをすわらじ劇園は舞台化して、代表的演目の一つにしていました。当日、開幕に当たって出演者全員で『般若心経』を称えました。演劇の前にお経をあげるというのはあまり聞きませんが、そこがすわらじ劇園が他の劇団と違うところです。

場面が一場、二場と展開するにつれ、引き裂かれた父母を慕う安寿姫と厨子王丸の情愛は、境遇を同じくする受刑者たちの胸に迫りました。これはもう人ごとではありません。身を乗り出すようにして、舞台を食い入るように見つめ、あちらからこちらからすすり泣きの声が聞こえ、次第に感激のるつぼと化していきました。

拘置所の中という制約があって大きな会場が取れないので、二回に分けての公演となり、初回は八分どおりの入りでした。しかし第二回目は初回観た人が、「ぜひ観るべきだ。とても感動した！」と熱く推薦したので評判となって超満員となり、入り切れない人々が会場の外にあふれてしまいました。

演劇が終わって、冷たい鉄門の向こうに帰っていく人々を劇園員はみんな合掌して見送りました。戦犯に問われている人々もそれに応えて合掌し、涙にうるむ目を手で拭きながら、鉄門の中に帰っていきました。

この日の感激を伝えるお礼状が天香さんや劇園員に続々と届き、しまいには八十通余り入った小包が届いて、合計百十七通にのぼりました。どの礼状も涙なしでは読めないものばかりです。

観劇した人たちから寄せられた手紙

観劇した人の一人、井野《いの》雅治《まさはる》さんは安寿姫と厨子王丸の姿が我が子の姿に重なり、泣けてならなかったとお礼状に書いています。

「あの山椒大夫の劇は、余りにも私どもの境涯にぴったりと合い過ぎておりました。それだけに深い感銘を受けたのであります。安寿姫と厨子王丸とが父母に逢うまで苦しみを忍んでじっと耐えていくあの可憐《かれん》な姿は、どうしても劇中のものとは思われませんでした。

私にはちょうどあの二人と同じぐらいの、十七の娘と十三になる息子があるのです。この娘と息子が母を助けて暮らしているのですが、私と別れてすでに七年、顔を見ることもできず、父を慕ってあのように苦労しているのだろうかと思うと、居ても立ってもおれず、声を上げてわっと泣きたかったのです。

部屋に帰ってきてから、安寿姫と厨子王丸の二人の姿が我が子の姿と重なって、またひとしお我が子の上に思いを馳せたのでありました」

また、村上宗人《むらかみむねと》さんは盲目に近い自分の母のことを述べ、劇は真に迫ったものがあり、男泣きに泣いたと書いています。

「私たちは今まで何回となくいろいろな方々の慰問を受けましたが、今回ほど我が身につまされる思いをしたことはありませんでした。皆さま方は何という高貴なお心持ちの方々なんでしょう。開幕に先立って読経されましたが、あの読経で私の心はすっかり落ち着き、清められました。また最後にお礼を述べられた際、合掌されたお姿を見て、何ともいえないおだやかな気持ちになりました。

いささか私事を申し上げますと、私の母は私が入営する前から眼を悪くして失明同然でした。先日面会に来てくれ、十四年ぶりで再会しましたが、やはり目は不自由でした。母と対面したとき、母は見えにくい目を私の顔に近づけて私の名を呼び、泣き伏しました。

そんな私の境遇だけに、安寿姫、厨子王丸そしてその母の三人の気持ちに、二倍にも三倍にも共感しました。劇中の最後、厨子王丸と盲目の母の再会の場面は、恥も外聞も忘れて男泣きに泣きました。私はあれを芝居として観ていることはできませんでした。あのときの厨子王丸の気持ちを思うと、今この文を書いていても涙が止まりません。どうぞみなさま方の劇の力によって、世の中の浄化をお図りください。そして戦前のような道徳の高い平和な世の中を作っていただきたいと、ここに伏してお願い申しあげます」

また、坂田善光《よしみつ》さんは、劇園員の合掌などの挙措の中に、大いに感じるものがあったと書いています。

「観劇が終わって拘置所に帰る途中、皆さまの無心にして静かな、どこからともなく匂う芳香のごとく合掌しておられる姿に接したとき、電撃のごとく、そして無条件に、私の心が和やかにほころびてゆくのを感じました。

これまで私が求めようとして求められなかったものを、皆さまの姿の中に発見し、とまではいきませんが、この方々は何か持っておられるという暗示を与えられたような気がしました。無言で実践していくことに関係があるのでしょうか。私は依然漠然としたままでつかみ得ませんが、これこそ宗教を行じている人の姿だというべきでしょう。

今日の私の喜びは到底筆で書き表すことができません。私は胸が張り裂けるほどの感激で、皆さまがこの良き機会を与えてくださったことに感謝せずにはいられません」

山口勉《やまぐちつとむ》さんからの礼状も身につまされるものの一つです。

「私は戦争中より南方に出征し、終戦後は戦犯として、南方の獄から巣鴨に送還され、引き続いて服役中の私には十数年ぶりに観る日本の芝居でして、心の底から湧きいずる感激の涙でいっぱいでした」と書き始め、「家族から差し入れさせた最初の本は、図らずも『懺悔の生活』でした。いま同室のみんなで回覧しています」と記しています。奇遇としか言いようがありません。

お礼状の手紙には、自分を裏切った日本への恨みを吐露しているものもありました。

「小生は出征して中国戦線に派遣され、仏印（インドシナ半島）に転戦し、やっと終戦を迎えたけれども、小生には解放のときはありませんでした。今度は戦犯として逮捕され、仏印の監獄から巣鴨プリズンに移送され、収容されています。この間十二年間、親にも会っておらず、未だに収監の身です。

一体全体、自分の人生は何だったのか。祖国防衛のため命を捧げたのに、戦後は戦犯として連合軍に告訴され、審判を待つ身です。連合軍の訴追から日本に護ってもらえません。日本に裏切られた！　という無念の思いでいっぱいです」

戦後、日本を第二次世界大戦の元凶と断定しようと激しく追及した連合国に対して、日本は後手に回り、これら戦犯容疑者を擁護しなかったのは事実です。もっとも悲哀を見たのはこれらの人々だったということができます。『光』誌は戦犯たちの反響をこう伝えています。

「安寿姫と厨子王丸が焼き鏝《ごて》で受けた拷問に、私は南方の刑務所で受けた同じような仕打ちを思い出し……」

「私は幾度も自殺しようと追い詰められました。しかし実行しようとすると、その度に目に映ずるのは子の姿であり、彼らの笑顔でした」

そして『光』誌に慰問のレポートを寄せた劇園員は、自分自身の責任についてこう記しています。

「私たち国民の犠牲となって審判の座にあるこの人たちに対して、我々もまた重い責任を意識しなければならないのではないか。社会から忘れられがちのこの人たちに親しく接し、演劇を通して一つに溶け合ったというだけでなく、さらに高い心の触れ合いを経験させていただけたことはありがたいことだった」

人々から寄せられたお礼状を見ると、十分な慰問になったようです。それも劇園員が戦犯を「私たち国民の犠牲になって審判の座にある方々」と受け止めて、拝んでいることに大きな理由があるように思います。自分と時の為政者を分けて考え、

「私は真相を知らされていなかった。私は為政者に騙されていた犠牲者だ」

と為政者を糾弾し、自分は犠牲者だと思い込むのが世の常です。しかしいたずらに人の非をあげつらうのではなく、全部受けて立ち、私が悪かったと懺悔し、黙々と再建の汗を流すべきなのではないでしょうか。天香さんは巣鴨拘置所を慰問することによって、和解を取りつけたのでした。

丹羽孝三さんという賜物

参議院議員・天香さんの秘書を務めたのは、上智大学教授で、全国光友会当番でもあった丹羽孝三さんです。丹羽さんは天香さんのもっとも深い理解者で、同人以上の同人であり、その出会いにはこういうエピソードがあります。

大正十年（一九二一）七月、天香さんは『懺悔の生活』を出版し、一大ベストセラーになりますが、それを読んで感銘を受けた一人が、成蹊《せいけい》実業専門学校の中村春二《はるじ》学校長でした。中村校長は早速天香さんを招聘し、学生たちに講演してもらいました。

そのとき、学生だった丹羽孝三さんは、天香さんが演壇に上がる前、学校の便所掃除をしていたのを目撃し、早速天香さんに入園を申し込みました。しかし、天香さんは、

「学校を終えてから入園しても遅くはありません。まず学業を全うしなさい」

と勧めました。そこで丹羽さんは学業に精出すかたわら、家々を訪ねては便所掃除に励みました。その後、上智大学に進みますが、そのつど天香さんに相談し、卒業後は東洋女子医科専門学校の講師を務め、さらには母校の上智大学教授となり、加えて監事学監を兼務しました。同僚の教授が、

「丹羽教授はキャンパスを歩くとき、紙屑を拾いながら歩かれるので、とても印象的でした」

と、回顧しています。昭和十年（一九三五）頃から、しばしば天香さんの地方講演に随行し、ともに演壇に立つことが多くなりました。

昭和十六年（一九四一）、天香さんが智徳研修会を企画すると、その第一回目から主宰者として参加し、研修会を盛り立てました。丹羽さんが主宰した智徳研修会は実に三百四十七回に及びました。その間、人々が天香さんと親交を結ぶと、その方々にそれぞれの地で光友会を結成するよう勧め、その地方での行願大会を催しました。

昭和二十年（一九四五）、戦後最初の東久邇宮《ひがしくにのみや》稔彦《なるひこ》内閣は「国民総懺悔」を掲げて戦後政治をスタートしました。「懺悔」といえば、天香さんの『懺悔の生活』が連想されます。そのこともあって、昭和二十二年（一九四七）四月の参議院選挙で天香さんは国会議員に選出され、秘書に丹羽さんを指名しました。

特記すべきことは、昭和二十八年（一九五三）六月十五日に国会乱闘事件が起きたとき、マスコミは当該の国会議員を「この程度のレベルか」と叩きました。ところが丹羽さんは、

「その国会議員を選んだのは私たちです。その責めをまず私たちが負いましょう」

と、都知事や千代田区の長という名のつく人たちに呼びかけました。その結果、多くの人たちが参加して、千代田区の公衆便所の掃除をしました。丹羽さんはさらにこれを毎月十五日に定例で行うことにし、会場を神田明神に移して続けました。

丹羽さんはその後、成蹊学園の常務理事、次いで専務理事を引き受け、大学に工学部を開設するという大事業に乗り出し、これをやり遂げました。こうしてわずか千人足らずの小さな成蹊大学が、丹羽さんが総長代行を退任するころは九千人を超す総合大学に発展していました。経営者としても教育者としても、大きな足跡を残したのです。その間も一燈園の小、中、高校である燈影学園の評議員、監事、理事を引き受け、八面六臂《はちめんろっぴ》の活躍をされました。

丹羽さんが七十五歳で人生を終えるのは、昭和五十年（一九七五）十一月十六日、東京霜月《しもつき》行願が上野公園で行われ、当番として参加したときでした。その前日、天香さんとの出会いを語ってほしいと頼まれ、三時間半話しました。当日は行願が始まる前、京成電鉄上野駅の公衆便所を洗い、集合時間までまだ時間があるので、京都一燈園から参加した青年たちに西郷さんの銅像を紹介しようと、石段を登り始めました。

途中、腰をかがめて紙屑を拾って登っていかれました。そして六十三段ある石段を登り切って、銅像の前の鉄柵《てっさく》に腰を掛けると、まもなく倒れました。心筋梗塞の持病を持っておられたので、登りながら息苦しくなったのです。頭を天蓋《てんがい》と呼ぶ手拭いで包み、黒い引っ張りの作業着を着たまま帰光されたのでした。

三上さんの講演托鉢

　話は再び三上和志さんに帰ります。第一章「みなしごの卯一」に紹介したように、満州から引き揚げてきてからの三上さんは精力的に講演に回りました。人々の引揚に尽力したときの絆もあって講演の依頼が多く、月のうち二十日以上も講演に出かけていました。一方では一燈園の中心的柱となって、各地で行われる六万行願を一千ヶ所で行おうという千大結成の遂行に心を砕きました。三上さんも心底、

「路頭に帰ることこそ一燈園の真髄だ」

と思っていたので、六万行願の遂行に心を燃やしたのです。三上さんは光泉林では、二畳、三畳、六畳の三部屋しかない、夢想庵と名づけた小屋《しょうおく》に住んでいました。三つの小屋を寄せ集め、それに屋根を被せただけの小屋です。三上さんはその中の二畳の部屋を書斎として使っていましたが、これはもともと「ピアノの家」と呼ばれていた小舎です。

　ピアノの家というとリビングルームにピアノが置いてある邸宅のように聞こえますが、実際は差し掛け小屋です。あるとき、立山不退《ふたい》さんが托鉢先の家から、ピアノが運ばれてきたときの枠組みを廃棄処分するように言われてもらってきました。立山さんはもったいないと思い、何とその木枠で差し掛け小屋を造って、そこに住みました。

　天香さんがその小舎を「ピアノの家」と名づけ、無所有の生活を楽しんでいる一燈園の象徴的

な小屋になりました。そこを三上さんが引き継ぎ、夢想庵としていました。しかし、三上さんは六十の坂を越えるころから肝臓病を患って病臥することが多くなり、さらには心臓病を併発し、心房がブロックされ、血液が全身に回らずに息苦しくなる症状に苦しみました。

昭和四十五年（一九七〇）四月、主治医の許可が出て、近距離の講演托鉢には出かけられるようになり、四月は名古屋の大塚屋、女子短大、五月は名古屋光友会、日本毛織一宮工場、大津のナショナル販売、尼崎の中心会、大阪の中心会で講演托鉢を行いました。だからすっかり回復したかのように見えました。でも、ローソクの火は燃え尽きる前、最後に明るくなるのと同じように、それらが最後のご奉公になりました。そして昭和四十五年六月八日、心筋梗塞を起こし、六十七年の生涯を終えて帰光されました。

各地で開かれた「三上さんを偲ぶ会」

「三上さんが帰光された」という知らせは全国の光友の間を駆け巡りました。というのは三上さんの講演托鉢は天香さんについで多かったので、その人柄に触れ、慕っている人が多かったのです。『光』誌は、本部を初め、福島光友会、東山陽光友会、西濃地方光友会など、各地で開かれた「三上さんを偲ぶ会」の通信を載せています。光泉林の総寮で開かれた偲ぶ会ではいろいろな思い出話が語られました。三上さんと同じころに入園し、三上さんの後で当番を務めた旧参同人の鈴木八重蔵《やえぞう》さんはこんな思い出を語っています。

「三上さんは二十三歳で当番を命じられましたが、若輩の自分には当番はとても務まらないので、当番代理として行っておられました。しかしその当番ぶりは見事で、毎日京都の町に出て、托鉢先を祈って歩かれました。同人が立派に托鉢させてもらうようにと祈って支えておられました。そういうように実に気配りのある方でした」

中村英之助さんのお宅は毎月一回、居住されている町で三上さんの講演を行った折、三上さんにいつも宿を提供されていました。

「あるとき、三上さんが講演会場から遅く帰ってこられました。講演後、誰かと話し込んでおられたのか、すっかり遅くなったので、早速お風呂に入っていただきました。三上さんがお風呂から上がられた後、お風呂場を見に行った母が溜め息をついていました。風呂板の簀《す》の子《こ》の裏側まで洗って掃除してあったというのです。そういう裏づけのある生活をされていたから、三上さんは聴き入る人々に染み入るような話ができたのだと思います」

しかし三上さんは優しいだけの人ではありませんでした。こと、道に関することでは妥協を許さない厳しいものを持っておられたと、一燈園のいずみ幼稚園の園長をされている木村淳蔵《じゅんぞう》さんが語っておられます。

「私は山陰で中学校の校長をしていた時分、三上先生を講演にお呼びしたことがあります。定年前の年の暮、入園を申し出ると、言下に『学校を辞められますか？』と訊かれました。家計を考えれば、定年退職すれば退職金も満額もらえるし、それから入園しても遅くはありません。家族は家計のソロバン勘定をして当然反対です。しかし、私は三上さんにそう言われて腹を決め、即刻退職して入園しました。

ところが与えられた仕事はビルの清掃でした。校長をやっていた者が掃除夫に転落したわけですから、メンツが潰されたみたいで苦しみました。しかしそれも私の硬い殻をはぎ取るために必要な荒療治だったのです。

私はようやく脱皮できて、精神的に自由になってくると、いずみ幼稚園を担当させていただきました。三上さんにしてみたら、ようやくここまで引っ張ってきたということだったのでしょう。三上さんが亡くなられた今、親身になって相談できる方がなくなり、寂しいことです」

三上さんは人を生まれ変わらせるコツを知っているとよく言われたものですが、木村さんも三上さんによって脱皮させられたようです。和歌山光友会の通信は、お別れの会に何と六十名の人が集い、ある方がこんなエピソードを披露されたと伝えています。

「私は教員をしていますが、次男のことで思い悩んでいました。すると見かねて長男が私にこう言いました。

『お父さんは厳しいばかりで、次男の心になってやることが足りないと思う。三上先生が書かれた『なつかしき座』（一燈園出版部）を読んだら、気づくことが多いと思うよ』
それで私はその本を読みました。そこに三上さんは、『ローソクは身を縮めて周りを明るくします。家族のためになり、なつかしがられる親になると、ものごとはうまくいきます』と書いておられました。それから私は三上先生の話を聴きに行くようになりました」
この人が言及した『なつかしき座』は『路頭に帰る』『寂《しず》かなる真実』『地下を流るる水の如く』と同じように一燈園出版部のロングセラーになっています。

待ったなしの後継者問題

桑名市での六万行願

天香さんは二人の子どもに先立たれたので、孫の武さんを後継者として育てることに真剣にならざるを得ません。一燈園のリーダーということになると、一流大学を卒業し、博士号を取得しているというような、この世的な権威によって立つのではなく、お光の権威によって立つ者でなければなりません。

天香さん流の厳しい後継者教育は、武さんが市立鴨沂《おうき》高校定時制を経て、昭和二十九年（一九五四）同志社大学神学部に進んだときにも起きました。そのことに言及する前に、その直前に行われた三重県桑名市周辺における年頭行願で起きた出来事を述べましょう。

天香さんはもう八十二歳になっていました。しかしながら七十代かと見まがうほどに精力的に活動し、講演にも毎月出掛けておられました。天香さんは一燈園の創始者であり、余人をもって代えがたいのは事実ですが、光泉林の組織運営の細々としたことは次の代表者に譲ってもらったほうが助かります。

前年の夏ごろから、全国光友会当番をしている丹羽孝三さんや、谷野捨三さん、三上和志さん、江谷林蔵《えたにりんぞう》さんなど旧参の同人たちが、なるべく早く後継者を武さんに決めてもらいたいとお願いしていました。そういうこともあって、天香さんは武さんに後継を託すことを考えないわけではありませんでした。思案することはただ一つです。

（もし武がその器でなければ、一燈園のためにならない。それに荷が重すぎれば、武自身が苦しむことになる……）

そこで昭和二十九年（一九五四）一月五日から十四日までの十日間予定されている年頭六万行願の当番を武さんに命じ、様子を見ることにしました。年頭六万行願は一燈園最大の年中行事で、この年の場所は三重県桑名市とその周辺五万戸です。補佐役には三上和志さん、笹原仁太郎《にたろう》さん、横沢松次郎さんが指名されました。

六万行願の前線指揮所である基地は光友の水谷清六さんが引き受け、武当番はそこに詰め、夕方になると、行願者からの電話に応対します。

「お陰さまで、今夜の宿を恵まれました！」

次々に弾んだ声で電話が入ります。

「そうですか。よかったですね。お光に感謝しましょう」

武さんの声も興奮しています。参加した同人や光友は六十名です。もし宿が恵まれなければ野宿しなければなりません。寒天の下での野宿は凍えあがってしまいます。できれば避けたいところですが、これればかりはお光まかせで、人間ができることは祈ることしかありません。

「お陰さまで泊まるところを恵まれました！」

という最後の電話が入ったのは夜中の十一時過ぎでした。

五年間も寝たきりだった少年

行願はいつも奇跡的なことが起こり、行願をするほうもされるほうも、お光にただただ感謝でならないという出来事が起こるのですが、この行願でもそれが起きました。

同人の岩国さんが夕暮れどき、ある一軒の農家を訪ね、家の前の広場で仕事をしていた主人とおぼしき人に便所掃除をさせてほしいとお願いしました。

「便所掃除させてくれだと？　いらんことをしてくれんでもええ」

にべもなく断られました。奥さんらしい人が怪訝《けげん》な顔をして側で作業していました。

「私の修行のためです。させていただけませんか？　お願いします」

主人は少し考えると、つっけんどんに返事しました。

「掃除代はいくらなんだ？　おい」

「いえ、とんでもない。いただきません。私の修行のためにやらせていただいています」

「嘘つけ！　そう言うて、後でくれと言うんやろ」

「ほんとに何もいただきません」

「ほんとだな。後でくれと言っても、絶対出さんぞ」

やっと許しが出て、便所掃除をさせてもらいました。掃除が終わって雑巾を絞り、合掌して、「ありがとうございました。これで失礼します」と礼を述べて行こうとすると、ご主人に呼び止められました。

「お前、晩飯はどうするんだ？」

「はあ、恵まれればいただきますが、恵まれなかったら、今夜はいただきません」

「晩飯抜きか！　それだったなら、おれんとこで食うていけ」

「……」

「晩飯ぐらい食うていけや。何もあらへんけど」

「よろしいんですか。それではご馳走になります」

岩国さんは座敷に招き入れられました。奥さんがいそいそと準備をされる間、岩国さんは出されたお茶を飲みながらご主人と談笑し、「今日は二つのことに気づかせていただきました」と述べました。岩国さんにとっても実り多い一日だったようです。

「ただただ無心に便所を掃除していると、ご主人が晩ご飯を食べてゆけとおっしゃいました。私が無心にやっていたので、こいつに何かしてやりたいと思われたんでしょうね」

ご主人はウーンとうなって聴いておられます。

「で、もう一つとは何だ？」

「ご主人は私に飯でも食っていけと優しい心を示してくださいました。でもそう言われない方が大半です。ご主人がそういう優しいお人柄だということは、ご両親や祖父母を始め、親鸞上人か法然上人か、どなたが宗祖か存知ませんが、いずれにしても宗祖がご家族をお守りくださっているからです。失礼なことを申し上げますが、ご主人はそのことを宗祖に感謝されたことがありますか？」

これは初めて聞く話です。確かに先祖に感謝はしていますが、宗祖の親鸞上人については考えもしませんでした。この青年の話は子どもたちにも聴かせたいと思い、別の部屋にいた子どもたちに声を掛けました。

「お～い、みんな座敷に来い。この兄ちゃんの話を聴け」

するとの男の子が三人ぞろぞろ出てきました。一番上の子が十八歳、続いて十五歳、下の子はまだ八歳だと言います。もう一人来ていないと気づくと、再び奥のほうへ声を掛けました。

「お～い、陽介、来いと言ったら、来い。すごい人が来てるぞ」

すると、う、うっとうなるような声がし、白い顔をした小学生の少年が、両手で這いながら出てきました。見ると足が紐のように細くて痩せています。

「みんな岩国さんの話を聴け。この人は本物だぞ」

その少年も交えての団欒《だんらん》となりました。見知らぬお兄さんと談笑してすっかり笑顔になった陽介君は突然自分の両足で立とうと奮闘し始めました。みんなあっけに取られています。細い足がぶるぶる震えています。その足でよろめきながら立ち上がり、両手を広げてバランスを取って、まるで綱渡りのように一歩一歩と歩いています。眼をまん丸にして驚きの眼差しで息子を見詰めていた母親が、驚きの声をあげました。

「立った、立ったよ！　陽介が自分の足で立った！　何てこった。すごいったらありゃしない」

お母さんは陽介君に駆け寄って抱きしめ、嬉しさの余り、ぼろぼろ涙をこぼしています。主人も兄弟もみんな陽介君のよちよち歩きを見守って、小躍りしています。陽介君は足腰が立たない病気で、もう五年も寝たきりだったのだそうです。

板張りの居間で楽しい食事となり、行願のことに花が咲きました。陽介君もいっしょに食べ、すっかりはしゃいで、しきりに岩国さんに、

「帰っちゃいけない。泊まっていってね」

とせっついています。でも岩国さんは泊めてくださる家がすでに決まっていたので、暗くなってから家をおいとましました。主人が金一封を差し出し、

「心ばかりだが、おれの気持ちだ。受け取ってくれ」

と頼みました。岩国さんはそんなことまでしてもらってと、恐縮するばかりです。

「では次の行願の費用として使わせていただきます。ほんとにありがとうございました」

去っていく岩国さんも見送る人々も拝み拝まれて、その日の行願が終わりました。

私が悪かった！　と泣かれた宿主

行願は不思議なことがたくさん起きます。行願には一燈園高校の生徒たちも参加していました。定時制三年の多田《ただ》礼也《れいや》君はこういう経験をしました。

「養老院での行願を終って、一歩外に出た私はびっくりしてしまいました。玉砂利を敷きつめた道の両側に、収容されているお年寄りが土下座して、私を拝まれるんです。私はこのとき初めて一燈園生活の偉大さがわかりました。下坐で奉仕することの偉大さを知ったのです」

多田君は両親も一燈園の同人で、光泉林の中で育った人です。外の世界のことを全然知らないのですが、改めて一燈園生活のすごさを知ったようです。その後、多田君は一燈園の若手のリーダーになり、後に一燈園農事研究所、『光』誌編集部を経て、一燈園の資料館である香倉院建設に従事し、初代館長を務めました。

参加者の中には女子高校生もいます。一燈園高校定時制四年の横沢妙子さんはこんな感想文を寄せています。

「毎夜、お宿を恵まれ、お風呂をいただき、夕食をご馳走になって、床に入らせてもらうと、何だか不思議で不思議でたまりませんでした。一燈園のことを全然ご存知でなく、もちろん私の素性も何も知らない方が、どうしてこんなに大切にあたたかく、そして尊敬さえしてくださるのだろう。何の徳によってこんなことがありうるのだろうかと、つくづく不思議でした」

横沢さんのご両親も同人で一燈園の中核的働きをされていました。両親や親戚が積んでこられた徳をしみじみ味わったようです。

一般の方で参加された服部修造《はっとりしゅうぞう》さんはこんな経験をしました。

「宿を恵んでくださった三軒のうちの一軒は、浄土真宗で得度された在家のお坊さんで、三泊させていただきました。四日目の朝、仏壇の前でお勤めの後、突然向き直られ、両の手をついて頭を畳にすりつけて言われました。

『あんたたちのようなすごい人に会ったのは初めてだ。まさに生きた仏様、如来様です。自分のような者は口だけ理屈だけの仏教者で、本当に罪深い者だったと心からお詫びします。すみませんでした』

そしてぼろぼろ泣かれました。あまりに突然なことで、宿をお借りした私たち三人は呆然としました。この方は立派なことに、後の二日間は自分も行願に参加され、もっとも険しくて遠い山奥の部落を回られました」

天香さんは武さんから名古屋市の托鉢先に行願の報告の手紙を受け、その内容に感動し、これなら一燈園を預けても、みんなを引っ張っていけると判断されたようです。

行願隊六十名は一月十四日午後四時十三分、桑名駅を出発して光泉林に帰り、礼堂に全員が着座して行願歌を唱和し、堂内には筆舌に尽くしがたい崇高な感激がみなぎり、嗚咽《おえつ》の声すら漏れました。

至高体験は人間を飛躍させます。六万行願は参加者に至高体験を与え、信仰を揺るがないものにしてゆきます。多くの宗教団体や修養団体は世俗化の波に洗われ、いつしか開祖の敬虔さを失いがちですが、一燈園は六万行願を通して内的生命がリフレッシュされていきます。これが続く限り、内的生命が枯渇することはありません。

武さんを当番に指名

大いに満たされた年頭行願が終わり、武さんの二十四回目の誕生日四月三日がやってきました。天香さんは光泉林の中の愛善無怨堂に、武さんと秘書役の原川義雄同人を招きました。原川さんは前述したように、天香さんが勤労動員で奉仕に行った日本毛織加古川工場の工場長をしていた人で、戦後、一家を挙げて光泉林に移り住み、同人となりました。

天香さんはお堂に正座し、二拝二拍手一拝し、居ずまいを正すと、武さんに厳かに言い渡しました。

「実は去年の夏ごろから、旧参の同人たちから、武を後継者として決めてほしいと希望されていた。けれどもその器でないのに大役を継げば、事業のためにもならないし、武も苦しむことになる。

私は正直なところ、武がその器であるかどうか見当がつかず、様子をじっと見ていた。見ているだけで、何ら注文はしなかった。小さなこせこせしたことをあれこれ注意したところで、身につくものでもないからだ。それよりありのままを出させて、どれくらいの者であるかを見ていたんだ。

一月に桑名で行われた年頭行願のとき、名古屋にいた私宛ての武からの手紙を読んで、これならある程度はお役に立てるだろうと判断した。

継ぐことの幸不幸はお光のみが知ろしめす。私は少しの私意も挟まないほうがよい。武にこの道の後継者として修行させるよう、お光の許しを受けることに心を決めた。

武！　新入生同様と心得て、真剣に修行するがよい。よろしいか」

武さんはただただ合掌するしかありませんでした。このとき天香さんは武さんに一通の封書を渡し、まだ開封してはならぬと厳命しました。客寮のお光前に捧げられた封書が開封されたのは十日後の四月十四日でした。その封書には同志社大学を中退するよう書いてありました。この世の権威や学歴によって立つのではなく、お光の権威によって立てというのです。武さんは承諾し、大学へは退学届けを出しました。こうして武さんは後継者としての道を歩みだしました。

翌十五日、武さんが天香さんの跡を継いで、一燈園と宣光社の当番となる儀式が愛善無怨堂で催され、一燈園を代表して、旧参の同人の谷野捨三、三上和志、笹原仁太郎、江谷林蔵、高橋不《ふ》倦《けん》、小寺正治《こでらまさはる》、そして武さんの母漣月さんの六名が参列しました。一燈園はついに新しい指導者を得て、次の時代への挑戦が始まりました。

天香さんの帰光

幻となった米国講演招聘

昭和三十四年（一九五九）五月五日、天香さんの米寿記念祝賀会が開かれ、千二百名が参加しました。翌年四月二十四日、テレシナとジョセフ・ヘイヴンスという、アメリカのカールトン大学教授夫妻が来日し、四ヶ月滞在しました。テレシナ教授は大学で教鞭を執りながら、学生たちと一燈園的な宗教コミュニティを形成して生活している準同人です。彼女は昭和十一年（一九三六）から翌年まで七ヶ月ほど一燈園に滞在しており、今回の訪問は二十三年ぶりのことでした。

十月二十二日、今度はアイオワ州立大学宗教学のマーカス・バッハ教授夫妻が一燈園を訪ねてきました。バッハ教授は京都国際宗教同志会の斡旋で、同支社大学その他を訪問したのですが、牧野虎次会長から天香さんを紹介されて非常に関心を持ち、予定を変更して急遽訪ねてきました。二人は歓談しているうち、バッハ教授はテレシナ教授とも親交があることがわかり、天香さんが諸宗の真髄を礼拝し、懺悔のために奉仕しており、宗派を超えた交流をしていることに関心を持ちました。そこでバッハ教授は提案しました。

「諸宗教の壁を超えて連帯しようというのは、今の宗教の最大の課題です。そこに至るために、日本とアメリカの宗教交流を図りませんか。手始めにアメリカの宗教家と宗教学者が日本を訪ね、各団体と交流したいと思いますが、いかがでしょうか」

宗教一致運動は天香さんが五十年間やってきたことですから、もちろん異論はありません。

「その翌年は天香さんたち日本の宗教家たちがアメリカを訪ねて各地で講演し、交流しましょう。天香さんがこれまでやってこられたことをお話しされたら、みんな大いに共感するはずです」

そこでその企画の打ち合わせのため、同人の黒川直也さんが渡米し、バッハ教授と計画を詰めました。黒川さんは以前ハワイに在住しており、天香さんの托鉢に感化されて夫妻ともども一燈園に入園し、以後一燈園で国際広報を担当しています。バッハ教授はよほど天香さんから感銘を受けたようで、黒川さんはバッハ教授から特別なロザリオと手紙を授かって帰国しました。

「このロザリオは昨年サウジアラビアのメッカに参拝したとき、ある僧侶から贈られたものです。一見普通のロザリオのように見えますが、周囲が暗くなると光を放ちます。私はこのロザリオを見るたびに、暗い世界に光を放っておられるあなたの生活を偲ばずにはおれません。いわばこのロザリオはあなたの尊い生活の表徴とも思われます」

これ以上の賛辞はありません。天香さんはバッハ教授が、自分がこの世に投げかけているメッセージを理解してくれているように感じ、贈られたロザリオをまず照月さんの霊前に供え、次いで、お光堂に祀ってある多宝塔に安置しました。

昭和三十六年（一九六一）十月二十二日、待ちに待ったバッハ教授一行の宗教巡礼団が来日し、曹洞宗本山総持寺、立正佼成会、国際基督教大学、築地本願寺、明治神宮、伊勢神宮、曹洞宗妙心寺派本山妙心寺、相国寺、伏見三稲荷、金光教泉尾教会、一燈園などを訪問しました。

これに対して日本側からの答礼として、天香さんを団長として、訪米巡礼団が企画されました。九十歳の天香さんは高齢とはいえ、余人には代えがたいカリスマ的なものを持っておられます。

天香さんも自分がアメリカ国民に直接話しかける最後の機会だと受け止めました。戦前は二回ほど渡米する機会が与えられましたが、戦後はこれが初めてです。天香さんは朝課の席で、同人に語りかけました。

「今度アメリカが私を呼んでくれるそうです。それは一燈園生活の不二の姿を呼んでくれるのだと思います。だとすれば、他の一行は飛行機で言っていただくとして、私だけは船で行くことにし、船の中で甲板をデッキブラシで洗い、レストランでは皿洗いを手伝っていこうと思う。戦前、二回の訪米のときもそうしたから、今回もそうしたい」

これにはみんなびっくりしました。足腰が弱っている九十歳の老人に甲板磨きや皿洗いをさせるわけにはいきません。でも天香さんは意気軒昂《けんこう》で、自分の企図に固執しています。

「特に二回目の浅間丸での船旅のときは、甲板を洗っているうちに船員たちとすっかり仲良しになり、福田会《ふくでんかい》という集まりさえ生まれたよ。今でもその方々とおつき合いがあるけど、それが私の訪米の使命だと思う」

しかし、予定を変更して一人だけ船旅にすると、チケットを変更しなければいけないし、一行がロサンゼルスに着くころに、入港する客船があるかどうかわかりません。訪米巡礼団とうまく合流できないと、一行に迷惑をかけることにもなりかねません。そこで、別行動は遠慮していただけませんかと説得し、天香さんはやむなく受け入れました。

「ところで天香さん、羽田空港からの出発は十月二十七日ですが、京都は何日の何時にお発ちになりますか?」

それは天香さんには不可解な質問でした。

「どうしてそれを今決めんならんの?」

「お見送りに来られる方の中には、公職にある忙しい方々もおられるでしょうから、前もって出発の列車の時刻がわかれば、その方々も助かります。皆さん、京都駅までお見送りに出て、プラットホームで壮行会をしたいと思っていらっしゃるでしょうから」

訪米はまだ珍しい時代であり、極めて名誉なことであるから、壮大な壮行会をして送り出したかったのです。ところが天香さんはきっと見据えて言い放ちました。

「私はできるなら甲板や皿洗いをして渡米したいと思っているんです。アメリカで指導的立場にある方々に会うとすれば、余計そうしたい。

それなのに、あなたがたは物見遊山の大名旅行に行く者を見送りするような気持ちで、壮行会をしたいという。あなたたちは一体何年私とつき合っているんです。まだ私の気持ちがわからんのですか。私は一介の托鉢者として行こうとしているのです。見送りなどいりません!」

語気強く言われたので、みんなしゅんとしました。

「さあもういい。みんなお帰りなさい」

そう言って席を立たれました。外は名月が冴えわたり、光泉林を静かに照らしています。どこかの草むらで虫が無心に鳴いています。旧参の同人たちは襟を合わせて林内の小径を歩きながら、天香さんの本気度を噛みしめました。

ところがその夜、異変が起きました。深夜、天香さんは脳出血を起こして倒れたのです。絶対安静、面会謝絶、栄養注射が続き、四日目にようやく水分を受けつけ、意識が回復しました。この健康状態では訪米が危ぶまれました。

しかし天香さんは異常な回復ぶりを見せ、一ヶ月後には起き上がり、散歩に五百メートル歩けるようになりました。しかし精密検査の結果、主治医は渡米中止を勧告しました。

訪米団は金光教泉尾教会の三宅歳雄師を団長として、曹洞宗の大村仁道師、浄土真宗の高辻恵雄師、鶴岡八幡宮の岡田実宮司、熱田神宮の篠田康雄宮司、大本教の桜井重雄師、立正佼成会の鴨宮成介師、新宗教連盟の楠正俊師、そして一燈園からは西田武《たけし》さんと全国光友会当番の丹羽孝三さんで構成して訪米しました。一行は十月から十一月にかけて四週間の間に、有力者との懇談を二十回、大学での講演会を十二回、一般人との会合を十六回行って、ロサンゼルスを離れました。

天香さんの帰光

昭和四十二年(一九六七)四月十六日、天香さんの九十五歳の誕生日が祝われました。車椅子で林内を散歩する天香さんを見かけ、同じ林内にある一燈園小学校の生徒たちが、「おじいさん！」と呼んで駆け寄ってきます。生徒たちにとっては、「偉大な業績をなし遂げた一燈園の創始者」ではなく、一燈園の心のふるさとを体現しているやさしいおじいさんなのです。

しかし八月二十七日、天香さんは再び脳溢血で倒れ、危篤状態になりました。幸いにも回復し寝たきりになりましたが、いつも合掌されていました。

十月二十一日、文部省から叙勲についての問い合わせがありました。天香さんはその知らせを受けても、「私は無記やからなあ」と答えられ、おつきの人はどういう意味なのかわからず困りました。しかし、学のある人が「無記」とは『維摩経』に出てくる文言で、〝記すものが何もない〟つまり勲章に値するようなことを何もしていないという意味じゃないかと解釈し、文部大臣に丁重に辞退しました。

天香さんは病気療養中にもかかわらず、十一月二十八日より、大阪の四天王寺で行われた第二回霜月六万行願に車イスで参加しました。歩行には支障をきたすようになっておられましたが、それでも六万行願の先頭に立ち、参加者を四天王寺から送り出しました。「路頭に帰る」ことが一燈園生活の〝いのち〟だと考えていたからです。同人の参加者は燈影学園の生徒も含めて百六十名、光友も五百名参加しました。

年が明けた昭和四十三年（一九六八）二月二十九日午前十一時半、光友から供えられたメロンを二切れ食べた直後、容態が急変し、天香さんは静かに息を引き取りました。全林に弔鐘が鳴らされ、天香さんの帰光が告げられました。

　翌三月一日朝、天香さんのご遺体を納棺する前、丹羽さんや同人代表の三上さんらが、武さん夫妻に恭《うやうや》しく告げました。

「天香さんの後、一燈園の当番を武さんが受け継がれることは天香さんのご遺志です。私どもは新しい当番を路頭からお迎えしたいので、ご夫妻で路頭に立っていただけませんか」

　誰が受けたとしてもこれほど難しい役目はありません。武さん夫妻はそれを素直に受け、そのまま路頭に立たれました。そして不二苑の前にある、路頭に向かわれる天香さん夫妻の立ち姿を刻んだ「寿像」の前で、丹羽さん、三上さんらが再び武さん夫妻を新当番として迎えました。

湯浅八郎氏が寄せた追悼の言葉

　密葬は三月二日、午前六時三十分、「照る日の鐘」を合図に、礼堂で行われました。王雲《おううん》、一帰四礼、礼拝、行願歌、黙祷のあと、般若心経の読経に続いて「一事実」が唱和され、会衆五百五十人あまりによって供花がされました。

　その後、「光明祈願」が朗読され、王雲を三唱し、「四弘誓願《しぐせいがん》」を唱える中、棺を覆いました。午前八時半、同人によって担がれた霊柩《れいきゅう》を中心にした葬列は、光泉林を出て琵琶湖疏水の流れに別れを告げ、四宮駅の方へ坂道を下っていきました。そして駅前のバスプールで霊柩車に移り、花山火葬場に向かいました。

いつかこの日が来るのは世の定めであり、覚悟はしているものの、やはり現身《うつしみ》が永遠に消えるというのは寂しいものです。誰の心にもぽっかり穴が開きました。

天香さんの帰光が全国紙で報じられたことから、各界の名士がいろいろな新聞に、天香さんを送る言葉を書かれました。その一人、京都国立博物館の塚本善隆館長が三月一日付けの読売新聞に「社会に掲げた一燈」という追悼文を寄せておられます。

塚本館長は若い頃、鹿ヶ谷の一燈園の門を叩き、しばらく托鉢生活を送ったことがあります。というのは、あるとき黒い木綿の上っ張りを着た数人の若い人が家を尋ねてきて、

「すみません。一日のご供養をさせていただけませんか」

と便所掃除をお願いしました。そして黙々と便所掃除とお墓を隅々まで清掃し、丁重に、

「ありがとうございました」

とお礼を述べ、合掌して帰っていったことがありました。後から、あの人たちが天香さんに導かれている一燈園の人たちだと聞き、好意的な印象を持ちました。それがご縁で天香さんを訪ね、師事するようになりました。

塚本館長は天香さんが果たしてきた役割を「夜中の一燈」に喩えて次のように書きました。

「夜の野中の道を歩いていて、遠くに望み見えた森の中のささやかな静かな一燈は、いつまでも心を引きつけていて美しい。美しいだけでなく、見入る自分の心がほのぼのと、わけもなく温まり、そして浄められる。そんな美しく温かい小さな火が西田天香さんの一燈だった」

日本の代表的な敬虔なキリスト教徒として尊敬されていた同志社大学の湯浅八郎元総長は、三月四日、京都新聞に寄せた追悼文で、「今の日本に〝救世主〟と称する御仁は何十人といるが、その〝ユートピア運動〟はそのどれも成功していない。でも天香さんは理屈を言わず、黙々と実践し、その可能性を身をもって立証された」と述べ、次のように締めくくっています。

「日本人の中から世界平和への貢献者として、ノーベル平和賞を受けるに値する人を選ぶなら西田天香先生をおいてほかにない。日本におけるユートピア運動について研究に来る外国人は多いが、最も高く評価されているのは天香さんであり、一燈園生活を中心とした集団生活こそ世界的に意義ある運動だと思う。天香さんこそ日本が生んだ平和の指導者である」

天香さんが九十六年の生涯を通して打ち立てられた金字塔は、今も人々の心の中に燦然と輝いています。

武当番、ローマ法王に謁見

平成二年（一九九〇）九月二十五日から二十八日までの四日間、イタリア南部のバリ市で聖エジディオ共同体主催の「第四回世界平和祈祷集会」が催され、西田武当番に招待状が届きました。この国際会議はローマ法王の提唱によって、第一回が一九八六年にイタリアのアッシジで開かれました。その翌年第二回が比叡山で、第三回はポーランドのワルシャワで開かれました。

武当番は出席する旨の返事を出し、できればその機会にヨハネ・パウロ二世に謁見し、天香さんが聖人に列せられたコルベ神父から贈られた「無原罪の聖母マリア像」と聖人に叙せられたコルベ神父との交流について説明したいと思いました。

早速、カトリック京都司教区の田中司教にその旨の依頼をしました。幸い、祈祷集会の二日目二十六日の夕方、明日の十一時、バチカンでなら謁見できるという連絡があり、急遽夜行列車でローマに向かいました。翌朝ローマ駅に着くと、バチカン在住の西山神父がホームまで出迎えておられました。

武当番は天香さんがコルベ神父から贈られ、自分の居室の帖半寮に安置していたマリア像の写真を額縁に入れて持参していました。コルベ神父の列聖は一九八二年（昭和五十七）十月、ヨハネ・パウロ二世がローマ法王に就任されたのが、その四年前の一九七八年（昭和五十三）ですから、コルベ神父の列聖には深く関わっておられるはずです。

そこでヨハネ・パウロ二世との通訳をされる西山神父に天香さんとコルベ聖人の交流を話して、心づもりしていただきました。不思議なことに西山神父は長崎教会に所属しておられ、天香さんとコルベ神父との交流をよくご存知でした。

ヨハネ・パウロ二世は謁見すると、初めは武当番と握手して、西山神父の通訳を聞いておられましたが、話が天香さんとコルベ聖人の交流に及ぶと、握手の手をほどいて武当番の両肩に手を置いて祝福されました。武当番は天香さんとコルベ聖人とヨハネ・パウロ二世のお三方が心を通わせていらっしゃるのを感じ、自分もその場に侍っていると思い、感動に心が震えました。

謁見が終わった後、別室に下がった西山神父は興奮気味に語られました。

「いまローマ法王は西田当番の両肩に手を置いて祝福されましたが、あれは『按手《あんしゅ》の祝福』といい、滅多にされません。通常は握手だけなんです。コルベ聖人が後押しをしてくださっている賜物です。おめでとうございます」

天香さんの信仰と実践に高い評価が与えられているからこそ、今回の国際祈祷会に　天香さんの後継者である武当番が招待されたのだと思います。天香さんはその信仰の核心を「光明祈願」に、

「諸宗の真髄を礼拝し、帰一の大願に参ぜん」

と明記しています。これまで諸宗の枠を超えて大同団結しようとやってこられたことがますます評価されたといえましょう。

その後の一燈園

宮崎空港から南へ四十分ほどのところにある風光明媚な日南海岸に、一燈園が母体となって造った二十五ヘクタールもあるテーマパーク、サンメッセ日南があります。その太平洋の海原を見下ろす高台に、日本の神道、仏教、キリスト教などの十八の教団が協力してつくった「地球感謝の鐘」が建っています。サンメッセ日南というと、基壇も含めて五・五メートルもある巨大な七体のモアイ像が建っている所といえば、ああとうなずく方も多いかと思います。ここは年間二十四万人が訪れる観光スポットになっています。

ここに世界宗教の代表的な方々から贈られたメッセージが、サヌカイト（古代原石）で作られた鐘が奏でる天のメロディを背景に展示され、地球に感謝を捧げる場所になっています。この宗教メモリアルが創建された背景には、次のようなドラマがありました。

平成二年（一九九〇）ごろ、「地球にやさしくしましょう」という環境標語が大流行しました。個人も団体も企業も地球環境に配慮して行動しようというのです。それはそれですばらしいことですが、武当番はそこに少し人間中心のおごりを感じていました。

「人間は自然に対してもっと謙虚に接し、何よりも地球に感謝することが先でしょう」

と思ったのです。折から、日南海岸で一燈園が経営していた和郷《わごう》牧場を再建することになりました。武当番はそこに宗教協力によって「地球感謝の鐘」を建立し、世界中の著名な宗教家のメッセージを集め、地球への感謝を捧げる場にしたいと考えました。

サンメッセ日南の地球感謝の鐘

早速、各宗教団体に、日南海岸に地球感謝の鐘を建立したいので、メッセージを送ってほしいと趣意書を送ったところ、一燈園の企画ならと賛同していただき、天台宗総本山の山田恵諦《えたい》座主、立正佼成会の庭野日敬《にっきょう》開祖などから、メッセージと協賛金が届きました。

こうしてテーマパークの中核はでき上がり、資金も集まりましたが、「人が集まる魅力的な場所にしたい」という懸案は未解決のままでした。日本や世界の精神世界をリードする著名な人々からメッセージが集まったとしても、そこに人が来ないことには宝の持ち腐れになり、維持運営できません。だから人が集まってくるような目玉企画が必要です。人を惹きつけるような目玉企画は何か、悩みました。ただテーマパークの名前だけは、太陽のメッセージを受けとめる公園という思いを込めて、「サンメッセ日南」としようと決めていました。

日南海岸は国定公園であるため、大型の開発をするには国の審議会の承認が必要です。平成五年（一九九三）十一月のある日、国の審議会に申請書を提出するための最後の企画会議が、和郷牧場の崖下にあるドライブインで開かれました。企画会議にはそれぞれ魅力的な二案が出されており、武当番はいずれかに決定しなければなりません。決定を下し、実印を押す直前になって、この企画は天香さんの名を汚しやしないだろうかという思いでいっぱいになり、武当番は会議の席から逃げ出すようにして、牧場の丘に登りました。

そのうちにあたりはとっぷり日が暮れました。人家の灯一つも見ることはできません。ふと気がつくと、漁火《いさりび》でしょうか、前方に小さな灯が点々と見えます。空には満天の星がきらめいています。武当番は神秘的な星空を見上げ、いつしか宇宙空間を飛翔していました。そのまま忘我の世界に入り、夜の冷え込みはちっとも苦にならず、坐ったまま眠ってしまいました。

明け方、寒さで目が覚めると、夜が白々と明けてきて、横一直線に伸びた水平線が空と海を分けるように左右にゆっくり広がっていきました。東の空が明るくなるにつれて、水平線上の雲の輪郭が輝き出しました。太陽が出てくる辺りが茜《あかね》色に染まり出し、日の出の瞬間、黄金色の光の帯がきらきら輝いて、武当番のほうに一直線に伸びてきました。朝一番の汚《けが》れのない陽の光がさざ波に反射しています。武当番は光の帯を通して、太陽と心が通じ合っている感覚に包まれ、いつしか太陽に語りかけていました。

太陽がイースター島のモアイ像を暗示してくれた！

「私はサンメッセ日南を訪れる人々が太陽のメッセージを受けとることができる場所にしたいと、知恵を振り絞って努力しているのに、あなたは一向に答えてくださらない」

苦しまぎれに、そう訴えていました。そしてふと、この海の向こうに何があるのだろうかという思いに駆られました。

「この方角にはハワイがあるのかな。いや、ハワイよりもう少し南になるから、ミクロネシアやポリネシアがあり、その向こうの南太平洋に、イースター島があるに違いない」

イースター島といえば、世界の七不思議といわれるモアイ像があります。

（モアイ！　そうだ、モアイ像だ。モアイだったら、人々を惹きつけられる！）

太陽はモアイ像のことを語りかけているのだと直感しました。もしモアイ像を設置できたら、これから牧場に作ろうとしているサンメッセ日南の目玉になり、大変な観光スポットになるに違いありません。

武当番は転げ落ちるように草地を降りて、ドライブインに戻り、みんなにモアイ像を設置すれば、人を呼び込める場所になるのではないかと提案しました。すると俄然沸き立ちました。

「すばらしいアイデアだ。モアイなら誰もが観たいと思うでしょう」

しかし、現実的な意見も出ました。

「でもね、イースター島とは何のゆかりもない日南海岸にモアイ像を設置するなんて、唐突です。それにイースター島には何のつてもないし……無理です」

それでも、モアイに関するいろいろな情報が出されました。

「そう言えば、最近テレビニュースで、日本のチームがモアイの修復に乗り出したと報道していましたよ」

「そのプロジェクトに確か奈良国立文化財研究所が関わっており、タダノとかいうクレーンメーカーが大型クレーンと資金を提供して修復していると言っていました」

武当番はタダノと訊いてびっくりしました。

「タダノは一燈園の智徳研修会に社員を送り込んでおり、相談役の多田野弘《ただのひろし》さんは高松光友会の当番をされています。何か手がかりがつかめるかもしれません。早速当たってみましょう」

智徳研修会とタダノのご縁

そこから急展開が始まりました。多田野相談役に会って詳細を聞いてみると、モアイは部族間の抗争や地震によって倒壊し、修復の手を求めていたというのです。多田野相談役は、

「社会貢献の一つとして、経費は一切タダノが負担します」

と決意し、株式会社タダノと奈良国立文化財研究所、それに石工の左野勝司《さのかつじ》社長が率いる飛鳥建設がチームを組み、修復に乗り出しました。そして太平洋の荒波を越えて、大型クレーンをイースター島まで運び、二年かかって修復を成し遂げました。遺跡が修復され、世界遺産に登録できたので、チリ政府とイースター島の長老会は三者の労を称《たた》え、左野氏が制作するならという

条件でモアイ像の復刻を許可してくれたそうです。

多田野相談役は早速左野氏を紹介してくれ、左野氏の好意で、とうとうモアイがサンメッセ日南に建つことになりました。不思議なことにモアイは現地のラパヌイ語で「未来を生きる」という意味だそうで、サンメッセ日南が投げかけているメッセージそのものです。

地球感謝の鐘建立へ国内の協賛が取りつけられたので、武当番は海外の著名人への働きかけを始めました。これは天香さんがすでに築いておられた信頼関係が功を奏し、バチカンのカトリック諸宗教対話省長官のアリンゼ枢機卿や、イスラム世界連盟、ヒンズー教のエラ・ガンジー女史、あるいはダライ・ラマ十四世、学誠中国仏教会副会長（現会長）にお会いし、メッセージを託されました。イギリスのカンタベリー教会のジョージ・ケアリー大主教からのメッセージは日本の聖公会のトップを通して届けられました。

かくして地球感謝の鐘とモアイ像が合体し、平成八年（一九九六）四月、サンメッセ日南がオープンし、年間二十四万人もの人々が訪れる一大テーマパークとなりました。いわばサンメッセ日南は天香さんの「諸宗の真髄を礼拝」する精神が結晶化したものだと言えます。サンメッセ日南は時代のニーズに合わせて現れた一燈園の一つの形です。

いつも北の方角を指し示す〝北極星〟

世界はいま大きな価値観の転換が起きつつあります。弱肉強食で強欲な資本主義はもはや立ち行かなくなり、希望の星となり得るかと思えた共産主義はイデオロギーで仮装した独裁国家に変貌した今、パラダイムシフト（社会の規範や価値観が変わること）が起きて、生みの苦しみを経ている世界は、新しい社会モデルを模索しています。

経済的に繁栄する国を、どの国も羨望はしても尊敬はしません。しかし高貴な国には敬意を表します。高貴な国とは何か神聖なものにひざまずく敬虔なものを持っており、つつましい生活を保っている国です。

天香さんの生き方は、私たちがややもすると見失いがちな謙虚な生活を思い起こさせてくれました。従来私たちは、「大きいことはいいことだ」と思い、ブランド物の服を着て、立派な靴を履き、勢いがあるかのように見せようとしました。ところが天香さんの生活に接し、それが虚勢であり、見せかけに過ぎないことに目覚めました。天香さんの生き方は、いつも北の方角を指し示している〝北極星〟の役割を果たしてくれました。

天香さんが明治時代に始めた運動は、今もなお元気です。各家々を訪問して便所掃除をさせていただく六万行願や、いろいろな企業に採用されている智徳研修会を通して日本の社会を活性化させています。今後ますます日本の思いやりやさしさ、それに謙虚さなどが評価されるにつれ、一燈園の生き方にスポットライトが当たっていくでしょう。

エピローグ

天香さんの一燈園とアッシジのフランチェスコの小さき兄弟団

私の終生の願いだった天香さんの評伝を書き終えて思うことがあります。

私には、大正時代、京都・鹿ヶ谷に起きた青年たちの清貧の生活は、中世イタリアのアッシジに生まれたフランチェスコの宗教的共同体「小さき兄弟団」と重なって見えてなりません。

十三世紀、アッシジのフランチェスコはアッシジ郊外のサン・ダミアーノ修道院の礼拝堂で独り祈っていました。すると、貧しい木の十字架に磔《はりつけ》にされ、瀕死の血を流しているイエスがあえぎながら、語りかけてきました。

「フランチェスコよ、行って私の教会を建て直しなさい」

フランチェスコは空耳かと思いましたが、どう考えてもイエスが訴えてきたとしか思えません。フランチェスコはこれを文字どおり、古くなった教会堂を修復しなさいと受け取り、彼につき従う青年たちといっしょに、サン・ダミアーノ修道院の修復に取り掛かりました。それが終わるとサン・ピエトロ教会の修復に取り掛かり、続いてアッシジの丘の麓にあるポルツィウンコラの小聖堂を修復しました。

フランチェスコといっしょに働いていた青年たちは、フランチェスコにならって一切報酬を受け取らず、清貧の生活に甘んじていました。彼らの宗教的共同体は「小さき兄弟団」と呼ばれ、人々から尊敬されるようになりました。

フランチェスコは誰も批難しません。人をなじるどころか、相手にひざまずき、祈りました。相手の非をあげつらい、ののしるのではなく、お詫びし、讃《たた》え、睦《むつ》み合いました。柔和なフランチェスコに小鳥も寄ってきてさえずり、狼さえもじゃれついたと伝えられています。

中部イタリアのウンブリアの野で起きた静かな目覚めだった「小さき兄弟団」は、とうとうバチカンを動かし、ローマ法王に認可されるまでになりました。彼が興した修道会フランシスコ会は、男子修道会、女子修道会、そして在俗会を含み、各国に広がっていき、ついにはカトリック全体を刷新するようになりました。

ところで天香さんはアッシジのフランチェスコのことを調べ上げ、それに共感して歩みを始めたわけではありません。フランチェスコも天香さんも同じ根源である神、天香さんが言うところの〝お光〟に触れて、行動を起こしたのです。

天香さんは新生涯を始めるとき、心の中に深く刻んでいました。

「不二の光明によりて新生し、許されて生きん」

しました。

だから当然、

「諸宗の真髄を礼拝し、帰一《きいつ》の大願に参ぜん」

とし、日常の実践として、

「懺悔の為に奉仕し、報恩の為に行乞《ぎょうこつ》せん」

と下坐行を行いました。結果としてアッシジのフランチェスコと極めて似かよった行動となりました。

昭和十七年（一九四二）、天香さんは長崎に講演に行ったとき、来日したばかりのゼノ修道士たちの「無原罪の聖母の騎士修道院」を訪ねました。そしてこのフランシスカン（フランシスコ会修道士）の清貧の生活を見、顔の輝きを見たとき、

「こんなに輝やいている笑顔は見たことがない。まるで一燈園の同人たちと同じだ」

と驚き、共通するものが多いのに感心しました。

古い石畳の道が美しい中世のアッシジの丘で起きたフランチェスコの祈り合い、睦み合う生活は、初めはささやかな動きでしかありませんでした。でも、百年、二百年、三百年と経つにつれ、次第に大きな波となり、うねりとなって、全キリスト教会を覆っていきました。

現代文明に対する天香さんからの回答

平成七年（一九九七）夏、『マザー・テレサへの旅路』（サンマーク出版）の取材のため、私はマザー・テレサに確信的影響を与えたフランチェスコの足跡を訪ねて、イタリアのアッシジに行きました。回心した地スポレト、会堂の修復を始めたサン・ダミアーノ修道院で祈りの時を過ごし、ハンセン病患者に接吻したウンブリアの野で瞑想し、フランチェスコの研究者の文献を読み、往時をしのびました。

その数年後、私はもう一度アッシジを訪ねました。私が一番好きな場所はサン・ダミアーノ修道院です。アッシジの丘の西端にあるヌォーヴァ門を抜け、南麓へ二キロメートル下ると、緑の田園風景の中に、フランチェスコがキアーラと過ごしていた場所があり、今は修道院となっています。静謐《せいひつ》な雰囲気に包まれた修道院の列柱が建ち並んでいる回廊の一隅に座り、午後いっぱい瞑想の時を過ごしました。日常生活を離れて瞑想の時を持つと、いつしか宇宙の真理に導かれ、至福に満たされていきました。

そしてますますフランチェスコの信仰も足跡も極めて天香さんのそれに類似していると思い、大正時代に生まれた一燈園はまさにこのフランチェスコの小さき兄弟団の再来であるように感じました。

それに天香さんが親交を結び、「アウシュヴィッツの聖人」と称えられ、聖人に列せられたコルベ神父は、無原罪の聖母の騎士修道院の神父で、この修道院はフランシスコ会の流れです。こう見てくると、天香さんとフランチェスコは深いつながりがあると言わざるを得ません。

もっともっとと求める際限ない欲望は、私たちの精神を荒廃させてしまうと、天香さんはつつましい生活をすすめます。天香さんが言う「許されて生きる」生き方は、現代文明を救う生き方になるに違いありません。

書物は多くの人の協力なしにはでき上がりません。本書もまた一燈園当番の西田武さん、一燈園の資料館である香倉院の宮田昌明《まさあき》さんのバックアップなしには脱稿に到りませんでした。さらには廣済堂出版の真野はるみさんの温かい励ましによって日の目を見ました。ここに皆さんのお名前を記して、謝意を申し上げます。

平成三十年（二〇一八）十月吉日

千葉県佐倉市の暁星庵にて　神渡良平

【参考文献】

『懺悔の生活』西田天香著　春秋社　一九二一年
『光明祈願』西田天香著　回光社　一九三七年
『箒のあと』西田天香著　回光社　一九四一年
『天華香洞録　全六巻』西田天香著　光泉林　二〇〇四年
『地涌の生活　一燈園生活五十年の回顧』一燈園出版部　一九五四年
『西田天香の世界　全五巻』西田天香著　一燈園生活研究所　二〇一四年
『出家とその弟子』倉田百三著　新潮文庫　一九四九年
『燈影荘物語』中田晃著　一燈園出版部　一九七二年
『西田天香〝遣わされて〟来た人』村田正喜著　一燈園出版部　二〇一六年
『この三人　天香・百三・トルストイの思想と生活』鈴木五郎著　春秋社　一九七二年
『路頭に帰る』三上和志著　回光社　一九三六年
『大地の一燈』三上和志著　奉天大阪屋号書店　一九四三年
『なつかしき座』三上和志著　一燈園出版部　一九五七年
『人間の底』三上和志著　一燈園出版部　一九六〇年
『地下水を流るる水の如く』三上和志著　一燈園出版部　一九七〇年
『アリの町のマリア　愛の使者北原怜子』やなぎやけいこ著　ドン・ボスコ社　二〇〇二年
『ゼノ死ぬひまない　アリの町の神父　人生遍歴』松居桃樓著　春秋社　一九六六年
『はだしの聖者　満州の二宮尊徳といわれた山崎寿の物語』神渡良平著　致知出版社　一九九四年

神渡《かみわたり》 良平《りょうへい》

一九四八年鹿児島生まれ。九州大学医学部中退後、新聞記者、雑誌記者を経て独立。取材国は七十数カ国に及ぶ。三十八歳のとき脳梗塞で倒れ一時は半身不随となったが、必死のリハビリで再起。この闘病生活中に、人生はたった一回しかないこと、またどんな人にもなすべき使命があってこの地上に送られていることを痛感する。この宇宙には大きな仕組みがあり、それに即した建設的で前向きな生き方をしたとき、実りある人生が築けることに目覚めていく。こうして闘病中に起草した『安岡正篤《まさひろ》の世界』（同文舘出版、講談社文庫）がベストセラーになり、以後、次々にベストセラーをうみ出し、講演や執筆に多忙となる。

著作に『「思い」の経営』『自分の花を咲かせよう　祈りの詩人 坂村真民の風光』『苦しみとの向き合い方　言志四録の人間学』『中村天風《てんぷう》人間学』『敗れざる者 ダスキン創業者鈴木清一の不屈の精神』『一隅を照らす生き方』（以上、ＰＨＰ研究所）、『マザー・テレサへの旅路』（サンマーク出版）、『アメイジング・グレイス――魂の夜明け』（廣済堂出版）、『宇宙の響き中村天風の世界』『天翔《あまか》ける日本武尊《やまとたけるのみこと》（上下）』『下坐《げざ》に生きる』（以上、致知出版社）、『安岡正篤 人生を変える言葉 古典の活学』『安岡正篤「珠玉の言葉」』『中村天風「幸せを呼び込む思考」』（以上、講談社）、『安岡正篤人間学』（同文舘出版、講談社文庫）、『安岡正篤の風韻《ふういん》』（同文舘出版）などがある。

電話・ＦＡＸ：０４３-４６０-１８３３　e-mail kamiryo12@gmail.com
http://kamiwatari.jp/

写真提供：一燈園　小嶋三樹
ブックデザイン：ツカダデザイン

許されて生きる
西田天香と一燈園の同人が下坐に生きた軌跡

2018 年 12 月 4 日　第 1 版第 1 刷

著者　神渡良平
発行者　後藤高志
発行所　株式会社 廣済堂出版
〒 101-0052　東京都千代田区神田小川町 2-3-13　M&C ビル 7 F
電話 03-6703-0964（編集）
03-6703-0962（販売）
Fax 03-6703-0963（販売）
振替　00180-0-164137
URL　http://www.kosaido-pub.co.jp
印刷・製本　株式会社 廣済堂
ISBN 978-4-331-52203-5 C0095